世界哲學家叢書

朱 熹

陳榮捷———著

傅偉勳、韋政通———主編

東大圖書公司

《世界哲學家叢書》總序

　　本叢書的出版計劃原先出於三民書局董事長劉振強先生多年來的構想，曾先向政通提出，並希望我們兩人共同負責主編工作。一九八四年二月底，偉勳應邀訪問香港中文大學哲學系，三月中旬順道來臺，即與政通拜訪劉先生，在三民書局二樓辦公室商談有關叢書出版的初步計劃。我們十分贊同劉先生的構想，認為此套叢書（預計百冊以上）如能順利完成，當是學術文化出版事業的一大創舉與突破，也就當場答應劉先生的誠懇邀請，共同擔任叢書主編。兩人私下也為叢書的計劃討論多次，擬定了「撰稿細則」，以求各書可循的統一規格，尤其在內容上特別要求各書必須包括(1)原哲學思想家的生平；(2)時代背景與社會環境；(3)思想傳承與改造；(4)思想特徵及其獨創性；(5)歷史地位；(6)對後世的影響（包括歷代對他的評價）；以及(7)思想的現代意義。

　　作為叢書主編，我們都了解到，以目前極有限的財源、人力與時間，要去完成多達三、四百冊的大規模而齊全的叢書，根本是不可能的事。光就人力一點來說，少數教授學者由於個人的某些困難（如筆債太多之類），不克參加；因此我們曾對較有餘力的簽約作者，暗示過繼續邀請他們多撰一兩本書的可能性。遺憾的是，此刻在政治上整個中國仍然處於「一分為二」的艱苦狀態，加上馬列教

條的種種限制，我們不可能邀請大陸學者參與撰寫工作。不過到目前為止，我們已經獲得八十位以上海內外的學者精英全力支持，包括臺灣、香港、新加坡、澳洲、美國、西德與加拿大七個地區；難得的是，更包括了日本與大韓民國好多位名流學者加入叢書作者的陣容，增加不少叢書的國際光彩。韓國的國際退溪學會也在定期月刊《退溪學界消息》鄭重推薦叢書兩次，我們藉此機會表示謝意。

原則上，本叢書應該包括古今中外所有著名的哲學思想家，但是除了財源問題之外也有人才不足的實際困難。就西方哲學來說，一大半作者的專長與興趣都集中在現代哲學部門，反映著我們在近代哲學的專門人才不太充足。再就東方哲學而言，印度哲學部門很難找到適當的專家與作者；至於貫穿整個亞洲思想文化的佛教部門，在中、韓兩國的佛教思想家方面雖有十位左右的作者參加，日本佛教與印度佛教方面卻仍近乎空白。人才與作者最多的是在儒家思想家這個部門，包括中、韓、日三國的儒學發展在內，最能令人滿意。總之，我們尋找叢書作者所遭遇到的這些困難，對於我們有一學術研究的重要啟示（或不如說是警號）：我們在印度思想、日本佛教以及西方哲學方面至今仍無高度的研究成果，我們必須早日設法彌補這些方面的人才缺失，以便提高我們的學術水平。相比之下，鄰邦日本一百多年來已造就了東西方哲學幾乎每一部門的專家學者，足資借鏡，有待我們迎頭趕上。

以儒、道、佛三家為主的中國哲學，可以說是傳統中國思想與文化的本有根基，有待我們經過一番批判的繼承與創造的發展，重新提高它在世界哲學應有的地位。為了解決此一時代課題，我們實有必要重新比較中國哲學與（包括西方與日、韓、印等東方國家在內的）外國哲學的優劣長短，從中設法開闢一條合乎未來中國所需

求的哲學理路。我們衷心盼望，本叢書將有助於讀者對此時代課題的深切關注與反思，且有助於中外哲學之間更進一步的交流與會通。

最後，我們應該強調，中國目前雖仍處於「一分為二」的政治局面，但是海峽兩岸的每一知識分子都應具有「文化中國」的共識共認，為了祖國傳統思想與文化的繼往開來承擔一份責任，這也是我們主編《世界哲學家叢書》的一大旨趣。

傅偉勳　韋政通

一九八六年五月四日

自　序

　　朱子之思想，源遠流長。影響我國、韓國與日本思想、政治、社會，凡數百載。歷代奉為官學。至清代中葉，漢學崛起，乃與宋學爭衡。五四以來，更為知識階級所唾棄。以為不合潮流，我國貧弱，皆由朱學之故。於是恥談朱子。由一九四九年至一九六三年十五年間，據筆者調查，談朱熹者只論文五篇，書一本而已。且此書乃日本之朱子學而非我國之朱子學也。論文皆全面攻擊，謂其扶護封建，為地主服務，以三綱五常壓制個人與女性。此是以觀念立場，感情作用，而非根據歷史之判斷。夫封建思想與三綱五常，乃我國堅立不撓之傳統。在此環境之內，任何思想家不能逃出範圍。故謂朱子為非革命家則可，而以現代標準評七八百年以前之思想則不可。抑朱子亦非完全守舊者。觀其仁、理、性、命等理論，新見殊多。其《四書章句集註》有新義者，凡七十餘處。朱子一生重禮，禮制亦參用古今禮儀，以實用為主。朱子之時，佛老之宮遍天下。儒家學校，則一郡一縣，僅一置焉。於是朱子修復書院，建築精舍。其門人又建立書院。儼然使南宋全國成為一強健之書院運動。挽狂瀾於既倒。謂之使我國不至如日本之佛教化，不為過也。吾人應以客觀態度，撇開觀念立場，以評論朱子，取長舍短。朱子終身教學，即本此旨。

　　筆者在美國講授中國哲學五十年。在初美國人士對中國思想，全以消極視之，蓋謂儒家比不上基督教也。其時我國學人之在美者，專事抗辯，強調物質文明，我雖落後，而精神價值，則比西洋為優。筆者以為如此弄巧反拙。介紹中國思想，自應不毀不譽。於是編《中國哲學資料書》，任讀者自作品評。相信儒釋道各有所長，自然水落石出。近年朱子思想漸受注意，乃努力研究。先後成《朱學論集》、《朱子門人》、《朱子新探索》等書。歷次國際會議，亦以朱子為題。畢竟物極必反，猛攻朱子之風漸弱，轉而對朱子思想，發生興趣。筆者乃於一九八二年舉行國際朱熹會議。接續有廈門一九八七年之國際朱熹會議，一九九〇年又有武夷山朱熹研究中心之國際會議。再接再厲，促進客觀評論之境，誠可賀也。

　　本書之作，希能作客觀評論之一助。不事鼓吹，亦不事攻擊。分思想、事功、交遊與傳播四部分。完全根據朱子本人著作。發現新資料不少，思以貢獻研究之微力耳。

朱　熹

目次

《世界哲學家叢書》總序

自序

第一章　朱子傳略　3

第二章　朱子之名號與家屬　16

第三章　朱子之師　24

第四章　朱子論太極　32

第五章　朱子論理氣　49

第六章　朱子論天　63

第七章　朱子論格物　75

第八章　朱子論修養　85

第九章　諸生、精舍與書院　96

第十章　朱子之著述　115

第十一章　朱子之生活　138

第十二章　朱子之政績　152

第十三章　朱子與張南軒　171

第十四章　朱子與呂東萊　184

第十五章　朱子與陸象山　193

第十六章　朱子與陳亮　215

第十七章　道統與後繼　232

第十八章　朱子與佛教　245

第十九章　韓國、日本、歐美之朱子學　263

朱子年譜要略　287

參考書目　293

索引　301

說　明

　　朱子之生卒年 (1130–1200) 只於此處指明。他人除時人外,則每章首次加生卒年。各朝代之年期與先秦人物或生卒年不詳者均免。並以陽曆之年為陰曆之歲。惟陸象山(陸九淵)、王陽明(王守仁)與戴震之生年或卒年因在年杪而實在陽曆之明年者除外,書名只兩書用簡稱如下:

　　《朱子文集》簡稱《文集》

　　《朱子語類》簡稱《語類》

第一章　朱子傳略

朱子名熹，宋建炎四年庚戌 (1130) 九月十五（陽曆十月十八）正午，生於福建中部之尤溪縣。幼穎悟莊重。四歲，父指天示之曰：「天也。」熹問曰：「天之上何物？」父異之。五歲入小學。八歲就傅，授以《孝經》。題其上曰：「不若是，非人也。」嘗從群兒戲沙上，以指畫沙。視之，八卦也。十四歲丁父憂。奉母率妹徙福建北部建州崇安縣五夫里，依父執劉子羽 (1097–1146)。子羽為屋以居之。承遺命就學於胡憲 (1086–1162)、劉勉之 (1091–1149)，劉子翬 (1101–1147)。勉之愛之甚厚。以女配之。大約年二十 (1149) 結褵。年十八 (1147)，舉建州鄉貢，十九 (1148) 登王佐榜進士，中第五甲第九十人，為三百三十人中之第二七八。敕賜同進士出身。紹興二十年庚午 (1150) 春往徽州婺源鄉（今屬江西）省墓。其父朱松由婺源入閩時，質其先業百畝以為資。同鄉張敦頤贖之。朱松沒後，張公以田歸朱氏。朱子回婺源省墓時，以田租為省掃祭禮之用。鄉人為坐客以次歌誦，朱子歌〈離騷〉一首，音吐鴻暢，坐客竦然。二十二歲 (1151) 銓試中等，授左迪功郎（文官三十七級之從九品——最低級）福建南部泉州同安縣主簿。二十三年癸酉 (1153) 七月赴任。赴同安途中，往見李侗 (1093–1163) 於福建中部之延平（今之南平縣）。李侗與朱子之父為同門友。朱子以三師所授，有釋道色彩，而本人亦曾留心於禪，於心未安，乃見李侗。在同安三年，政績甚著，歸途又見李侗。三十年庚辰 (1160) 十一月三見李侗於延平，逗留數月。李侗教以儒學要旨，遂棄釋就儒。

二十六年丙子 (1156) 七月同安任滿，請祠。十二月得監（湖南）潭州南嶽廟。宋代置祠祿官，敬老優賢。祠祿甚微，監無守職，

亦不在廟居住。於是朱子居崇安講學。祠祿之官，分提舉、提點、主管與監四級。北宋五嶽皆置祠。中東西北四嶽廟相繼沒於金。朱子時獨南嶽廟存。廟在湖南衡山縣西南之衡山。朱子之前監是廟者為監察御史。今以此授二十九歲之主簿，不得不謂朝廷厚望之至，而亦朱子同安政績卓著之所致也。諸年譜云：「自同安歸，彌樂其道。於仕進泊如也。」❶明年八月，以輔臣薦，召赴行在（杭州）。有阻之者，遂以疾辭。三十二年壬午(1162)五月祠秩滿，復請祠。六月，孝宗即位，復差監潭州南嶽廟。八月應詔上封事。此為壬午封事。力主格物誠意，反對與金人議和。以二三十歲之青年而獲祠祿與召赴行在，實是罕見。

隆興元年癸未(1163)三月，孝宗召赴面奏。十一月奏事垂拱殿，復申《大學》格物誠意與復讎之旨。其時宰相湯思退（1164卒）方主議和，因除（派任）武學博士，居崇安待次（候職），乃罷祠。乾道元年乙酉(1165)四月至行在就職，以執政錢端禮(1109–1177)力主議和不合，復請祠。五月得復監潭州南嶽，即拜命歸崇安。以後十年，屢召不赴，專意講學著作。

乾道三年丁亥(1167)，年三十八。八月偕門徒范念德訪張栻（號南軒，1133–1180）於潭州，相與討論《中庸》未發之中與已發之和。十一月與南軒等同登衡山，游十日，賦詩甚多。十二月除樞密院編修官，待次。祠秩未滿，故待次於家。五年己丑(1169)正月，子在生。九月，丁母祝孺人憂。朱子自云：「泉州同安縣主簿，到任（前後）四年，省罷歸鄉。偶以親老食貧，不能待次，遂乞嶽廟差遣。再任未滿，誤蒙召對，除武學博士。又以急於祿養，復乞嶽廟一次。又未滿，間準敕差充樞密院編修官。尋以丁憂，不及供

❶ 王懋竑，《朱子年譜》，頁13引。

職。」❷此次監南嶽廟，時間比上次較長，然亦未滿任也。

　　七年辛卯 (1171) 五月，創立社倉於五夫里。倉三亭一，門牆守舍，無一不具，以貯鄉民所獻與政府所給之粟。遇凶年小饑則只收半息，大饑則全數免除。以鄉民四名管理。此與王安石 (1021–1086) 之常平倉大大不同。蓋常平倉置於城市，由政府主辦。遇饑荒不及救濟鄉民。此則鄉民自治，就地救濟。此制各地仿行，竟達數百年之久。至今五夫里仍有社倉兩所。九年癸巳 (1173) 五月，有旨主管台州崇道觀。黃榦 (1152–1221)〈朱子行狀〉云：「先生以改秩畀祠，皆進賢賞功，優老報勤之典。今無故驟得之，求退得進，於義未安。再辭。翌年淳熙元年甲午 (1174) 又再辭。上意愈堅，始拜命。」❸故由是年六月，至三年丙申 (1176) 五月主管崇道觀。觀在浙江天台縣西北二十里。朱子仍居崇安也。

　　二年乙未 (1175)，三月，呂東萊（名祖謙，1137–1181）自東陽（今浙江金華縣）來訪，留止寒泉精舍，約一個月，同編《近思錄》。五月五日序《近思錄》後偕呂氏與門人游武夷山。下旬到（江西）信州鵝湖寺與陸象山（名九淵，1139–1193）兄弟及江浙諸友相會。是為歷史上有名之朱陸鵝湖之會。辨論數日，不歡而散。歸後成雲谷庵。雲谷在建陽縣北七十里蘆山之巔。乾道六年庚寅 (1170) 得其地。建草堂三間，堂後結草為廬，歷數年而亭臺始具。又併得山北施氏地。淳熙二年乙未 (1175) 完成。作〈雲谷記〉以識之❹。

　　三年丙申 (1176) 三月復如婺源省墓。挾蔡元定 (1135–1198) 與

---

❷　《文集》，卷 22，〈申建寧府狀〉，頁 7 上。
❸　《勉齋集》，卷 36，〈朱子行狀〉，頁 5 下。
❹　《文集》，卷 78；〈雲谷記〉，頁 2 上 –5 上。

俱。一說謂朱子有意遷居婺源，因元定勸止乃返福建，然此只是程敏政 (1445–1499) 所述父老傳聞，別無證據❺。六月授秘書省秘書郎，辭而不受，請祠。八月得差武夷沖佑觀。觀在崇安西北約三十里之武夷山。至五年戊戌 (1178) 八月差知南康軍，於是罷祠。實計此二十年間，奉祠五任，只得十二年而已。〈朱子行狀〉云：「先生自同安歸，奉祠家居，幾二十年。間關貧困，不以屬心。涵養充積，理明義精，見之行事者，益霈然矣。」❻十一月，令人劉氏卒。卒之年歲不詳。假若死時四十歲左右，則婚姻生活，不滿三十年。

　　淳熙五年戊戌 (1178)，朱子四十九歲。以宰相史浩 (1106–1194) 之薦，差知（江西）南康軍，兼軍內勸農事。朱子再辭軍職，請祠三次，至六年己亥 (1179) 正月啟行赴任。候命於（江西）鉛山，寓止崇壽僧舍。二月陸子壽（名九齡，1132–1186）來訪於鉛山觀音寺。子壽乃象山之兄，曾參與鵝湖之會。相與討論孔孟教旨。此次相會，比鵝湖之會，較為投機。五月到任，在任兩年，興利除害，大修荒政。豪強斂戢，里閭安靖。影響最大者為復修白鹿洞書院。七年庚子 (1180) 南軒張公訃至，罷宴哭之。八年辛丑 (1181) 二月陸子靜（陸象山）來訪。與俱至白鹿洞書院，請升講席。陸子講君子喻於義，小人喻於利❼，聲音響亮，有流涕者。至任滿，三月除提舉江南西路常平茶鹽公事，待次。閏三月乃去郡東歸。七月除直秘閣，三辭。八月，以宰相王淮 (1127–1190) 薦，改除提舉兩浙東路常平茶鹽公事。是時浙東大饑，即日單車就道。在任約十二個月，訪察荒區，以施救濟。彈劾顯宦，毀秦檜 (1091–1135) 祠。奏

---

❺　戴銑，《朱子實紀》，卷 2，〈年譜〉，頁 18 上，總頁 109。

❻　《勉齋集》，卷 36，〈朱子行狀〉，頁 7 上。

❼　《論語》，〈里仁〉第四，第十六章。

事延和殿請推行五夫里社倉法於諸郡，奉旨施行。是年呂東萊卒。

九年壬寅 (1182) 正月，巡歷婺州衢州，順道拜東萊之墓。陳亮 (1143–1194) 來會，旬日而去。八月除江南西路提點刑獄公事。朱子辭，歸崇安。時戶部尚書鄭丙（約 1131–1198）上疏毀程頤 (1033–1107) 之學，以陰詆朱子。王淮升陳賈為監察御史。賈面對謂近日有所謂道學者，大率假名以濟偽，願勿信用，蓋指朱子也。十年癸卯 (1183) 正月詔以熹屢乞奉祠，可差主管台州崇道觀。二月拜命。四月築武夷精舍於離崇安西北三十里武夷山之五曲大隱屏下。正月經始，四月落成。精舍地廣數畝，屋三間。另於左麓為屋於石門塢為學者之群居，又為屋於石門之西南以居道流。有亭有樹，使人心目曠然。有〈武夷雜詠〉並序❽。

十二年乙巳 (1185) 崇道觀二月秩滿，四月差改主管華州雲臺觀，任期二年。此觀原在陝西，有神宗 (1068–1085) 神像。陷金人後只存其名耳。十四年丁未 (1187) 三月轉祠，改差主管南京鴻慶宮。雲臺之任，於焉結束。此兩年間痛論陸象山、陳亮學術之非，另詳第十五、十六兩章。又成《易學啟蒙》、《孝經刊誤》、《小學》等書，皆為青年而作，另詳第十章。以前著述，幾乎全重理學。今則衛道工作，以書札講授為主，亦以政途經歷，深察民情，而移其注目於道德倫常之間也。

十四年丁未 (1187) 三月，差主管南京鴻慶宮。朱子待至雲臺兩年祠秩滿，四月然後拜命。答劉子澄（劉清之，1139–1189）書云：「昨日拜鴻慶勅，偶得一絕云：『舊京原廟久煙塵，白髮祠官感慨新。比望千門空引籍，不知何日去朝真。』年衰易感，不覺涕泗之橫集也。」❾大中祥符七年甲寅 (1014) 陞應天府（故治今河南商丘

❽　《文集》，卷 9，頁 2 上～4 上。

縣南）為南京，詔立行宮正殿，以祠聖祖，奉太祖（960–975 在位）
太宗（976–997 在位）侍立於聖祖之旁。宮亦有神宗像。已陷金人。
南渡後只置祠祿。是則拜只是遙拜，蓋宮觀既失，自無參謁之可能。
其實朱子只感慨繫之而已。朱子是年五十八歲，誠斑白矣。此次祠
秩，只三四個月，蓋七月差江南西路提點刑獄公事，即已罷祠。朱
子以足病辭，復請祠。

　　十五年戊申 (1188) 六月初七奏事延和殿，奏劄凡五，力伸人主
須純天理，去人欲之旨。此為人主所厭聞。翌日（初八）除兵部郎
官，即以足病請祠。七月卒差主管西京嵩山崇福宮。宮原在河南登
封縣嵩山下。宋室南渡後為金人所佔，只置祠祿以存其名。十一月
上封事。是為戊申封事，長萬餘言，以輔翼太子，選任大臣，振舉
綱維，變化風俗，愛養民力，修明軍政六事為當今之急務。疏入，
夜漏下七刻。上已就寢，亟起秉燭讀之終篇。翌晨差主管西太乙宮
兼崇政殿說書。西太乙宮為臨安（杭州）行在內祠，地位甚高，與
其他外祠不同。兼職亦特殊優待。惟朱子辭說書而請仍奉外祠。十
六年己酉 (1189) 正月除秘閣修撰，依舊主管西京嵩山崇福宮。朱子
辭修撰職名而拜崇福宮之命。是則崇福宮未嘗罷祠而西太乙宮未嘗
拜命也。至八月除江南東路轉運副使，崇福宮祠乃罷。此次奉祠較
久，計兩年又九個月。朱子辭轉運副使。十一月乃改知漳州。

　　紹熙元年庚戌 (1190)，朱子六十一歲。四月到漳州。在任僅一
載，政績甚佳，亦另詳第十二章。又刊行《易》、《詩》、《書》、《春
秋》四經，並撰〈書臨漳所刊四經後〉❿。臨漳者，漳州之別名也。

❾　同上，別集，卷 3，〈與劉子澄〉第四書，頁 14 下。詩又見正集，卷 9，
　　頁 6 上，題〈拜鴻慶宮有感〉。
❿　《文集》，卷 82，頁 19 上 –21 下。

此文說明《易》用亡友呂伯恭（呂祖謙）所定之古文《周易》經傳十二篇，蓋以其章句近古，而非望文生義以義理解經，故合卜筮之用也。《詩》則盡棄小序之說，因讀《詩》者知有序而不知有詩。已於淳熙四年丁酉 (1177) 為《詩集傳》，今更定此本，以復其初也。《書》則云：「漢儒以伏生（壯年紀元前 220）之《書》為古文，而謂（孔）安國（壯年紀元前 130）之《書》為古文。以今考之，則今文多艱澀，而古文反平易。……安國之序，又絕不類西京文字，亦皆可疑。……故今定此本，一以諸篇本文為經，而復合序篇於後。」關於《春秋》，朱子云：「乃復出左氏經文別為一書，以踵三經之後。」朱子以論《春秋》者，計較利害，將《春秋》作一個權謀機變之書，每每於二字上加褒貶於人。此非孔子之本意，故特重《左傳》而不用《公羊傳》與《穀梁傳》，謂左氏（左丘明，紀元前六世紀）記事詳細，考事頗精。此四經為明清兩代經學之開山。偽古文尚書一案，即由朱子提出。更重要者，乃刊《四子書》。四子指《大學》、《論語》、《孟子》、《中庸》。朱子自幼即讀四書。嘗自述云：「某自總角讀《論》、《孟》。」❶又云：「某少時讀四書，甚辛苦。」❷以後整生理會，至死前三日仍改《大學》註。曾編《論語要義》、《論語訓蒙口義》、《論孟精義》、《四書章句集註》、《四書或問》、《中庸輯略》、《孟子要略》。從來未有學者以全生精力尋求四書精義如朱子者。朱子以四書乃孔孟直接之言，又為理學性心仁義等基本概念之源泉。《大學》居先，以其有格物窮理，誠正修齊治平之教也。朱子云：「《大學》、《中庸》、《論》、《孟》四書，道理粲然。……何理不可究？何事不可處？」❸且四書指示修身治學之方

---

❶　《語類》，卷 104，第 3 條，頁 4151。

❷　同上，第一條，頁 4151。

法。朱子云：「先讀《大學》以定其規模，次讀《論語》以言其根本，次讀《孟子》以觀其發越，次讀《中庸》以求古人之微妙。」 ⑭ 自皇慶二年癸丑 (1313) 詔行科舉明經內四書、五經以程朱註解為主，以至光緒三十一年乙巳 (1905) 廢止科舉，四書成為國家策試取士之基本典籍。至近年為止，且亦成為學校教育之基本教材。是則四書之思想，支配我國六七百年，不可不謂朱子影響之強大也。

紹熙二年辛亥 (1191) 二月，長子塾卒。報至，即乞祠歸家治喪。三月差秘閣修撰主管南京鴻慶宮。四月離漳州，辭修撰職名。五月歸建陽，寓同縣橋。答吳伯豐（吳必大，壯年 1196）書云：「此間寓居近市，人事應接，倍於山間。今不復成歸五夫。見就此謀卜居，已買得人舊屋，明年可移。目今且架一小書樓，更旬月可畢工也。」 ⑮ 又與陳同父（陳亮）書云：「亡子卜葬，已得地，但陰陽家說，須明年夏乃可窆。今且殯在墳庵。其婦子卻且同在建陽寓居。小孫壯實龐厚，近小小不安。然觀其意氣橫逸，卻似可望。賴有此少寬懷抱。然每抱撫之，悲結觸心，殆不可為懷也。五夫所居，眼界殊惡，不敢復歸，已就此卜居矣。然囊中纔有數百千。工役未十一二，已掃而空矣。將來更須做債，方可了辦。甚悔始謀之率爾也。但其處溪山，卻儘可觀。」 ⑯

九月差荊湖南路轉運副使。辭者三次。三年壬子 (1192) 請補祠秩。始築室於建陽之考亭。考亭在建陽西部三桂里玉枕山之麓，離五夫里一百三十里。山水秀麗，朱子之父，嘗過此而愛之，謂考亭

⑬　同上，卷 14，第二條，頁 397。
⑭　同上，第三條，頁 397。
⑮　《文集》，卷 52，〈答吳伯豐〉第八書，頁 9 下。
⑯　同上，續集，卷 7，〈與陳同父〉，頁 8 上。

溪山清邃，可以卜居。朱子之定居考亭，此亦其原因之一。其他原因，可於其致書其師胡憲見之。范如圭 (1102–1160) 死，其家欲居（福建）泰寧。朱子致胡憲書以為並非良計，而以居建陽，「一則便於墳墓，二則便於講學，三則便於生計」❶ 。是時朱子僅三十三歲，而建陽優點，已深留印象矣。朱子名其所居為紫陽書堂，室為清邃閣，皆所以思親，蓋徽州有紫陽山，其父往遊而樂之也。

　　紹熙四年癸丑 (1193) 二月差主管南京鴻慶宮，十二月差知潭州荊湖路安撫使，兩辭而後拜命。五年甲寅 (1194) 四月啟行，五月至鎮。在任只三個月，復修嶽麓書院。四方學者畢至。七月寧宗即位，召赴行在奏事。八月差煥章閣待制兼侍講。十月奏事。寧宗之立，皇太后親屬韓侂冑（1207 卒）自謂有功，居中用事。朱子上疏直斥左右操權之失。面辭待制侍講。御筆不允，乃拜命。十四日進講《大學》。二十三晚講筵罷後留身奏四事，勸主上勿浪費修葺舊宮，並勿令左右竊柄。十九日晚講，重申前所奏左右侵權之失。此舉早已開罪於手攬大權之韓侂冑。寧宗雖有意聽講，然不喜朱子干預時政。因此講罷即降御批，以不忍朱子年老隆冬立講為詞，改差宮觀。侍講之職，於焉終止。朱子辭謝遂行。十一月十一至江西玉山縣。邑宰司馬邁請為諸生講說。朱子辭，不聽。乃就縣庠賓位，因學者所問而發明要道。學者指程珙，字仲璧，號柳湖，江西鄱陽縣人。珙有兩問；一問《論語》多是說仁，《孟子》卻說仁義，何也？朱子答以義即在仁之中。以體用言，則二者相為體用。若認得熟，看得透，則日用之間，無不是著工夫處。此處體用兼顧，明理實用，乃朱子一生教育之典型，至此經大變而益信。珙第二問，三代以前，說中說極，至孔門答問，說著便是仁，何也？朱子之答，仍屢言實踐工

---

❶　同上，正集，卷 37，〈與籍溪胡原仲先生〉，頁 1 上。

夫。人性本善，然為氣稟所蔽，故須去人欲，復天理，以復其初。
尊德性與道問學，交相滋益，互相發明。此亦是其一生體用並行，
誠明兩進之旨。諸年譜謂此是朱子晚年親切之詞，讀者其深味之。
此言誠是。講義載《朱子文集》卷七十四。講時隨口答問。歸後偶
與一朋友，因其未喻，錄以報之。惟其出於胸中，可謂之晚年定論。
日本盛行，非無故也。

十一月還考亭後，十二月詔依舊煥章閣待制提舉南京鴻慶宮。
朱子拜受祠命而辭待制職名。提舉乃祠官四級之最高者。既歸考亭，
學者雲集。其講學盛況，遠勝五夫里寒泉精舍與武夷精舍等處。乃
於所居之旁，建竹林精舍。此精舍為三精舍之最重要者。著名弟子
從游於此。晚年言語，皆竹林所錄也。

慶元元年乙卯 (1195)，朱子年六十六。侂胄誣丞相趙汝愚不軌。
丞相乃逃永州（今湖南零陵），途中死於衡州。丞相既逐，大權悉歸
侂胄。朱子乃草書萬餘言，極言姦邪蔽主之禍。諸生恐必賈禍，蔡
元定入諫，請以蓍決之。得「遯」之「家人」。朱子默然退，取奏稿
焚之，更號遯翁，並乞致仕。十二月詔依舊秘閣修撰提舉南京鴻慶
宮。二年丙辰 (1196)，朝廷攻程朱之學甚急，稱為偽學。選人余嘉
上書乞斬朱子。沈繼祖乞奏罷職落祠。十二月果從其請。於是朱子
二十餘年之祠祿生涯，遂與與其政治生涯一同終結。門人蔡元定亦
貶道州（今湖南道縣），蓋所以打擊朱子也。三年丁巳 (1197) 正月
拜命。《語類》云：「季通（蔡元定）被罪，臺謂（評）及先生。先
生飯罷，樓下起西序行數回，即中位打坐。賀孫（葉味道，嘉定十
三年（1220）進士）退歸精舍，告諸友。漢卿（輔廣，壯年 1194）
筮之，得 『小過』『公弋取彼在穴』。曰：『先生無虞，蔡所遣必
傷。』即同輔萬季弟至樓下。先生坐睡甚酣，因諸生偶語而覺。即

揖諸生。諸生問所聞蔡丈事如何？曰：『州縣捕索甚急，不曉何以得罪。』因與正淳（萬人傑），說早上所問《孟子》未通處甚詳。繼聞蔡已遵路，防衛頗嚴。諸友急往中涂見別。先生舟往不及。聞蔡留邑中，皆詹元善（詹體仁，1143–1206）調護之。先生初亦欲與經營。包顯道（包揚）因言：『禍福已定，徒爾勞擾。』先生嘉之，且云：『顯道說得自好。未知當局如何？』是夜諸生坐樓下，圍爐講問而退。聞蔡編管道州，乃沈繼祖文字，主意詆先生也。」**⑱**《語類》又云：「先生往淨安寺候蔡。蔡自府乘舟就貶，過淨安。先生出寺門接之。坐方丈，寒暄外無嗟勞語。以連日所讀《參同契》所疑扣蔡。蔡答應灑然。少遲，諸人釀酒至，飲皆醉。先生閒行，列坐寺前橋上飲，回寺又飲。先生醉睡。方坐飲橋上，詹元善即退去。先生曰：『此人富貴氣。』」**⑲** 黃榦〈行狀〉云：「從游之士，特立不顧者，屏伏丘壑。依阿巽懦者，更名他師，過門不入。甚至變易衣冠，狎遊市肆，以自別其非黨。先生日與諸生講學竹林精舍。有勸以謝遣生徒者，笑而不答。」**⑳**

　　四年戊午 (1198) 十二月，朱子以明年年及七十，申乞致仕。五年己未 (1199) 三月成《楚辭集註》，以表達屈原（紀元前 343–277）忠君愛國之意，蓋亦所以自道也。四月有旨致仕，朱子乃以野服見客。六年庚申 (1200) 三月病甚。蔡沈 (1167–1230)〈朱文公夢奠記〉云：「初二日丁巳，先生簡葉味道來約沈下考亭。……是夜先生看沈《書集傳》說數十條。……初三日戊午，先生在樓下改《書》傳兩章，又貼修《稽古錄》一段。是夜說書數十條。初四日己未，先生

⑱　《語類》，卷 107，第二十二條，頁 4244–4245。

⑲　同上，第二十四條，頁 4245–4246。

⑳　《勉齋集》，卷 3，頁 37 下 –38 上。

在樓下商量起小亭於門前洲上。……是夜，說書至〈太極圖〉。初五日庚申，先生在樓下，臟腑微利。……是夜說〈西銘〉，又言為學之要。……初六日辛酉，改《大學》〈誠意章〉。令詹淳謄寫，又改數字，又修《楚辭》一段。午後大瀉，隨入宅室。自是不復能出樓下書院矣。初七日壬戌，先生臟腑甚脫。（次男）文之埜自五夫歸。初八日癸亥，精舍諸生來問疾。先生起坐曰：『誤諸生遠來。然道理只是恁地。但大家倡率做甚堅苦工夫，須牢固著腳力，方有進步處。』……諸生退。先生作范伯崇念德書，託寫禮書，且為家孫擇配。又作黃直卿榦書，令收禮書底本，補葺成之。又作（三男）敬之在書，令早歸收拾文字，且歎息言：『許多年父子，乃不及相見也。』……初九日甲子（陽曆四日二十三）五更，令沈至臥內。先生坐床上，沈侍立。先生以手挽沈衣令坐，若有所欲言而不言者久之。……平明，精舍諸生復來問疾。味道云：『先生萬一不諱，禮數用《書儀》何如？』先生搖首。益之（范元裕，念德之子）云：『用《儀禮》如何？』先生復搖首。沈曰：『《儀禮》、《書儀》參用何如？』先生首肯之。……先生執筆如平時，然力不能運。少頃，置筆就枕，手誤觸巾，目沈正之。……先生上下其視，瞳猶炯然。徐徐開合，氣息漸微而逝。午初刻也。」❷❶

十一月二十日葬於建陽唐石里（今之黃坑）後塘村之大林谷，離建陽縣城八十五公里。會葬者將近千人。其夫人死於淳熙三年丙申 (1176)。次年二月，已葬於此。於是夫婦合墓。現墓碑文曰「宋先賢朱夫人劉氏子墓」。建陽文化館現已修繕完畢，劃出墓周圍二十米範圍為保護區。

朱子將葬，言者謂送葬者將妄議時政，望令守臣約束。朝廷從

❷❶　《蔡氏九儒書》，卷 6，蔡沈，〈朱文公夢奠記〉，頁 19 下。

之。傳伯壽（隆興元年（1163）進士）嘗執弟子禮。恨不薦己。故
朱子辭秘閣修撰時傳之行詞有「大遜如慢，小遜如僞」之語。及朱
子沒，伯壽為建寧守，竟不以報。嘉泰元年辛酉 (1201)，道學之禁
稍弛。二年壬戌 (1202) 差華文閣待制與致仕恩澤，而不知朱子已沒
也。開禧三年丁卯 (1207) 侂冑伏誅。嘉定二年己巳 (1209) 詔賜謚曰
文，是以世稱文公。明年贈中大夫特贈寶謨閣直學士。寶慶三年丁
亥 (1227) 贈太師，追封信國公。紹定三年庚寅 (1230) 改封徽國公。
淳祐元年辛丑 (1241) 詔從祀孔廟。元至正二十二年壬寅 (1362) 追封
齊國公。現通稱徽國公。

　　至於個人生活，莫善於黃榦〈行狀〉所言。〈行狀〉云：「其可
見之行則修諸身者，其色莊，其言厲。其行舒而恭，其坐端而直。
其閒居也，未明而起，深衣幅巾方履，拜於家廟以及先聖。退坐書
室，几案必正，書籍器用必整。其飲食也，羹食行列有定位，匕箸
舉指有定所。倦而休也，瞑目端坐。休而起也，整步徐行。中夜而
寢，既寢而寤，則擁衾而坐，或至達旦。威儀容止之則，自少至老，
祁寒盛暑，造次顛沛，未嘗有須臾之離也。行於家者，奉親極其孝，
撫下極其慈。閨庭之間，內外軒軒。恩義之篤，怡怡如也。其祭祀
也，事無纖鉅，必誠必敬。小不如儀，則終日不樂。已祭無遺禮，
則油然而喜。死喪之威，哀戚備至。飲食衰絰，各稱其情。賓客往
來，無不延遇。稱家有無，常盡其歡。於親故雖疏遠必致其愛。於
鄉閭雖微賤必致其恭。吉凶慶吊，禮無所遺。賙邮問遺，恩無所闕。
其自奉則衣取蔽體，食取充腹，居止取足以障風雨。人不能堪，而
處之裕如也。」❷❷

---

❷❷　《勉齋集》，卷 3，頁 41 上 –42 上。

第二章　朱子之名號與家屬

朱子名熹，以建炎四年庚戌 (1130) 九月十五日甲寅正午生於福建西北部之尤溪。乳名沈郎，以表其地，蓋尤溪原名沈溪也。又以尤溪屬延平，故小字季延。行五十二。其師劉子翬 (1101–1147) 命字元晦。朱子以元為《易》四德元亨利貞之長，不敢當，自號仲晦，而天下皆稱元晦，無稱仲晦者，所以尊之也。生平喜用熹或朱熹，上加徽州之舊名新安、丹陽、吳郡，或徽州之山名紫陽與平陵，皆所以懷本思源也。別號有晦翁、晦庵、雲谷老人、晦庵病叟、滄洲病叟、遯翁，亦嘗自稱白鹿洞主與仁智堂主。任祠官則用雲臺隱吏、雲臺真逸、雲臺外史、雲臺子、嵩高隱吏、鴻慶外史。最特殊者為註《參同契》用空同道士鄒訢。鄒本株國，其後去邑而為朱。「訢」「熹」均「虛其」切。豈以究心丹訣，非儒者之本務，故以寓名耶？世居徽州婺源縣（今屬江西）之萬年鄉（一說永平鄉）松巖里。累世不仕。資業頗富，有田百畝。

朱子之父朱松 (1097–1143)，字喬年。政和八年戊戌 (1118) 擢進士第，授福建北部建州政和縣尉。因質田奉其父母入閩。父承事公卒，貧不能歸，遂葬其父於政和縣西二十里之護國寺側。服除，調西北部南劍州尤溪縣尉。得與楊時 (1053–1135) 門人羅從彥 (1072–1135) 游，為《大學》、《中庸》之學。自謂卞急害道，因取古人佩韋之義，名其齋曰韋齋。約二年去官，往來僑寓於建劍二州，館於尤溪鄭安道之家而朱子生焉。旋屬靖康之變 (1126)，中朝蕩覆。以是困於塵埃，逃寄假攝，以養其母十有餘年，以至監泉州開建鄉修仁里石井鎮稅，「下從算商之役於嶺海魚蝦無人之境」❶。在此時

---

❶　《文集》，卷 97，〈皇考朱公行狀〉，頁 18 下 –19 上。

期，朱子隨父避亂，曾到長溪（今之霞浦），寓龜靈寺。

紹興四年甲寅 (1134)，朱松得御史胡世將 (1085–1142) 薦，乃召試。入奏，上悅其言。三月除秘書省正字。九月太夫人卒，守喪三年。紹興七年丁巳 (1137) 遷居建甌。八年戊午 (1138) 除秘書省校書郎。遷著作佐郎尚書戶部度支員外郎，兼史館校勘，刊修《哲宗實錄》。時秦檜 (1091–1155) 議和。朱松與史院同事五六人合辭抗疏。以是忤秦檜。秦怒之甚，出使外郡，即轉承議郎出使饒州（今江西鄱陽）。朱松辭，請祠得主管浙江臺州崇道觀，屏居建甌。以十三年癸亥 (1143) 三月二十四日辛亥卒於建州（建甌）城南之寓舍，年四十有七，諡獻靖公。翌年葬於建寧府崇安縣五夫里西塔山靈梵院側。乾道六年庚寅 (1170) 七月五日朱子遷於里之白水鵝子峰下。然地勢卑濕，乃於慶元元年乙卯 (1195) 再遷於崇安縣武夷鄉上梅里寂歷山中峰僧舍之北。蓋朱松之詩，曾有「鄉關落日蒼茫外，尊酒寒花寂歷中」之句也。所為文有《韋齋集》十二卷。

韋齋病革，囑曰：「籍溪胡原仲（胡憲，1086–1162）、白水劉致中（劉勉之，1091–1149）、屏山劉彥沖（劉子翬）三人，吾友也。學有淵源，吾所敬畏。吾即死，汝往事之，而唯其言之聽，則吾死不恨矣。」❷ 三先生皆住崇安縣五夫里。朱子既孤，年十四，遂奉母率妹遷居五夫里焉。

朱子之母孺人祝氏，徽州歙縣人。其家世以貲力順善聞於州鄉。其邸肆生業，幾有郡城之半，因號半州祝家。父諱確，始業儒，有高行。年八十三以終。娶同郡喻氏。祝氏以元符三年庚辰 (1100) 七月庚午生。年十八歸朱松。朱松稱之為小五娘❸。朱子〈孺人祝氏

❷　黃榦《勉齋集》，卷 36，〈朱子行狀〉，頁 38 下。

❸　《文集》，續集，卷 8，〈韋齋與祝公書跋〉，頁 8 下。

壙誌〉謂其「性仁厚端淑。……事舅姑孝謹篤至。……貧病困躓，人所不堪，而孺人處之怡然」❹。生三男，伯仲皆夭，朱子其季也。一女，適右迪功郎長汀縣主簿劉子翔。乾道五年己丑 (1169) 九月戊午卒，年七十。六年庚寅 (1170) 正月癸酉葬於建寧府建陽縣西北七八十里崇泰里後山天湖之陽，東北距朱松白水之兆百里，名曰寒泉塢，即今之馬伏太平山麓。後贈碩人，封粵國夫人。朱子於此建寒泉精舍。宋明人年譜謂既葬，曰居墓側，朔望則歸奠几筵。蓋謂凡居寒泉精舍，則朔望必歸五夫里，以奠几筵也。

關於朱子之母，資料不多。關於其配偶，則少而又少。黃榦 (1152–1221)〈朱子行狀〉云：「娶劉氏，追封碩人。白水草堂先生（劉勉之）之女。草堂即韋齋所囑以從學者也。其卒以乾道丁酉（實為淳熙三年丙午，1176），其葬以祔穴（合葬）。」❺ 葉公回校訂《朱子年譜》(1431) 較詳，謂「十一月令人劉氏卒。次年二月葬於建陽縣之（嘉禾里）唐石大林谷。名其亭曰宰如而規壽藏（生墳）於其側，名其庵曰順寧」❻。「宰如」出《列子》〈天瑞〉篇，「望其壙……宰如也」❼，形其突起之貌。張子（張載，1020–1077）《西銘》結語曰：「存吾順事，沒吾寧也。」❽ 觀其亭庵之名義與其合葬，可知其夫妻關係必甚圓滿。惟何年出世，何年結褵，則無可考。假若紹興三年癸丑 (1133) 出世，少朱子三歲，十七歲 (1149) 出嫁，二十一歲 (1153) 生長子，四十三歲生幼女，則死時四十四歲。婚姻

❹　同上，正集，卷 94，〈尚書吏部員外郎朱君孺人祝氏壙誌〉，頁 23 下。
❺　《勉齋集》，卷 36，頁 47 上下。
❻　葉公回校訂，《朱子年譜》，卷中首，頁 25 下，總頁 104。
❼　《列子》，卷 1，〈天瑞〉篇，頁 5 上。
❽　《張子全書》，卷 1，〈西銘〉。

生活，只二十八年而已。

〈行狀〉又云：「子三人。長塾，先十年 (1191) 卒。次埜，迪功郎監湖州德清縣戶部新市犒賞酒庫。後十年 (1209) 亦卒。季在，承議郎提舉兩浙西路常平茶鹽公事。女五人。壻儒林郎靜江府臨桂縣令劉學古，奉議郎主管亳州明道宮黃榦，進士范元裕。仲季二人早卒。孫男七人，鑑、鉅、銓、鐸、鉁、鉉、鑄。鉅從政郎差監行在雜買務雜賣場門。銓從事郎融州司法參軍。鑑迪功郎新辟差充廣西經略安撫司準備遣差。餘業進士。（孫）女九人。（孫）壻承議郎主管華州雲臺觀趙師夏、進士葉韜甫、周巽亨、鄭宗亮、黃輅、從政郎紹興府會稽縣丞趙師郒、黃慶臣、李公玉。曾孫男六人。淵、洽、潛、濟、濬、澄。（曾孫）女七人。」❾一望朱子子孫之命名，可知朱家世系皆單名，且名之字旁，皆為五行。朱子前四世始用單名，例外極少❿，至明嘉靖元年壬午 (1522) 尤然。朱子前二世祖森以下，皆用五行，木火水金土，終而復始。直至十九世紀仍有五行字旁。漢儒以五行配仁義禮智信。想朱氏必以此為傳家之寶。

長子塾，字受之。紹興二十三年癸酉 (1153) 七月丁酉生。「自幼秀慧。生兩月，見文書即喜笑咿嘻，如誦讀狀。小兒戲事，見必學，學必能，然已能輒棄去。後來得親師友，意甚望之。既而雖稍懶廢，然見其時道言語，亦有可喜者。」⓫原與項安世（1208 卒）次女議婚。與塾同年，而竟不育⓬。二十一歲乃遣其至浙江金華受

---

❾　《勉齋集》，卷 36，〈朱子行狀〉，頁 47 下 –48 上。

❿　戴銑，《朱子實紀》，卷 1，〈世系源流〉，頁 7 上，總頁 51，多恩老一名，不知何據。此雙名為朱家例外。

⓫　《文集》，續集，卷 7，〈與陳同父書〉，頁 8 上下。

⓬　同上，別集，卷 3，〈與劉子澄〉第二書，頁 13 下。

學於呂東萊（呂祖謙，1137–1181）。朱子管束甚嚴。臨行以書規約
其言行，不得飲酒或戲笑喧譁❸。在金華食宿於東萊門人潘景憲
(1074–1130) 之家。潘氏以長女妻之。潘女少塾九歲，約淳熙三年丙
申 (1176) 成婚。東萊之弟子約（名祖儉，1196 卒）甚愛之❹。在留
學期間，曾返五夫里守母喪及兩次應試。居金華六年，然後攜婦兒
歸五夫里，預備第三次應試，然亦落第。歸後曾為朱子服役不少，
始終未仕。紹興辛亥二年 (1191) 正月癸酉卒於金華。是時朱子知
（福建）漳州。聞耗悲痛極至，即乞祠歸治喪葬❺。朱子自為壙記，
略云：「娶潘氏，生二男。長曰鎮，次恩老。四女，歸、昭、接、
滿。鎮滿皆夭。明年 (1192) 十有一月甲申葬大同北麓上實天湖。其
父為之志。嗚呼痛哉！」❻以蔭補將仕郎，贈中散大夫。黃榦〈行
狀〉云塾長男曰鑑，則「鑑」「鎮」必有一誤，「恩老」亦可疑，因
〈行狀〉不言，且雙名也。朱子〈題嗣子詩卷〉云：「大兒自幼開
爽，不類常兒。予常恐其墮於浮靡之習，不敢教以詩文。既沒後，
許進之（朱子門人）乃出其所與唱和詩卷示予。予初不知其能道此
語也。為之揮涕不能已，不忍復觀也。」❼

次男塾，字文之，紹興二十四年甲戌 (1154) 七月生，少塾一
歲。朱子曾欲招建陽一學者來教兒輩❽，因事不果。兄弟曾受教於
蔡元定 (1135–1198)❾。欲早為納婦❿。淳熙七年庚子 (1180) 與塾

❸ 同上，續集，卷 8，〈與長子受之〉，頁 6 上。參看第十四章，〈朱子與呂
東萊〉，頁 197。

❹ 同上，續集，卷 1，〈答黃直卿〉第二十六書，頁 7 下。

❺ 詳見拙著《朱子新探索》，頁 55–57。

❻ 《文集》，卷 94，〈亡嗣子壙記〉，頁 27 上。參看❿。

❼ 同上，卷 83，〈題嗣子詩卷〉，頁 22 下 –23 上。

❽ 同上，卷 39，〈答柯國材書〉，頁 5 上。

同應試，均不第❷。以蔭補迪功郎差監（浙江）湖州德清新市鎮戶部激賞酒庫。是時朱子知（江西）南康軍，以大旱奔走，遂發心病甚危，急遣人呼塾❷。朱子易簀前兩日，塾由五夫里趕歸建陽。季子在遠隔，只塾在場送終而已。朱子嘗為印務，由塾襄理❷。嘉定二年己巳 (1209) 卒，年五十六，贈朝奉郎。葬建陽縣三衢里龍隱庵❷。生子四，鉅、銓、鐸、鉽。

　　三男在，字敬之，生於乾道五年己丑 (1169) 正月戊午朔時。自幼未得讀處，朱子深以為慮❷。路遠不能遣往尤溪就學許順之。欲約其來五夫里，而順之授室，事遂不成❷。結果未嘗親師受學，亦不知曾應試否。或問敬之庭訓如何？曰：「平常只是在外面聽朋友問答，或時在裏面亦只說某病痛處。一日教看《大學》，曰：『我生平精力盡在此書。先須通此，方可讀書。』」❷

　　淳熙五年戊戌 (1178) 朱子差知南康軍，六年赴任。敬之是時十一歲，侍從焉。敬之本人為宦時間頗長。《朱子實紀》記其行實云：「以蔭補承務郎，籍田令，遷將作監主簿。累遷大理寺正。知南康軍，改知衡州湖州，俱不赴。奉祠。起知信州。除提舉浙西常平茶鹽公事。加右曹郎兼知嘉興府。召為司農少卿，充樞密副都。承旨

❶　同上，卷 44，〈答蔡季通〉第四書，頁 3 上。
❷　同上，卷 33，〈答呂伯恭〉第三十八書，頁 26 上。
❷　同上，卷 34，〈答呂伯恭〉第八十五書，頁 29 下。
❷　同上，頁 28 下。
❷　同上，卷 60，〈答周純仁〉第一書，頁 1 下。
❷　《朱子實紀》，卷 1，頁 4 上，總頁 45。
❷　《文集》，卷 39，〈答許順之〉第十八書，頁 19 上。
❷　同上，卷 35，〈答劉子澄〉第七書，頁 17 上。
❷　《語類》，卷 14，第五十條，頁 412。

出為兩浙運副。寶慶二年丙戌 (1226) 權工部侍郎。尋除右侍郎。丐外。除寶謨閣待制。知平江府。遷煥章閣待制。知袁州。奉祠。封建安郡侯卒。贈銀青光祿大夫。葬建寧府城東光祿坊永安寺後。生子鉉、鑄、欽、鉛。」❷❽ 卒於嘉熙三年己亥 (1239) 九月二日，年七十一。朱子易簀前一日，致書敬之訣別，兼令早歸收拾文字。嘆曰：「許多年父子乃不及相見也。」❷❾

　　長女名巽，適儒林郎臨桂縣令劉學古，劉子翬養子劉玶 (1138–1185) 之子也。嘗與其父及塾、在等陪朱子游密庵 ❸⓿。朱子詠其惠蘭 ❸❶。次女名兌，適弟子黃榦。有書黃榦云：「此女得歸德門事賢者，固為甚幸。但早年失母，關於禮教，而貧家資遣，不能豐備，深用愧恨。想太夫人慈念，必能闊略。……輅孫骨相精神，長當有立。輔亦漸覺長進，可好看之。」❸❷ 輅愛朱子壁間獅子畫，為陸探微（五世紀）真筆，舉以與之 ❸❸。又遣鉅、鈞兩孫就學於黃榦 ❸❹。

　　第三女名巳。乾道九年癸巳 (1173) 生，淳熙十四年丁未 (1187) 卒。朱子為埋銘曰：「朱氏女，生癸巳，因以名。叔其字。父晦翁，

---

❷❽　《朱子實紀》卷 1，頁 4 下 –5 下，總頁 46–48。一九八四年在建甌城東高門外石油站對面磚窰後面發現朱在墓志銘。據此，朱在有四子。《朱子實紀》只紀其三，應增多鉛一名。

❷❾　《蔡氏九儒書》，卷 6，蔡沈，〈朱文公夢奠記〉，頁 59 下。又見王懋竑，《朱子年譜》，卷 4 下，頁 228。

❸⓿　《文集》，卷 84，〈遊密庵記〉，頁 30 上。

❸❶　同上，卷 2，〈秋蘭已悴以其根歸學古〉，頁 4 上。

❸❷　同上，續集，卷 1，〈答黃直卿〉第三十四書，頁 10 上。

❸❸　同上，第四十書，頁 12 上。

❸❹　同上，第五十一書，頁 14 下；第六十五書，頁 17 下；第七十三書，頁 19 下。

母劉氏。生四年，呱失恃。十有五，適笄珥。趙（趙師淵，1172 進士）聘入，奄然逝。哀汝生，婉而慧。雖未學，得翁意。臨絕言，孝友悌。從母藏，亦其志。父汝銘，母汝視。汝有知，尚無畏。宋淳熙，歲丁未（十四年，1187）。月終辜（十一月），壬寅（初五）識。」❸此銘情意親切。蓋女巳一生，大半為朱子屏居著書教學之時，對此女必甚得意。第四女失名，適門人范念德之子元裕，亦朱子門人。第五女亦失名。巳死後數年夭折。朱子告門人陳才卿（名文蔚，1154–1239）謂夏間失一小孫❸。易簀之前日為書，范念德託寫禮書並為孫擇壻❸。均不知所指。

　　朱子紹熙二年壬子 (1192) 定居建陽，三年乃築室於建陽之考亭。考亭在三桂里玉枕山之麓。居此九年而卒。據清人羅鏞〈考亭朱子系譜序〉：「文公沒再傳而公長子（塾）一派遷居建安（今之建甌），三子（在）遷邵武。惟次君（埜）派下世居考亭。元至正間 (1341–1367) 由考亭分一支回婺源守祠墓焉。」❸建陽現有四萬人。下考亭村戶共二十六。其中二十五姓朱，皆朱子後裔。一九八三年最老者為二十九世孫朱瀾溪。朱子遷建陽時並未攜全家子孫，因其次子埜朱子臨終時方由五夫里趕到建陽也。

---

❸　同上，正集，卷 93，〈女巳埋銘〉，頁 1 上。關於趙家聘禮，可參看《文集》，卷 54，〈答應仁仲〉第三書，頁 11 上。

❸　同上，卷 59，〈答陳才卿〉第十一書，頁 32 上。

❸　《蔡氏九儒書》，卷 6，蔡沈，〈朱文公夢奠記〉，頁 59 下。

❸　羅鏞，〈考亭朱子系譜序〉，載清光緒《續修紫陽堂朱氏家乘》，卷 1，〈明宗〉。

第三章　朱子之師

　　朱子之家，素治儒者之學。故朱子自小即誦儒者之書。據其自述：「某自總角讀《論》、《孟》。自後欲一本文字高似《論》、《孟》者，竟無之。」❶又云：「某少時讀四書，甚辛苦。」❷「向年十歲，道人授以符印。父兄知之，取而焚之。」❸又晚年回憶曰：「某十數歲時讀《孟子》，言『聖人與我同類者』❹，喜不可言，以為聖人亦易做。今方覺得難。」❺年十三四，得《論語》說於其父❻。及十四歲依父遺囑奉母移居崇安縣五夫里 ，乃稟學於胡憲 (1086–1162)，劉子翬 (1101–1147)、劉勉之 (1091–1149) 三先生。韋齋病革時，手自為書，以家事屬子翬之兄少傅劉子羽 (1097–1146)。朱子與方士繇 (1148–1199)、魏掞之同依劉子羽❼。子羽為顯宦，抗金有功，家亦大富。為築三屋於五夫里潭溪其第之傍以居之。

　　胡憲，字原仲，建州崇安人。稱籍溪先生。娶劉勉之之妹。胡安國 (1074–1138) 從父兄之子。從安國學，始聞河南二程 (程顥，1032–1085；程頤，1033–1107) 之說。尋以鄉貢入太學。隨學易於譙定 (字天授，壯年 1127)。既而專治《春秋》，有《春秋胡氏傳》。從太學歸，力田賣藥，以事其親。詔特徵之，以母老辭。乃授左迪功郎添差建州州學教授。七年後以母老求得監南嶽廟以歸。屏居幾

❶　《語類》，卷 104，第三條，頁 4151。

❷　同上，第一條，頁 4151。

❸　同上，卷 3，第八十條，頁 87。

❹　《孟子》，〈告子〉第六上，第六章。

❺　《語類》，卷 104，第四條，頁 4151。

❻　《文集》，卷 75，〈論孟要義目錄序〉，頁 6 下。

❼　據《福建論壇》，1982 第二期，頁 70。

二十年。紹興二十九年己卯 (1159) 八月被召為大理司直，未行。改秘書省正字。人謂其必不復起，而一辭即受。雖門人弟子，莫不疑之。到館下累月，以默無一言，益以為怪。朱子為詩送行日：「執我仇仇（傲）詎（何）我知，謾（廣泛）將行止驗天機。猿悲鶴怨（猿鶴指君子）因何事？只恐先生袖手歸。」❽其後又寄詩日：「先生去上芸香閣（焚香草闢蟲藏書之地），閣老（指劉珙，子羽之子。新任察官，稱閣老）新峨（高）豸角冠（高官之冠）。留取幽人（指朱子）臥室谷，一川風月要人（我）看。甕牖（貧戶以瓶口為窗）前頭列畫屏，晚來相對靜儀刑。浮雲一任閑舒卷，萬古青山只麼青。」❾論者皆謂此詩有諷其師之意。然朱子自云：「紹興庚辰 (1160) 熹臥病山間。親友仕於朝者，以書見招。熹戲以兩詩代書報之。」❿若謂諷其師，豈亦自諷邪？只謂當時非行道之時，有如籍溪，亦必空手而歸而已❶。

　　朱子師事胡憲，約二十年。三師之中以此為最久。然其關係，乃屬父執之類。對於朱子思想，絕無熏染。《朱子語類》甚少提及。《朱子文集》雖提及多次，然只得兩書，並非思想之討論也。祭文行狀，均未敘述其學說❷。紹興三十二年壬午 (1162) 卒，年七十七。

　　劉勉之，字致中，號草堂。五夫里之白水人，稱白水先生。與

❽　《文集》，卷 2，〈送籍溪胡丈赴館供職〉，頁 8 下。
❾　同上，〈寄籍溪胡丈及劉恭父〉，頁 8 下。又見卷 81，〈跋胡五峰詩〉，頁 2 下。
❿　同❾下半。
❶　參看拙著《朱子新探索》，頁 664，〈贈胡籍溪詩〉。
❷　《文集》，卷 37，〈與籍溪胡先生〉，頁 1 上 –3 上；卷 87，〈祭籍溪胡先生文〉，頁 1 上 –1 下；卷 97，〈籍溪先生胡公行狀〉，頁 15 上 –17 上。

胡憲同舉，入太學。歸途遇司馬光 (1019–1086) 門人劉安世與二程門人楊時，遂得新儒之道。即近郊結草堂躬耕自給，日以講學為事。南渡幾十年，謀復中原，特詔詣闕。既至，秦檜 (1091–1155) 方定和戎之計，但令策試後省給筆札而已。勉之知道不易行，即日謝病歸，杜門高臥十餘年，名聞益尊。紹興十九年己巳 (1149) 卒，年五十九。少時婦家富而無子，謀盡以貲產歸女氏。既謝不納，又擇其宗屬之賢者，舉而俾之，使奉其先祀。朱子既就學，勉之慨然為經理其家。待朱子如子姪，以女妻之。娶連氏。無子，以從兄之子為後。二女。長適朱子。次女適朱子門人范念德❸。朱子師事勉之約六年。《朱子語類》所提亦少。《朱子文集》所提，不及胡憲之多。

　　影響最大，往來最密者為劉子翬，彥沖其字也。未冠游太學。以父任蔭承務郎辟真定府幕屬。父喪京師。三年服滿，除通判興化軍事。秩滿，乞管武夷山沖佑觀。自是居屏山下潭溪之上，有園林水石之勝，凡十七景。自號病翁。講學外無一雜言。嘗講學武夷山水簾洞。傳說朱子侍學於此。事或有之，然不外偶然而已。長期侍讀，則在五夫里也。五夫里現尚存朱子巷，傳為朱子上學必經之路。如是屏居講學十有七年 。 四為崇道祠官 。 紹興十七年丁卯 (1147) 卒，年四十七。

　　朱子〈屏山先生劉公墓表〉云：「熹時以童子侍疾。一日請問先生平昔入道次等。先生欣然告之曰：『吾少未聞道。官莆田時以疾病始接佛老之徒，聞其所謂清淨寂滅者而心悅之，以為道在是矣。比歸讀吾書而有契焉，然後知吾道之大，其體用之全乃如此。……於是嘗作〈復齋銘〉、〈聖傳論〉以見吾志，然吾忘吾言久矣。今乃相為言之。汝尚勉哉。』」❹兩日後即與世辭，年四十七。朱子年十六

❸　同上，卷 90，〈聘士劉公先生墓表〉，頁 19 下。

七，嘗為〈命字元晦祝詞〉，通篇以孔子門人為模範**⑮**。

　　子翬務儒者之學，然於佛道，不乏同情。常與道士僧人往來。據朱子回憶：「某年十五六時，亦曾留心於此（佛學）。一日在病翁所會一僧，與之語。其僧只相應和了說，也不說不是。卻與劉說。某也理會得箇昭昭靈靈的禪。劉後來說與某。遂疑此僧更有要妙處在。遂去扣問他。是他說得煞好。及去赴試時，便用他意思胡說。是時文字不似而今細密，由人粗說。試官為某說動了，遂得舉。」原註云：「時年十九。」 **⑯**此僧為誰，至今未有定論。

　　一說謂此僧為大慧普覺禪師，大慧法名宗杲，又號妙喜 (1089–1163)，為臨濟義玄禪師 (867) 之法嗣。此說根據《大慧普覺禪師語錄》尤焴之序。序云：「朱文公少年不樂讀時文。因聽一尊宿說禪，直指本心，遂悟昭昭靈靈一著。十八歲請舉。時從劉屏山。屏山意其必留心舉業。暨披其行篋，只《大慧語錄》一帙爾。次年登科。」**⑰**然即此可信，亦不能證實所會之僧為大慧。一說謂是道謙。道謙姓游，五夫里人。為大慧弟子。結自信庵於仙洲山。此山與五夫里只隔一嶺。朱子十五六歲時，道謙方三十餘歲。或即在五夫里開善寺說教，故稱開道謙。李侗 (1093–1163) 嘗致書羅博文 (1116–1168) 云：「渠（朱子）初從謙開善（道謙）處下工夫來，故皆就裏面體認。今既論難，見儒者路脈，極能指其差誤之處。」 **⑱**書中既

---

⑭　同上，頁 2 下。

⑮　全文載王懋竑，《朱子年譜》，卷 12，頁 4–5。

⑯　《語類》卷 104，第三十八條，頁 4166。

⑰　《卍大藏經》，第三十一套，第四冊，《大慧普覺禪師語錄》，卷 1 之首，頁 348。

⑱　李侗，《李延平集》，卷 1，〈與羅博文書〉，頁 5。

云「下工夫」，又云「體認」，則朱子對於道謙之禪，印象必深。予謂道謙之說，縱無實證，然頗近情理。大慧之說，則時間上絕不可能**⑲**。而朱子之卒之棄禪，則有待於李侗。

朱子自述云：「初師屏山籍溪。籍溪學於文定（胡安國），又好佛老。以文定之學而論，治道則可，而道未至。然於佛老亦未有見。屏山少年能為舉業。官莆田，接客下一僧，能入定。數日後乃見了。老歸家讀儒書，以為與佛合，故作〈聖傳論〉。其後屏山亡，籍溪在。某自見於此道未有所得，乃見延平（李侗）。」**⑳**又云：「後赴同安任，時年二十四五矣。始見李先生，與他說。李先生只說（禪）不是。某卻倒疑李先生理會此未得，再三質問。李先生為人簡重，卻不會說。只教看聖賢言語。某遂將那禪來權倚閣起。意中道禪亦自在。且將聖人書來讀。讀來讀去，一日復一日，覺得聖賢言語，漸漸有味。回頭看釋氏之說，漸漸破綻，罅漏百出。」**㉑**

李侗，字愿中，南劍州劍浦（今之南平）人。以延平為南平舊名，故學者稱延平先生。朱子撰〈行狀〉有云：「聞郡人羅仲素（羅從彥，1072–1135）得河洛之學於龜山楊文靖公（楊時）之門，遂往學焉。……從之累年，受《春秋》、《中庸》、《語》、《孟》之說。……退而屏居山田，結茅水竹之間，謝絕世故，餘四十年。簞瓢屢空，怡然自適。……初龜山先生唱道東南，士之遊其門者甚眾。然語其潛思力行，任重詣極如羅公，蓋一人而已。先生既從之學，講誦之餘，危坐終日，以驗夫喜怒哀樂未發之前氣象如何，而求所謂中者**㉒**。……操存益固，涵養益熟。精神純一，觸處洞然。……

---

⑲　詳見**⑪**，頁 641，〈大慧禪師〉。參看第十八章，〈朱子與佛教〉。

⑳　《語類》，卷 104，第三十七條，頁 4164。

㉑　同上，第三十八條，頁 4166。

熹先君子吏部府君亦從羅公問學，與先生為同門友，雅敬重焉。」❷❸

　　李侗既為二程三傳弟子，而朱松又為李侗同門友，則朱子必自幼慣聞河洛之說。今於禪學有疑，乃思向李侗探索究竟，固不但敬仰其人而已也。是以於紹興二十三年癸酉 (1153) 夏赴福建南部泉州同安主簿之任，路經延平，乃拜見而請教焉。由延平到同安，直線亦二百五十公里。道路彎曲，隔水過山。秋七月乃至同安。故夏間何日抵延平，逗遛若干時日，所問節目，皆無可考。明人李默（1556 卒）改訂之《朱子年譜》(1552) 與清人洪去蕪改訂之《朱子年譜》 (1700)，均謂癸酉 (1153) 始受學於延平先生。即王懋竑 (1668–1741) 所未見之葉公回《朱子年譜》與戴銑《朱子實紀》內之〈朱子年譜〉亦云然。可知各譜必是本於朱子門人李方子（1214 進士）最早而久已失傳之《紫陽年譜》❷❹。惟據王懋竑考證，以〈行狀〉不為此言。戊寅 (1158) 與范直閣書尚稱丈而不稱先生。《延平答問》戊寅間語，不似受學。故主張紹興二十三年癸酉始見，至三十年庚辰 (1160) 乃受學焉❷❺。錢穆亦作如是觀❷❻。兩氏太過拘執。朱子未嘗執弟子禮，謂非門人可乎？與范直閣書屢稱胡丈❷❼，然則籍溪非先生乎？且戊寅答問與《語類》師生問答無大異也。總之二十八年戊寅 (1158) 正月再見。〈行狀〉云：「先生歸自同安，不遠數百里，徒步往從之。」❷❽徒步至少需用五日，未嘗不可能，然〈行

❷❷　《中庸》，第一章。
❷❸　《文集》，卷 97，〈延平先生李公行狀〉，頁 26 下 –27 下。
❷❹　詳同❶❶，頁 62，〈朱子之年譜〉。
❷❺　王懋竑，《朱子年譜》，卷 1 上，頁 7；〈考異〉，卷 1，頁 245。
❷❻　《朱子新學案》，第三冊，頁 3。
❷❼　《文集》，卷 37，〈與范直閣〉第一書，頁 3 上；第三書，頁 5 上。
❷❽　黃榦，《勉齋集》，卷 36，〈朱子行狀〉，頁 39 上。

狀〉所云，只顯示其求學心殷而已。延平稱之曰：「穎悟絕人，力行可畏。其所論難，體認切至。」㉙三十年庚辰 (1160) 冬，三見李侗於延平。此次寓舍旁之西林院惟可師之舍，閱數月而後去㉚。《語類》載朱子回憶云：「舊見李先生時說得無限道理。也曾去學禪。李先生云：『汝恁地懸空理會得許多，面前事卻又理會不得。道亦無玄妙，只在日用間著實做工夫處理會，便自見得。』後來方曉得他說，故今日不至無理會耳。」㉛又告門人曰：「延平先生嘗言道理須是日中理會。夜裏卻去靜處坐地思量，方始有得。某依此說去做，真箇是不同。」㉜

　　學者每強調延平教人靜中觀喜怒哀樂未發以前氣象，求所謂中。然依錢穆所見，則朱子「所獲於延平者有三大綱。一曰須於日用人生上融會，二曰須看古聖經義，又一曰理一分殊，所難不在理一處，乃在分殊處。朱子循此三番教言，自加尋究，而不自限於默坐澄心之一項工夫上，則誠可謂妙得師門之傳矣」㉝。不限於默坐澄心，並非忽略靜養。《延平答問》中屢屢言及㉞。其對於朱子之影響，可於〈延平先生答問後錄〉見之㉟。看古聖經義一節，亦可引《語類》為據。《語類》云：「李先生說令去聖經中求義。某後刻意經學，推見實理，始信前日諸人之誤也。」㊱至於理一分殊，學者多未言及，

㉙　同上。
㉚　《文集》，卷 2，〈題西林可師達觀軒〉，頁 11 上。
㉛　《語類》，卷 101，第七十七條，頁 4082。
㉜　同上，卷 104，第二十五條，頁 4160。
㉝　《朱子新學案》，第三冊，頁 35。
㉞　李侗，《延平答問》，頁 13 下，15 上，17 下，23 上，24 上，32 上。
㉟　同上，〈延平先生答問後錄〉，頁 2 下，3 上，5 上，6 上。
㊱　《語類》，卷 104，第二十七條，頁 4160。

錢氏亦未討論。此義為程頤所發。其答楊時論〈西銘〉書，以張子（張載，1020–1077）之〈西銘〉❸，「理一而分殊」❸。蓋〈西銘〉以天為父，地為母，老幼為一，理之一也。各親其親，各子其子，理之殊也。《延平答問》之討論理一分殊之義❸，比默坐澄心，觀未發以前氣象❹為多為詳。辛巳 (1161) 問仁，延平告以理一分殊。此問答長達千字，為《延平答問》最長之對話。故朱子〈延平李先生行狀〉，特別強調此說，謂：「若槩以理一而不察其分之殊，此學者所以流於疑似亂真之說而不自知也。」❶又嘗告門人趙師夏〔紹熙元年 (1190) 進士〕：「延平之言曰：『吾儒之學所以異於異端者，理一分殊也。理不患其不一，所難者分殊耳。此其要也。』」❷理一分殊為朱子哲學之基本概念。謂經李侗而得於程頤，不為過也。

---

❸　《張子全書》，卷 1。

❸　《伊川文集》，卷 5，〈答楊時論西銘書〉，頁 12 下。

❸　《延平答問》，頁 11 上，24 上，27 上下。

❹　同上，頁 13 下。

❶　《文集》，卷 97，〈延平李先生行狀〉，頁 29 上。

❷　趙師夏跋〈延平答問後錄〉，頁 9 下。

第四章　朱子論太極

本章先敘朱子參究太極之經過，然後述其對於太極之理解。

朱子自述云，「熹自蚤歲，即幸得其（周敦頤，1017-1073）遺編而伏讀之，初蓋茫然不知其所謂，而甚或不能以句。壯歲獲遊延平先生（李侗，1093-1163）之門，然後始得聞其說之一二。」 ❶ 紹興三十一年辛巳 (1161)，年三十二歲，四月致書延平，問：「『太極動而生陽』，即天地喜怒哀樂發處，於此即見天地之心。『二氣交感，化生萬物』，即人物之喜怒哀樂發處，於此即見人物之心。如此做兩節看，不知得否？」❷ 此問兩引周子〈太極圖說〉，可知此時已注意此圖與周子之說。 延平答以天地人物只是一理 ，不可分兩節看 ❸。萬物統體一太極也之觀念從此萌芽。惟於延平靜中看喜怒哀樂未發之時氣象之教，有所不安。閩湘湖學者主張先察識而後涵養，乃於乾道三年丁亥 (1167) 赴長沙訪候張栻 (1133-1180)。主要討論，乃《中庸》已發未發之中和問題，語三日夜而不能合。然亦涉及太極問題。南軒（張栻）贈別詩云：「超然會太極，眼底無全牛。」❹ 朱子答詩云：「昔我抱冰炭，從君識乾坤。始知太極蘊，要眇難名論。謂有寧有跡？謂無復何存？」❺ 南軒以為兩人體會太極，有如庖丁解牛 ❻，達到自由自在之境。朱子之體會，日後有回憶云：「舊

---

❶　《文集》，卷 81，〈周子通書後記〉，頁 28 下。

❷　李侗，《延平答問》，頁 20 上下。

❸　同上。

❹　《南軒先生文集》，卷 1，〈詩送元晦尊兄〉，頁 14 上，總頁 137。

❺　《文集》，卷 5，〈奉酬敬夫贈言並以為別〉，頁 8 下。

❻　《莊子》，〈養生主〉第三，卷 2，頁 2 下。

在湖南理會乾坤。乾是先知，坤是踐履。……是時覺得無安居處，常恁地忙。又理會動靜，以為理是靜，吾身上出來便是動。卻不知未發念慮時靜，應物時動。靜而理感亦有動，動時理安亦有靜。」❼可知當時所理會者為知行並進，動靜如一。對於延平主靜與湖南主動，已覺其偏。從而於周子〈太極圖說〉之「動而生陽，動極而靜。靜而生陰，靜極復動。一動一靜，互為其根」，益感興趣。於是從事校正周子之〈太極圖〉與其〈圖說〉。

致胡廣仲（胡實，壯年 1150）書云：「舊傳〈圖說〉皆有繆誤。……參互考證改而正之。凡所更改，皆有據依，非出於己意之私也。」❽原註云：「說中『靜而生陰』下多一『極』字，……考正而削之矣。」舊傳指胡宏 (1106–1161) 家傳周子之書。至於朱子如何改正〈太極圖〉，則於比較胡宏家傳之舊圖與《周子全書》卷一之圖，可以見之。舊圖第一圈為陰靜，第二圈為陽動，朱子改為陽動在第二圈之左，陰靜在第二圈之右。舊圖第二圈只右邊黑白交叉，朱子改為兩邊黑白交叉，左為兩陽夾陰，右為兩陰夾陽。舊圖第三圈五行相生，只為陽動，朱子改以陰靜陽動相連，蓋以五行各有陰陽，乃生萬物也。誠如《語類》所云，「牛羊草木，皆有牝牡，一為陽，一為陰。萬物有生之初，亦各有兩個。……甲便是木之陽，乙便是木之陰。丙便是火之陽，丁便是火之陰。」❾此外國史本傳〈圖說〉首句為「自無極而為無極」，增多「自」、「為」二字，嘗欲請刪去而未果❿。

---

❼　《語類》，卷 104，第三十一條，頁 4162–4163。

❽　《文集》，卷 42，〈答胡廣仲〉第五書，頁 6 上。

❾　《語類》，卷 94，第六十九條，頁 3779。

❿　《文集》，卷 80，〈邵州州學濂溪先生祠記〉，頁 12 上。增字又見卷 71，

　　乾道五年己丑 (1169) 著〈周子太極通書後序〉，謂：「周子之書，長沙（建安）本最後出，乃熹所編定。……蓋先生之學，其妙在具於太極一圖。《通書》之言，皆發此圖之蘊。……故潘清逸（潘興嗣）誌先生之墓，敘所著書，特以作〈太極圖〉為稱首。然則此圖當為書首不疑也。然先生既手以授二程（程顥，1032–1085；程頤，1033–1107）本，因附書後。傳者見其如此，遂誤以圖為書之卒章。……長沙《通書》，因胡氏所傳篇章，非復本次，又削去分章之目。……又嘗讀朱內翰震 (1072–1138)〈進易表〉，謂此圖之傳，自陳摶（約 906–989）、种放（1015 卒）、穆修 (979–1032) 而來，而五峰胡公仁仲（胡宏）作〈通書序〉，又謂先生非止為种穆之學者，此特其學之一師耳，非其至者也。……及得諸文考之，然後知其果先生之所自作，而非有所受於人者。」❶

　　此序重要之點有三：一為〈太極圖說〉應在《通書》之前。一為周子以此圖手授二程。一為此圖乃周子所自作而非來自道士。潘氏〈墓誌銘〉有曰，周子「深於《易》學，作《太極圖》、《易說》、《易通》、《通書》數十篇」❷。故據此以圖為周子所自作。以上三點，終身堅持不棄。淳熙六年己亥 (1179) 朱子守南康，再刊〈太極〉、〈通書〉，並撰〈再定太極通書後序〉，重申十年前〈周子太極通書後序〉之意。所宜注意者，朱子所編《通書》為長沙建安本，又嘗參考胡宏所傳之《通書》。胡宏為張栻之師，則長沙必有周子傳說。無怪訪南軒時有太極之討論也。如是可謂朱子太極之論，李侗

　　〈記濂溪傳〉，頁 4 上；卷 36，〈答陸子靜〉第六書，頁 16 下。今本《宋史》，卷 427，〈周敦頤傳〉，頁 12712，〈圖說〉已刪去「自」、「為」兩字。

❶　《文集》，卷 75，〈周子太極通書後序〉，頁 18 上 –19 下。

❷　《周子全書》，卷 20，〈濂溪先生墓誌銘〉，頁 400。

啟其端，長沙之行有以鼓動之，引致其註釋〈太極圖說〉。此說向來無人主張，然歷史線索顯然，不容否認。

　　長沙訪問之明年 (1168)，朱子撰〈太極圖說解〉與〈通書解〉。現存最古之葉公回校訂之《朱子年譜》(1431)，繫〈太極圖說解〉與〈通書解〉於乾道九年癸巳 (1173)。戴銑《朱子實紀》(1513) 之〈朱子年譜〉與王懋竑 (1668–1741) 之《朱子年譜》沿之。惟王氏於其〈考異〉謂據朱子與南軒往來諸書：「則〈太極圖解〉成於戊子 (1168) 己丑 (1169)。兩書後跋，各以其跋之歲月言，非成書之歲月也。……今姑依年譜所序，而考訂其歲月先後如此。」❸後跋指〈太極圖說後記〉，成於乾道九年癸巳 (1173)，諸年譜以之為〈太極圖說解〉之年。若謂初稿始於乾道四年戊子 (1168) 而定稿成於乾道九年癸巳 (1173)，可備一說。

　　朱子既成兩解，即分寄其友南軒與伯恭 （呂祖謙，1137–1181）。三人來往書札，略有討論，惟於〈太極圖說〉之史實與哲理，未嘗言及。惟南軒有一書，《南軒文集》不存，而〈太極圖說註後記〉引之，謂：「二先生（二程）與門人講論問答之言，見於書者詳矣。其於〈西銘〉蓋屢言之。至此圖則未嘗一言及也。謂其必有微意，是則固然。然所謂微意者果何謂耶？」❹乾道八年壬辰 (1172) 冬有書南軒，對周子傳圖於二程與二程不傳有所解釋，謂：「蓋以程子為能受之。程子之秘而不示，疑亦未能受之者耳。」❺朱子蓋信以為然，然未見歷史證據也。

　　此數年間，學者必提出疑問多端，故朱子〈圖說解〉後撰「附

❸　王懋竑，《朱子年譜》，〈考異〉，卷 1，頁 273。
❹　〈註後記〉載《周子全書》，卷 2，頁 35，不見《文集》。
❺　《文集》，卷 31，〈答張敬夫〉第十九書，頁 9 上。

辯」。其言曰：「愚既為此說，讀者病其分裂已甚，辯論紛然。……
大抵難者或謂不當以繼善成性分陰陽或謂不當以太極陰陽分道器，
或謂不當以仁義中正分體用，或謂不當言一物各具一太極。」朱子
一一答覆，理由充實，如謂：「陰陽太極，不可謂有二理必矣。然太
極無象而陰陽有氣，則亦安得無上下之殊哉？此其所為道器之別
也。」❶

評者之中，以陸子美（陸九韶，壯年 1150）為最烈。淳熙十三
(1186)、四 (1187) 丙午丁未年有兩書致朱子。全書不存，部份見《周
子全書》。全是意氣，如謂：「今於上又加『無極』二字，是頭上安
頭，過為虛無好高之論也。」❶朱子復云：「不言無極，則太極同於
一物，而不足為萬化之根。不言太極，則無極淪於空寂，而不能為
萬化之根。」❶兩人措詞急迫。朱子卒謂：「正當謹如來教，不敢復
有塵瀆也。」❶子靜（陸象山，1139–1193）自告奮勇，替其兄與
朱子辯。十五年戊申 (1188) 致書朱子，熱烈爭辯，謂：「梭山兄（子
美）謂〈太極圖說〉與《通書》不類，疑非周子所為。不然，或是
其學未成時所作。不然，則或是傳他人之文。……《通書》……中
即太極。……此言殆未可忽也。……《通書》終篇未嘗一及『無極』
字。二程言論至多，亦未嘗一及『無極』字。……梭山兄所以不復
致辯者，蓋以兄執己之意甚堅，而視人之言甚忽，求勝不求益
也。……今兄為時所用，進退殊路，合並未可期也。」❷朱子答云：

❶ 〈附辯〉載《周子全書》，頁 33–35，不見《文集》。
❶ 載同上，卷 3，頁 38。又見《宋元學案補遺》，卷 57，〈梭山復齋學案〉，
頁 2 下。
❶ 《文集》，卷 36，〈答陸子美〉第一書，頁 3 下。
❶ 同上，第三書，頁 6 上。

「伏羲……文王……皆未嘗言太極也，而孔子言之。孔子……未嘗言無極也，而周子言之。……至極無名可名，故特謂之太極。……初不以其中而命之也。……極者，至極而已。……所謂一者，乃為太極，而所謂中者，乃氣稟之得中。……周子所以謂之無極，正以其無方所，無形狀。……彼俗儒膠固，隨語生解，不足深怪。老兄平日自視為如何，而亦為此言耶？」❷朱子辭亦嚴厲，不減子靜。書長幾二千字。子靜復書，著意「太極」、「無極」之詞義，謂：「今閱得書，但見文辭繳繞，氣象褊迫。其致辯處，類皆遷就牽合。……若實見太極，上面必不更加『無極』字。……上面加『無極』字，正是疊床上之床。……若謂欲言其無方所，無形狀……曰『無聲無臭』可也。豈宜以『無極』字加之？……直將『無』字搭在上面，正是老氏之學。……極亦此理也，中亦此理也。……曰『極』，曰『中』，曰『至』，其實一也。……如所謂太極真體不傳之秘，……不屬有無，不落方體……等語，莫是曾得禪宗所得如此？」❷❷書亦長三千言。辭氣之嚴，比朱子尤甚。翌年 (1189) 朱子答書，謂「凡辯論者亦須平心和氣。……『極』是名此理之至極，『中』是狀此理之不偏。……『無極而太極』，猶曰莫之為而為。……非謂別有一物。……子美尊兄……自信太過。……老兄卻先立一說，務要突過。………各尊所聞，各行所知，亦可矣。無復可望於必同也。」❷❸子靜答云：「願依光末，以卒餘教。」❷❹太極之辯，從此結束。

---

❷⓿ 《象山全集》，卷 2，〈與朱元晦〉第一書，頁 4 上 –7 下。

❷❶ 《文集》，卷 36，〈答陸子靜〉第五書，頁 7 下 –10 下。

❷❷ 同❷⓿，第二書，頁 8 下 –11 下。

❷❸ 同❷❶，第六書，頁 10 下 –16 下。

❷❹ 同❷⓿，第三書，頁 11 下。

辯論中點凡三：一為〈太極圖〉非周子所作。二為「無極」來
自《老子》。三為「極」字之義。關於第一論點，潘氏〈墓誌銘〉確
謂周子「作〈太極圖〉」，然梭山以〈圖說〉與《通書》不類，故以
為非周子所作，朱子則指明〈圖說〉與《通書》相同之處。清儒黃
宗炎 (1616–1686)、朱彝尊 (1629–1709) 等均詳辨此圖原自道教㉕。
周子顛倒其序。蓋道教志在煉氣，由下而上。周子則由上而下，以
天地生五行人物。周子之功，在化道為儒。朱陸均以門戶立場論之，
至為無當。「極」之解釋，當然極是盡終之義。若謂屋之中央，故無
去處，亦是至極。然此究是第二義。至謂「無極」一詞，來自《老
子》，誠是事實。此詞出自《老子》第二十八章。《莊子》、《列子》、
《淮南子》均用之㉖。陳淳 (1159–1223) 論「無極」，單舉柳宗元
(773–819) 與邵雍 (1011–1077) 已用此詞，諱言道家。但謂柳邵均以
氣言，周子則以理言㉗。

　　朱子著〈西銘解義〉與〈太極圖說解〉後，未嘗予以示人。至
淳熙十五年戊申 (1188) 因誤解太多，乃出兩解以示學徒㉘。或因與
子靜辯，故特表而出之。門人遂發問多端。《語類》卷九十四論太極
各條，除第七十六條與九十一兩條為金去偽淳熙二年乙未 (1175) 所
錄以外，餘皆在十五年戊申 (1188) 出示〈圖說解〉之後。師生討論
問題，以次述之如下：

㉕　黃宗炎，〈晦木太極圖辨〉，載《宋元學案》，卷 11，〈濂溪學案〉，頁 12
　　下 –15 上；朱彝尊，〈太極圖授受考〉，《曝書亭集》，卷 58，頁 1 上 –2
　　下。

㉖　《莊子》，卷 1，〈逍遙遊〉第一，頁 11 下；《列子》卷 5，〈湯問〉第五，
　　頁 1 上；《淮南子》，卷 21，〈要略〉，頁 2 上。

㉗　陳淳，《北溪字義》，卷下，〈太極〉，第一四九條。

㉘　《文集》，卷 82，〈題太極西銘解後〉，頁 14 上。

一、「極」之意義

　　朱子對於「極」之理解，始終以「至」字釋之，即「終」、「窮」、「盡」、「竟」之義。《語類》云：「因其極至，故名太極。」❷❾又云：「『極』是極至無餘之謂。」❸⓿即所謂：「太極只是極至，更無去處了。至高至妙，至精至神，更沒去處。」❸❶「太極者，自外面推入去，到此極盡，更沒去處。所以謂之太極。」❸❷朱子舉數例以明之。謂：「太極者，如屋之有極，天之有極，到這裏更沒去處。」❸❸又曰：「原極之所以得名，蓋取樞極之義。」❸❹樞極指北辰之為天極。又舉香桌為例，曰：「『極』，『盡』也。先生指前面香桌，四邊盡處是極，所以謂之四極。四邊視中央，中央即是極也。」❸❺

　　與象山太極之辯，極端反對以「極」為「中」。淳熙十六年己酉(1189) 象山知荊門軍。紹熙三年壬子 (1192) 講《書經》〈洪範〉之「五皇極」❸❻以代打醮，仍以「中」釋「極」。朱子門人問之，朱子答曰：「人君建極，如個標準，如東方望也如此，西方望也如此，南方望也如此，北方望也如此，莫不取則於此。……『中』固在其間，而『極』不可以訓『中』。漢儒註說『中』字，只說五事之中，猶未

---

❷❾　《語類》，卷 94，第二十二條，頁 3765。

❸⓿　同上，第二十條，頁 3762。

❸❶　同上，第十八條，頁 3761。

❸❷　《語類》，卷 98，第一〇〇條，頁 4614。

❸❸　同上，卷 94，第四十一條，頁 3770。

❸❹　同上，第十二條，頁 3751。

❸❺　同上，卷 79，第九十五條，頁 3252。

❸❻　《書經》，〈洪範〉，第十節。

為害。最是近世說『中』字不是。近日之說，只要含胡苟且，不分是非，不辨黑白。遇當做的事，只略略做些，不要做盡。此豈聖人之意？」❸❼不特「極」不可以訓「中」，同時「中」亦不可以訓「極」。朱子云：「『中』不可解做『極』。『極』無『中』意，只是在中，乃至極之所為，四向所標準，故因以為中。如屋極亦只在中，為四向所準。……如北極，如宸極皆然。若只說『中』，則殊不見『極』之義矣。」❸❽

朱子聞象山以「中」說「皇極」，又作〈皇極辨〉。其言曰：「蓋皇極者，君之稱也。『極』者，至極之義，標準之名，常在物之中央，而四外望之，以取正焉者也。故以極為在中之準的則可，而便訓『極』為『中』則不可。若北辰之為天極脊有棟之為屋極，其義皆然。……先儒（孔穎達，574-648）……誤訓『皇極』為『大中』。……殊不知極雖居中而非有取乎『中』之義。且『中』之為義，又以其無過不及，至精至當，而無有毫釐之差，亦非如其所指之云也。」❸❾

二、太極涵義

極在中央，並非有形之謂，蓋「太極卻不是一物，無方所頓放，是無形之極」❹⓿，「太極無方所，無形體，無地位可頓放」❹❶。然太

❸❼　《語類》，卷 79，第一〇一條，頁 3254。

❸❽　同上，第九十三條，頁 3251。

❸❾　《文集》，卷 72，〈皇極辨〉，頁 11 上。

❹⓿　《語類》，卷 75，第八十六條，頁 3070。

❹❶　同上，卷 94，第十九條，頁 3762。

極雖是無形，卻是有理。「太極是五行陰陽之理皆有，不是空底物事」 ❷，故云「太極只是一個理字」 ❸。此理字有數涵義。一者天地之理之總名。《語類》云：「太極只是天地萬物之理。」 ❹《文集》亦云：「蓋其所謂太極云者，合天地萬物之理而一名之耳。」 ❺二者實理。「〈太極圖〉只是一個實理，一以貫之。」 ❻三者理之極致。「太極之義，正謂理之極致耳。有是理，即有是物，無先後次序之可言。」 ❼四者此理是生生不窮之理。朱子云：「太極如一木生上。分而生枝幹，又分而生花生葉。生生不窮。到得成果子裏面，又有生生不窮之理。生將出去，又是無限個太極，更無停息。」 ❽

　　太極又是至善。或問太極，日：「太極只是個極好至善底道理。……是天地人物萬善至好底表德。」 ❾此處道理連詞，蓋道即理。胡宏謂：「『一陰一陽之謂道』 ⑩，道謂何也？謂太極也。陰陽剛柔，顯極之機，至善以微。」 ⑪不知於朱子以太極為理並以太極為至善，有無影響。邵雍亦云道為太極。或問：「康節（邵雍）云『道為太極』 ⑫，又云『心為太極』 ⑬，道指天地萬物自然之理而

❷　同上，第十五條，頁 3758。

❸　同上，卷 1，第四條，頁 2。

❹　同上，第一條，頁 1。

❺　《文集》，卷 78，〈隆興府學濂溪先生祠記〉，頁 19 上。

❻　《語類》，卷 94，第三條，頁 3755。

❼　《文集》，卷 37，〈答程可久〉第三書，頁 3 下。

❽　《語類》，卷 75，第八十七條，頁 3070。

❾　同上，卷 94，第二十一條。頁 3765。

⑩　《易經》，〈繫辭〉上傳，第五章。

⑪　《胡子知言》，卷 5，〈復義〉，頁 10 上下。

⑫　邵雍，《皇極經世書》，卷 7 上，〈觀物外篇〉上，頁 23 上。

言，心指人得是理以為一身之主而言。」朱子曰：「固是。但太極只是個一而無對者。」❺❹朱子《易學啟蒙》釋「易有太極」❺❺云：「太極者，象數未形而其理已具之稱。形器已具，而其理無朕之目。……邵子曰『道為太極』，又曰『心為太極』，此之謂也。」❺❻以未形已形而言，可分為二。以理而言，則太極是一。是謂之一而無對。

三、太極與陰陽動靜

太極與陰陽不可分，蓋「太極乃在陰陽之中，而非在陰陽之外也」❺❼。換言之，「太極非是別為一物。即陰陽而在陰陽，即五行而在五行，即萬物而在萬物。只是一個理而已」❺❽。同時陰陽亦在太極之中。「所謂太極者，便只是在陰陽裏。所謂陰陽者，便只是在太極裏。而今人說陰陽上面別有一個，無形無影底物是太極，非也。」❺❾陰陽雖在太極之中，然陰陽與太極不可混而為一。蓋「動亦太極之動，靜亦太極之靜，但動靜非太極耳」❻❽。朱子之意，動靜本身並非太極，惟太極在陰陽之中。朱子曰：「不是兼動靜。太極有動靜。喜怒哀樂未發也有個太極。喜怒哀樂已發也有個太極。只是一個太極，流行於已發之際，斂藏於未發之時。」❻❶

---

❺❸　同上，卷 8 下，〈觀物外篇〉下，頁 25 上。

❺❹　《語類》，卷 100，第三十一條，頁 4050。

❺❺　《易經》，〈繫辭〉上，第十一章。

❺❻　《易學啟蒙》，卷 2，頁 2 上。

❺❼　同❹❼。

❺❽　《語類》，卷 94，第二十二條，頁 3765。

❺❾　同上，第八十一條，頁 3870。

❻❽　同上，第十九條，頁 3762。

　　如是云云，似與《易經》「易有太極，是生兩儀」❷不合。太極兩儀，似有次序。朱子釋之曰：「太極即在陰陽裏，如『易有太極，是生兩儀』，則先從實理處說。若論其生則俱生，太極依舊在陰陽裏。但言次序，須有這實理，方始有陰陽也。其理則一。雖然，在見時事物而觀之，則陰陽函太極。推其本，則太極生陰陽。」❸即是說，太極是理，陰陽是氣。若論先後，則必須先有此理，才有此氣。然理氣不離，可見於見在事物也。

　　門人問太極是否始於陽動？朱子答曰：「陰靜是太極之本。然陰靜又自陽動而生。一靜一動，便是一個闔闢。自其闔闢之大者推而上之，更無窮極。不可以本始言。」❹又云：「一動一靜，循環無端。無靜不成動，無動不成靜。譬如鼻息，無時不噓，無時不吸。噓盡則生吸，吸盡則生噓。理自如此。」❺〈太極圖說〉所謂「動而生陽，靜而生陰」，「不是動後方生陽，蓋纔動便屬陽，陽靜便屬陰。『動而生陽』，其初本是靜。靜之上又須動矣」❻。換言之，「非是動而後有陽，靜而後有陰，截然為兩段，先有此而後有彼也。只太極之動便是陽，靜便是陰。方其動時，則不見陰。方其靜時，則不見動。然『動而生陽』，亦只是從此說起。陽動以上更有在。程子（程頤）所謂『動靜無端，陰陽無始』❼於此可見」❽。

---

❻　同上，第三十條，頁 3767。

❷　同❺。

❸　《語類》，卷 75，第八十三條，頁 3067。

❹　同上，卷 94，第九條，頁 3756。

❺　同上，第三十二條，頁 3767。

❻　同上，第三十四條，頁 3768。

❼　《經說》，卷 1，〈易說〉，頁 2 上。

❽　《語類》，卷 94，第三十五條，頁 3768。

　　或云靜為體，動為用。朱子不取此說。朱子云：「太極自是涵動靜之理，卻不可以動靜分體用。蓋靜即太極之體也，動即太極之用也。譬如扇子，只是一個扇子。搖動便是用，放下便是體。纔放下時，便只是這一個道理。及搖動時，亦只是這一個道理。」**❻❾** 若以太極為體，動靜為用，則朱子初有此意。至註〈太極圖說〉時已改之。答楊子直（楊方，1163 進士）書云：「熹向以太極為體，動靜為用。其言固有病，後已改之曰：『太極者，本然之妙也。動靜者，所乘之機也。』**❼⓿** 此則庶幾近之。……謂太極含動靜則可（原註：以本體而言也），謂太極有動靜則可（原注：以流行而言也）。若謂太極便是動靜，則是形而上下不可分，而『易有太極』之言亦贅矣。」**❼❶** 機是「關捩子」，「踏著動底機，便挑撥得那靜底。踏著靜底機，便挑撥得動底」。簡言之，機即氣機**❼❷**。

四、物物有太極

　　太極既不是別為一物，而在陰陽之中，則人物皆陰陽交錯而成，故太極即在每一人一物之內。朱子曰：「太極只是天地萬物之理。在天地言，則天地中有太極。在萬物言，則萬物中各有太極。」**❼❸** 又云：「人人有一太極，物物有一太極。」**❼❹** 其註《通書》〈理性命〉

---

❻❾　同上，第二十九條，頁 3766。

❼⓿　《周子全書》，卷 1，〈太極圖說解〉，頁 7。

❼❶　《文集》，卷 45，〈答楊子直〉第一書，頁 12 上。

❼❷　《語類》，卷 94，第五十一、五十二條，頁 3775。

❼❸　同上，卷 1，第一條，頁 1。

❼❹　同上，卷 94，第二十一條，頁 3765。

章「二氣五行，化生萬物。……萬一各正，小大有定」云：「自其末以緣本，則五行之異，本二氣之實，二氣之實，又本一理之極，是合萬物而言之，為一太極而為一也。自其本而之末，則一理之實，而萬物分之以為體，故萬物之中，各有一太極，而小大之物，莫不各有一定之分也。」❼❺門人問萬物各有一太極，如此則是太極有分裂乎？朱子答曰：「本只是一太極，而萬物各有稟受，又自各全具一太極爾。如月在天，只一而已，及散在江湖，則隨處而見，不可謂月已分也。」❼❻論者謂此語受佛家華嚴宗之影響。誠然朱子曾引永嘉〈證道歌〉「一月普現一切水，一切水月一切攝」❼❼，理學之曾受佛教影響，自無待言。然物物有太極之思想，上沿《易經》之太極生兩儀五行以至萬物，與乎〈太極圖說〉之「各一其性」與《通書》之「萬一各正」。《通書》與〈太極圖說〉處處相通，此其一端也。

五、無極而太極

　　朱陸太極之辯，其關於思想方面者，莫過於陸氏對於「無極」之攻擊。朱子答陸子美云：「太極首一句最是長者所深挑。……而來諭……又謂：『著「無極」字便有虛無好高之弊。』」❼❽子美專意攻擊，於太極之義，未有發明。子靜替其兄反駁，曰：「《易》〈大傳〉曰『易有太極』，聖人言有，今乃言無，何也？作〈大傳〉時不言無

---

❼❺　《周子全書》，卷9，〈通書解〉，頁169。

❼❻　《語類》，卷94，第二〇三條，頁3824。

❼❼　同上，卷18，第二十九條，頁640。〈證道歌〉載《大正新修大藏經》，第四十八冊，頁396。又見《景德傳燈錄》，卷30，頁30下。

❼❽　《文集》，卷36，〈答陸子美〉第二書，頁4下–5上。

極。太極何嘗同於一物而不足為萬化之根耶？……後書又謂：『無極是無形，太極是有理。周先生恐學者錯認太極別為一物，故著「無極」二字以明之。』……自有〈大傳〉至今幾年？未聞有錯認太極為一物者。……何足上煩老先生，特地於『太極』上加『無極』二字以曉之乎？且『極』字亦不可以形字釋之，蓋『極』者，『中』也。言無極則是猶言無中也。是奚可哉？」❼朱子答書極辨解「極」為「中」之非。又謂：「周子所以謂之無極，正以其無方所，無形狀。以為在無物之前，而未嘗不立於有物之後。以為在陰陽之外，而未嘗不行乎陰陽之中。以為通貫全體，無乎不在，則又初無聲臭影響之可言也。」❽兩人發揮太極無極思想甚少。大多以意氣用事。此場辯論，無補於太極無極之理解也。此理解則可於〈太極圖說解〉與《語類》問答見之。

朱子註〈太極圖說〉首句「無極而太極」曰：「上天之載，無聲無臭❽（原註：是解『無極』二字），而實造化之樞紐，品彙之根柢也（原註：是解『太極』二字）。故曰：『無極而太極』。非太極之外，復有無極也（原註：有無合一之謂道）。」❽門人楊方於朱子之註，提出異議。朱子釋之曰：「聖人謂之太極者，所以指夫天地萬物之根也。周子因之而又謂之無極者，所以著夫無聲無臭之妙也。然曰『無極而太極。……太極本無極』，則非無極之後，別生太極，而太極之上，先有無極也。又曰五行陰陽，陰陽太極，則非太極之後，別生二（氣）五（行），而二五之上，先有太極也。以至於成男成

❼　《象山全集》，卷2，〈與朱元晦〉第一書，頁6上。

❽　《文集》，卷36，〈答陸子靜〉第五書，頁9下。

❽　《詩經》，〈大雅〉，〈文王之什〉；《中庸》，第三十三章。

❽　《周子全書》，卷1，〈太極圖說解〉，頁5。

女，化生萬物，而無極之妙，蓋未始不在是焉。此一圖之綱領，《大易》之遺意，與老子所謂物生於有，有生於無❽，而以造化為真有始終者，正南北矣。」❹

　　晚年門人之問，關於〈太極圖〉者甚多，尤以「無極」為然。朱子闡明無極是無之至，而至無之中，乃至有存焉。無極無聲無臭。非太極之外別有無極。太極無極無次序，無先後，無積漸。亦不可將無極便做太極。周子恐人以太極為一物，故說「無極而太極」，只是無形而有理之意❺。《語類》卷九十四全論〈太極圖〉與《通書》。卷一亦以太極居首。《文集》言太極者不下五十餘處。蓋程子言理而少言氣，張子（張載，1020–1077）言氣而少言理。朱子合而併之，然後理氣之關係，乃可解決。以故必須表揚周子之〈太極圖說〉，庶稱為理之總名之太極，動而生陽，靜而生陰。如是根據太極與陰陽之關係，理氣之關係可以釐清。朱子以後，〈圖說〉遂為理學之基石。《近思錄》以之為首。以後《性理大全》與《性理精義》等書，無不皆然。《宋元學案》以〈太極圖說〉有尊之者，亦有議之者，不若《通書》之純粹無疵，故置〈圖說〉在《通書》之後。其目的在避免爭端，而非謂《通書》較為重要也。日本學者山井湧教授檢查《文集》、《語類》言太極者共二百五十餘處。除關於《易經》與〈圖說〉者外，為數甚少。且《四書章句集註》，全然不見。即《四書或問》亦只於《孟子或問》一處提及，而此處亦因周子推明太極之意而言❻。山井湧教授之發見，可謂驚人。至其結論，以太極在朱子

<hr>

❽　　《老子》，第四十章。

❹　　《文集》，卷45，〈答楊子直〉第一書，頁11下。卷49，〈答王子合〉第十三書，頁10上，亦是此意。

❺　　《語類》，卷94，第一至二十條，頁3755–3762。

哲學系統中並非其血脈❽，則大可商量。從上面理氣關係而言，非有太極之思想不可。至於《四書章句集註》不提太極，則因四書乃下學之事，無需形而上太極之論也。

　　朱子有〈太極說〉，首述程子無端無始之語，隨論天道人道之不相離，元亨利貞❽與動靜之關係，動靜對於成性立命之重要，如何致「寂然不動」之中，「感而遂通」之和❽。如是鎔《易經》乾卦之四德寂感與《中庸》之中和於一爐，以示天人合一。足見朱子太極之論，兼上達下學而有之。

❽　山井湧，《明清思想の研究》，頁 72，75，79，86。

❽　Yamanoi Yu, "The Gaeat Ultimate and Heaven in Chu Hsi's Philosophy", in Wing-tsit Chan, ed., *Chu Hai ans Neo-Confucianism*, pp. 82–84.

❽　《易經》，乾卦之四德。

❽　寂感出《易經》，〈繫辭〉上傳，第十章。中和出《中庸》，第一章。

第五章　朱子論理氣

　　朱子理之觀念，根本上沿自程頤 (1033–1107)。程子解「有物有則」❶為物存在之原則❷。朱子根據此旨，乃形成其理氣哲學，為中國思想史上一大貢獻。《文集》與《語類》討論此問題甚多。茲分論之。

何謂理？

　　朱子於「理」字下一定義，曰：「天下之物，則必各有所以然之故，與其所當然之則，所謂理也。」❸又云：「既有是物，則其所以為是物者，莫不各有當然之則而自不容已。是皆得於天之所賦，而非人之所能為也。……所謂理也。」❹陳淳 (1154–1223) 有云，可視之為「理」之解釋。其言曰：「理無形狀，如何見得？只是事物上一個當然之則，便是理。則是準則，法則。有個確定不易底意。只是事物上正當合做處便是當然，即這恰好無過些亦無不及些便是則。」❺理有自然、所以然、當然之分。朱子云：「灑掃應對之事，其然（自然）也，形而下者也。灑掃應對之理，所以然也，形而上者也。」❻理乃「至善，則事理當然之極也」❼。又曰：「當然之

---

❶　《詩經》，〈大雅〉，〈蕩之什〉，〈丞民〉。《孟子》，〈告子〉第六上，第六章引之。

❷　《遺書》，卷 11，頁 5 上。

❸　《大學或問》，經文，頁 7 上，總頁 13。

❹　同上，第五章，頁 39 上下，總頁 37–38。

❺　《北溪字義》，卷下，「理」，第一三五條。

❻　《論語或問》，〈子張〉，第十九，頁 658。

❼　《大學章句》，註經文「止於至善」。

理，無有不善。」❽

　　朱子每將理與道比較，云：「道是總名，理是細目。」❾朱子每
言萬物一理，似與此言矛盾。然細察其意，可得兩解，皆與此言並
無衝突。一為物皆有理，而萬物同是一理。關於此點，下面再有說
明。一為條理。「以各有條謂之理，人所共由謂之道。」❿「道便是
路，理是那文理。」⓫是理亦有條理之意。致何叔京（何鎬，1128-
1175）書云：「天理既渾然，然既謂之理，則便是個有條理底名字，
故其中仁義禮智四者，合下便各有一個道理，不相混雜。」⓬因此
之故，所以稱理為「有條理」，「有文路子」，「如一把線相似」⓭。
以理為條理與以理為存在必然之則，並無二致，蓋存在之則即紋路，
亦即條理也。

　　朱子每言「實理」、「常理」。理非空虛之物，必有實現，所謂實
理也。釋《中庸》首章云：「中和云者，所以狀此實理之體用也。天
地位，萬物育，所以極此實理之功效也。」⓮理有正有權，有常有
變。「常如風和日暖，變如迅雷烈風。」⓯「如冬寒夏熱，此理之正
也。有時忽然夏寒冬熱，豈可謂非無此理？但既非理之常，便謂之
怪。」⓰然不可謂迅雷烈風，便無理主之。《左傳》昭公七年鄭人相

❽　《語類》，卷 4，第四十九條，頁 108。

❾　同上，卷 6，第二條，頁 158。

❿　同上，第四條，頁 159。

⓫　同上，第五條，頁 159。

⓬　《文集》，卷 40，〈答何叔京〉第二十七書，頁 36 上。

⓭　《語類》，卷 6，第七、十二、十三條，頁 160。

⓮　《中庸章句》，第一章，頁 83–84。

⓯　《語類》，卷 37，第三十三條，頁 1574。

⓰　同上，卷 3，第十九條，頁 58。

驚伯有之鬼殺人，程頤解為「別是一理」❶。朱子依之，謂：「伯有
為厲，別是一種道理。此言其變，如世之妖妄者也。」❶如是萬物
皆有理。即枯槁之物亦有理。門人問枯槁之物亦有性，如何？對曰：
「是他合下有此理，故云天下無性外之物。」因行街云：「階磚便有
磚之理。」因坐云：「竹倚便有竹倚之理。枯槁之物，謂之無生意則
可，謂之無生理則不可。如朽木無所用，止可付之爨竈，是無生意
矣。然燒什麼木，則是什麼氣，亦各不同，這是理元如此。」❶

理氣不離

　　理既非空，故必與氣相輔而行。「理離氣不得。」❷「理未嘗離
乎氣。」❷「氣以成形，理亦賦焉。」❷此點朱子屢屢言之，謂：
「天下未有無理之氣，亦未有無氣之理。」❷又云：「既有理，便有
氣。既有氣，則理又在乎氣之中。」❷答黃道夫（黃樵仲，1183 進
士）亦云：「天地之間，有理有氣，理也者，形而上之道也，生物之
本也。氣也者，形而下之器，生物之具也。是以人物之生，必稟此
理然後有性，必稟此氣然後有形。」❷氣不能無理，因凡人物必須

---

❶　《遺書》，卷 3，頁 6 上。《左傳》，昭公七年（紀元前 535），第七節，伯
　　有之鬼聲言將殺人，鄭人大驚。

❶　《語類》，卷 98，第一一五條，頁 4019。

❶　同上，卷 4，第二十七條，頁 98。

❷　同上，第六十五條，頁 116。

❷　《語類》，卷 1，第十條，頁 3。

❷　同❶。

❷　《語類》，卷 1，第六條，頁 2。

❷　同上，卷 94，第三十七條，頁 3789。

❷　《文集》，卷 58，〈答黃道夫〉第一書，頁 4 下。

有其所以然。理不能無氣，因理不是空虛之物。「然理非別為一物，即存物之中。無是氣，則是理無掛搭處。」❷❻「氣不結聚時，理亦無所附著。」❷❼如是渾然一體，非兩物並存。朱子注〈太極圖說〉謂：「動靜者所乘之機。」下注云：「理搭於氣而行。」❷❽所謂理附搭於氣，並非指氣為主，理為賓，而是理氣不離，蓋氣亦附理，無主客之分也。門人問動靜者所乘之機，朱子答曰：「太極理也，動靜氣也。氣行則理亦行。二者常相依而未嘗相離也。太極猶人，動靜猶馬。馬所以載人，人所以乘馬，馬之一出一入，人亦與之一出一入，蓋一動一靜，而太極之妙，未嘗不在焉。」❷❾曹端 (1376–1434) 著〈辯戾〉，痛擊之，謂如是人為死人，理為死理。曹端忽視朱子理氣渾然之旨，而徒以比喻為病，非精微之論也❸❶。

理氣先後

　　關於理氣之關係，問題極多。其中以理氣先後為最重要，因此討論最烈。《語類》卷一與九十五等處，皆有多條。《文集》與友生書札往來亦有多起。《中庸章句》、《大學或問》與《易學啟蒙》皆涉及之。陳來博士《朱熹哲學研究》幾以三十頁討論此題。於朱子理氣先後思想之形成，考據精詳，議論新穎。謂朱子早年主張理氣無先後。南康 (1179–1181) 之後，經過朱陸辯論太極 (1187–1188)，逐漸形成其理先氣後之思想。至晚年走向邏輯路線，以邏輯而言，則

❷❻　《語類》，卷 1，第十一條，頁 4。
❷❼　同上，第十二條，頁 4。
❷❽　《周子全書》，卷 1，頁 7。
❷❾　《語類》，卷 94，第五十條，頁 3773。
❸❶　參看第十七章，〈道統與後繼〉，頁 250。

理在氣先云云❸。此結論總述朱子關於理氣先後思想之過程，持論鮮明，至可參考。茲先述朱子關於此題之言論，隨加以評議。

　　朱子答楊志仁（楊復）云：「所論理氣先後等說，正坐如此，怕說有氣方具此理，恐成氣先於理。何故卻都不看有此理後方有此氣？既有此氣，然後此理有安頓處。」❸可知關於理氣先後問題，「等說」紛紛。楊氏主張氣在理先，此為朱子所不取。蓋理在氣先，乃是其一貫之意念。勿謂問答書札與專著，均堅持此說。論太極則曰：「太極者，象數未形而其理已具之稱。」❸以天地言，「未有天地之先，畢竟先有此理」❸。論人物則曰：「人物未生時只可謂之理。」❸又曰：「未有這事，先有這理。如未有君臣，已先有君臣之理。未有父子，已先有父子之理。不成元無此理，直待有君臣父子，卻旋將道理入在裏面。」❸門人問：「有是理而後有是氣。未有人時，此理何在？」答曰：「也只在這裏。」❸所謂「這裏」，即此理長存之意，亦即未有人時，已先有此理。論性則曰：「先有個天理了，卻有氣。氣積為質，而性具焉。」❸論動靜則曰：「理有動靜，故氣有動靜。若理無動靜，則氣何自而有動靜乎？」❸此處非指理之本身有動有靜，而是指如無動靜之理，則動靜無由施行。論感應

---

❸　陳來，《朱熹哲學研究》，頁 29。

❸　《文集》，卷 58，答楊志仁第二書，頁 12 下。

❸　《易學啟蒙》，卷 2，頁 2 上。

❸　《語類》，卷 1，第一條，頁 1。

❸　同上，卷 95，第四十五條，頁 3858。

❸　同上，第七十七條，頁 3868。

❸　同上，卷 1，第九條，頁 3。

❸　同上，第七條，頁 2。

❸　《文集》，卷 56，〈答鄭子上〉第十四書，頁 33 下。

則曰：「未有事物之時，此理已具。少間應處，只是理。」又曰：「未應如未有此物，而此理已具。到有此物，亦只是這個道理。」❹

以上沒論何種課題，均持理先氣後之說，上節理氣不離，即無先無後，豈非衝突？《大學或問》云：「天道流行，發育萬物。其所以為造化者，陰陽五行而已。而所謂陰陽五行者，又必有是理而後有是氣。及其生物，則又必因是氣之聚而後有是形。故人物之生，必得是理，然後有以為健順仁義禮智之性，必得是氣，然後有以為魂魄五臟百骸之身。」❹此處首言理在氣先，隨謂離氣不離。豈非同一答題，而自相矛盾如此？《語類》亦云：「問天地未判時，下面許多都已有否？」曰：「只是都有此理。天地生物千萬年，古今只不離許多物。」❹又云：「未有此氣，便有此理。既有此理，必有此氣。」❹此兩處均先言理在氣先，隨言理氣不離。且亦有可解為氣先理後者。《中庸章句》曰：「天以陰陽五行化生萬物，氣以形成，而理亦賦焉。」❹答趙致道（趙師夏，1190 進士）云：「有是氣則有後，無是氣則無是理。」❹一方面謂理氣無先後，一方面謂理先氣後，另一方面又可解作氣先理後。如是不符，難免引起友輩門人多年疑難。淳熙十五年戊申 (1188) 出示〈太極圖說解〉以後，疑問更多。

氣先理後之說之為朱子所擯棄，上面引答楊志仁書中，已至明

---

❹　《語類》，卷 95，第七十九、八十條，頁 3869。

❹　《大學或問》，經文，頁 3 上，總頁 5。

❹　《語類》，卷 1，第十五條，頁 5。

❹　同上，卷 63，第一二一條，頁 2459。

❹　同❹。

❹　《文集》，卷 59，〈答趙致道〉第一書，頁 42 上。

顯。氣形理賦，無氣無理，只謂理氣不離而已。而理氣不離與理先氣後，實無矛盾。門人問理先而氣後，朱子曰：「雖是如此，然亦不須如此理會。二者有則皆有。」❹❻門人又問：「有是理便有是氣，似不可分先後。」朱子曰：「要之也先有此理，只不可說是今日有是理，明日卻有是氣。也須有先後。」❹❼在朱子心目中，不分先後與理先氣後，兩者並非理氣本身問題，而是吾人視線角度之問題。理氣本身，則二者不離，無先無後。以吾人觀之，則理為生物之本，氣為生物之具。故從本原上，則理在先。從時間言，則無先後。若謂天地未判，已先有理，顯是時間上理亦在先。然此是假設之詞，下文即謂古今不離許多物。凡謂人物未生時或謂未有人時，均應作如是觀。

　　朱子又云：「所謂理與氣，此決是二物。但在物上看，則二物渾淪，不可分開各在一處，然不害二物之各為一物也。若在理上看，則雖未有物而已有物之理。然亦但有其理而已，未嘗實有是物也。」❹❽從理上看，即是推論。朱子云：「理與氣本無先後之可言，但推上去時，卻如理在先氣在後相似。」❹❾《語類》又載，或問先有理後有氣之說，朱子答曰：「不消如此說。而今知得他合下是先有理後有氣耶？後有理先有氣耶？皆不可得而推究。然以意度之，則疑此氣是依傍這理，及此氣之聚，則理亦在焉。」❺❶又曰：「此本無先後之可言，然必欲推其從來，則須說先有是理。」❺❶馮友蘭於此

---

❹❻　《語類》，卷 94，第三十一條，頁 3767。

❹❼　同上，卷 1，第十四條，頁 5。

❹❽　《文集》，卷 46，〈答劉叔文〉第一書，頁 24 上。

❹❾　《語類》，卷 1，第十二條，頁 4。

❺❶　同上，第十三條，頁 4–5。

言下下案語云：「若就邏輯言，則『須說先有是理』。蓋理為超時空而不變，若氣則為在時空而變化者。就此點言，必『須說先有是理』。」❺❷馮氏之論，即陳來所謂走向邏輯之路。此為討論理氣問題之新論據。蓋因〈太極圖說解〉出示學者後，議論紛然，於是多方解釋，而理氣不離之初衷，未搖動也。當然此新論據乃晚年之事。其實如上所引《語類》❺❸之記錄，皆在出示圖說解以後之事也。

理氣比較

　　馮氏比較理氣，一為超時空而不變，一為在時空而變化。此即朱子形上形下之分。朱子云：「理未嘗離乎氣，然理形而上者，氣形而下。自形上下言，豈無先後？理無形，氣便粗，有查滓。」是則理氣因形上形下之分，故亦有精有粗。朱子又曰：「只是氣強理弱。……便見得那氣竆而理微。」❺❹氣強理弱，下面有說。微竆即精粗。又云：「形而上者指理而言，形而下者指事物而言。事事物物，皆有其理。事物可見而理難知。」❺❺於形上形下精粗強弱之上，又有可見難知之不同。然始終理是本❺❻，故在先。然此只是以意度之。實際上理氣不離，故無先後也。

❺❶　同上，第十一條，頁4。
❺❷　馮友蘭，《中國哲學史》，頁906。
❺❸　《語類》卷1，第十條，頁3–4。參看❷❺。
❺❹　同上，卷4，第六十四條，頁114。
❺❺　同上，卷75，第一〇八條，頁3077。
❺❻　同上，卷1，第九條，頁2。

理生氣也

　　所以召致理氣問題時間有先後者，莫過於「生」字。朱子云：「有是理後生是氣。」**❺❼** 又曰：「氣雖是理之所生。」**❺❽** 《性理大全》所引亦有「理生氣也」，在朱子註〈太極圖〉之〈集說〉**❺❾**，又見《周子全書》朱子註〈太極圖說〉「太極動而生陽」之〈集說〉**❻⓪**。從來學者不知此語來自何處。嗣經陳來考得出自呂柟(1479–1542) 之《宋四子抄釋》內之〈朱子抄釋〉，並考得其來自朱子門人楊與立（1193 進士）所編之《語略》**❻❶**。此「生」字上沿《易經》「是生兩儀」**❻❷**。陳來與之以兩種解釋。一種是理可能產生氣。另一種是「使之生」，即「使氣從虛空中產生」。然兩種說法無大差別**❻❸**。予謂「生」字非「生子」、「生花」之生。若然則時有先後且可離為二，而是「生事」、「生心」之「生」，含有本原之意，亦有存在所由之意，即上面所言必然之理也。

　　理之生氣是「無情意，無計度，無造作。只此氣凝聚處理便在其中」**❻❹**，「氣雖是理之所生，然既生出，則理會他不得。如理寓於氣了，日用間運用，都由這個氣，只是氣強理弱」**❻❺**。此以運行而

---

❺❼　同上，第七條，頁 2。

❺❽　同上，卷 4，第六十四條，頁 114。

❺❾　《性理大全》，卷 1，頁 10 上。

❻⓪　同**❷❽**。

❻❶　陳來，〈關於程朱理氣思想兩條資料的考證〉，《中國哲學史研究》，1983，第 2 期，頁 85。

❻❷　《易經》，〈繫辭〉上傳，第十一章。

❻❸　同**❸❶**，頁 21。

❻❹　《語類》，卷 1，第十三條，頁 5。

言。若論本原,則可謂理強氣弱,因理是氣之必然性。在此意義上,理是氣之主宰。門人問:「天地之心,天地之理,理是道理,心是主宰者否?」❻❻朱子解〈太極圖〉附注云:「太極理也,陰陽氣也。氣之所以能動靜者,理為之宰也。」❻❼此主宰非有意之主宰,乃程子(程頤)所謂「天地無心而成化」❻❽之主宰,亦即理決定氣之種種存在與性質之主宰。

理一分殊

　　華嚴宗每言一多相攝,論者遂謂儒家理一分殊,乃受佛教之影響。然理一分殊之觀念,實為程子所新創。程子答門人楊時 (1053–1135) 論〈西銘〉云:「〈西銘〉之為書,推理以存義,擴前聖所未發,與孟子性善養氣之論同功,豈墨氏之比哉?〈西銘〉理一而分殊,墨氏則二本而無分。」❻❾無分指墨子兼愛,不承認於君於父有特殊之關係也。故「分」字讀「附問切」,如職分之分,非分別之分。通常理一分殊之論,指倫理而言。朱子從李侗 (1093–1163) 得理一分殊之教,「理不患其不一,所難者分殊耳」❼⓿。及讀程子《遺書》,乃深入於心。至讀周子《通書》〈理性命〉章「萬一各正,小大有定」,益加強其信仰。於是理一分殊,遂為其哲學一重要之元素。程子不特以理一分殊解仁義,而亦以之解天地萬物。程子云:

---

❻❺　同上,卷 4,第六十四條,頁 114。

❻❻　同上,卷 1,第十七條,頁 5–6。

❻❼　《周子全書》,卷 1,頁 2。

❻❽　《經說》,卷 1,〈易說〉,頁 2 上。

❻❾　《伊川文集》,卷 5,答楊時論〈西銘〉書,頁 12 下。

❼⓿　李侗,《延平答問》,頁 11 上,27 上下;〈後錄〉,頁 7 上,9 下。

「天下之理一也。……雖物有萬殊，事有萬變，統之以一，則無能違也。」❼朱子因之。其釋忠恕曰：「忠為恕體，是以分殊而理未嘗不一。恕為忠用，是以理一而未嘗不殊。」❼又註《孟子》云：「天地之間，人物之眾，其理本一，而分未嘗不殊也。以其理一，故推己可以及人。以其分殊，故立愛必自親始。」❼又曰：「『一實萬分，萬一各正』，便是理一分殊處。」❼或問理一分殊，答曰：「聖人未嘗言理一，多只言分殊。蓋能於分殊中，事事物物，頭頭項項，理會得其當然，然後方知理本一貫。不知萬殊各有一理，而徒言理一，不知理一在何處？」❼此為董銖 (1152–1214) 丙辰 (1196) 以後所聞，隔李侗之死已三十餘年，而印象尚深刻如此。

　　朱子亦用「萬理」之詞。嘗曰：「佛說萬理俱空，吾儒萬理具實。」❼又曰：「合天地萬物而言，只是一個理。及在人，則又各有一個理。」❼亦含萬理之義。然此並非言人人各有不同之理也。朱子言物物各有太極，與此同義。如是云云，並非指太極有分裂，或人人物物之太極不同。蓋太極只一而已。有如月亮散在江湖，隨處可見，然不可謂月已分裂也。故答門人云：「天下之理萬殊，然其歸則一而已矣。」❼又云：「太極非是別為一物。……即萬物而在萬物，只是一個理而已。」❼門人問未有一物之時如何？答曰：「是有

❼　《易傳》，卷 3，頁 3 下。
❼　《論語或問》，〈里仁〉第四，頁 17 下，總頁 188。
❼　《孟子或問》，〈梁惠王〉第一上，頁 8 上，總頁 16。
❼　《語類》，卷 94，第二〇二條，頁 3824。引語出《通書》，第二十二章。
❼　同上，卷 27，第四十一條，頁 1086。
❼　同上，卷 17，第三十三條，頁 609。
❼　同上，卷 1，第八條，頁 2。
❼　《文集》，卷 63，〈答余正甫〉第一書，頁 25 下。

天下公共之理，未有一物所具之理。」❽換言之，並無一物所具之
理與別不同，亦如月光為一，只江湖之反照不同而已。

人物理氣之同異

　　月光反照，純是氣之問題。理有偏全之不同，氣亦有清濁精粗
純駁昏明厚薄之異。人物皆理與氣合而成。朱子云：「人物之生，必
稟此理然後有性，必稟此氣然後有形。其性其形，雖不外乎一身，
然其道器之間，分際甚明，不可亂也。」❽然人物之賦稟，有同有
異。「同者其理也，異者其氣也。」❽此處概言人與物，謂人物皆同
是理而人之氣稟與物之氣稟，大有不同。答友人云：「人物之性本無
不同，而氣稟則不能無異耳。程子所謂……『只是物不能推，人則
能推之』❽者，以氣稟之異而言也。」❽《語類》亦云：「人物之
生，有精粗之不同。自一氣而言之，則人物皆受是氣而生。自精粗
而言，則人得其氣之正且通者，物得其氣之偏且塞者。惟人得其正，
故是理通而無所塞。物得其偏，故是理塞而無所知。」❽告子以生
之謂性，指人物之性同。孟子駁之曰：「然則犬之性，猶牛之性。牛
之性，猶人之性歟？」❽朱子承是而言曰：「犬牛人謂其得于天者，
未嘗不同。惟人得是理之全，至於物止得其偏。」❽故人物理同而

❼❾　《語類》，卷 94，第二十二條，頁 3765。
❽　同上，第三十一條，頁 3767。
❽❶　同❷❺。
❽❷　《語類》，卷 4，第十七條，頁 94。
❽❸　《遺書》，卷 2 上，頁 16 上。不知誰語。
❽❹　《文集》，卷 39，〈答徐元聘〉第二書，頁 24 上。
❽❺　《語類》，卷 4，第四十一條，頁 105。
❽❻　《孟子》，〈告子〉第六上，第三章。

氣異。朱子所言之性，是性即理之性。告子所言之性，則是氣稟之性。蓋「性，孟子所言，理；告子所言，氣」❽也。

　　至於人與人之間與物與物之間，亦同一方式，皆理同而氣異。故朱子云：「稟得氣清明者，這道理只在裏面。稟得氣昏濁者，這道理亦只在裏面，只被這昏濁遮蔽了。譬之水，清的裏面纖微皆可見。渾底裏面便見不得。」❾智愚之別，即在於此。又答門人云：「論萬物之一原，則理同而氣異。觀萬物之異體，則氣猶相近而理絕不同。氣之異者，粹駁之不齊。理之異者，偏全之或異。」❿既云理同，又云理異，豈非自相矛盾？然所謂異者，乃理偏全之異，無論偏或全，仍是理，亦猶水之清濁不同，然不害其為水也。理之所以同與氣之所以異者，蓋理是從太極而言，故人物皆同。氣則是從陰陽五行而言，故人與物固然不同，即人與人之間，與物與物之間，亦各有殊異。

　　朱子又有理隨氣異之論。苟不細看，易致誤會。朱子云：「人物之生，天賦之以此理，未嘗不同。但人物之稟受，自有異耳。如一江水，你將杓去取，只得一杓。將碗去取，只得一碗。至於一桶一缸，各自隨器量不同，故理亦隨以異。」⓫顯然氣異理亦隨之而異。然此處之異，乃偏全之異。理雖偏或全，然仍是理也。關於此點，朱子屢有討論，謂：「理固不可以偏正通塞言，然氣稟既殊，則氣之偏者便只得理之偏，氣之塞者便自與理相隔。」⓬又曰：「若論本

---

❽　《語類》，卷 59，第九條，頁 2183。

❽　同上，第六條，頁 2182。

❾　同上，第五十五條，卷 2204。

❿　《文集》，卷 46，〈答黃商伯〉第四書，頁 11 下。

⓫　《語類》，卷 4，第十四條，頁 93。

原，即有理然後有氣。故理不可以偏全論。若論稟賦，則有是氣而後理隨以具。故有是氣則有是理，無是氣則無是理。是氣多則是理多，是氣少即是理少，又豈不可以偏全論耶？」❽朱子屢言「氣稟偏則理亦欠闕了」❾，「惟其所受之氣只有許多，故其理亦只有許多。如犬馬他這形氣如此，故只會得如此事」❺。理隨氣異，乃偏全之異。理到底是犬馬之必然性，故理到底是本，是主。

　　從上所述，可見理為朱子哲學之中心思想。天地人物倫常道德，均以理釋之。然理與氣，渾然一體，不可分為二物。理氣關係，為朱子思想之高峰，亦即中國哲學之高峰。程朱之學曰理學，蓋有由也。

---

❽　《文集》，卷 52，〈答杜仁仲〉第一書，頁 15 下。

❾　同❹。

❹　《語類》，卷 4，第六十五條，頁 114。

❺　同上，第十條，頁 91。

第六章　朱子論天

朱子思想系統中之天，其義有三。門人問經傳中「天」字，朱子答曰：「要人自看得分曉也。有說蒼蒼者也，有說主宰者也，有單訓理時。」❶又問天即理之說，曰：「天固是理，然蒼蒼者亦是天，在上而有主宰者亦是天。」❷此思想上承伊川（程頤，1033–1107）。程子曰：「夫天專言之則道也。……分而言之，則以形體謂之天，以主宰謂之帝，以功用謂之鬼神，以妙用謂之神，以性情謂之乾。」❸

蒼蒼者天

朱子大部份沿襲傳統，然增新義。《語類》云：「天地初間只是陰陽之氣。這一個氣運行，磨來磨去，磨得急了，便拶許多查滓。裏面無處出，便結成個地在中央。氣之清者便為天，為日月，為星辰。只在外常周環運轉。地便只在中央，不動。不是在下。」❹陰陽二氣，即是水火❺。「天運不息，晝夜輾轉。」❻邵雍（1011–1077）云：「樵者問漁者曰：『天何依？』曰：『依乎地。』『地何附？』曰：『附乎天。』『然則天地何依何附？』曰，『自相依附。天依形，地附氣。』」❼朱子比較明晰，謂：「天以氣而附地之形，地

---

❶　《語類》，卷1，第二十二條，頁8。

❷　同上，卷79，第六十七條，頁3240。

❸　《易傳》，卷1，頁1上。

❹　《語類》，卷1，第二十三條，頁8。

❺　同上，第三十三條，頁10。

❻　同上，第二十五條，頁9。

❼　《邵子全書》，卷7，〈外書〉，〈漁樵對問〉，頁4上。

以形而附天之氣。」❽門人問天地會壞否？對曰：「不會壞，只是相將人無道極了，便一齊打合，混沌一番，人物都盡，又重新起。」❾此新天地乃是新義。固是古來循環道理，然佛家世劫之說，不無影響。觀其解釋生第一個人時借用佛家化生之說，無所托，突然而生，可以知之❿。最有意義者，乃朱子化石之發見。朱子云：「常見高山有螺蚌殼，或生石中。此石即舊日之土，螺蚌即水中之物。下者卻變而為高，柔者變而為剛。此事思之至深有可驗者。」⓫於是作一科學之發見，較早於歐洲發見化石三百年。惜其即物窮理，未若歐洲走上實驗科學之路耳。

天即理

以理訓天，自是朱子理的哲學之本色。從上述伊川之語觀之，此思想亦原程子。然精密加詳，益以新義，則朱子之貢獻也。朱子云，「天之所以為天者，理而已。天非有此道理，不能為天。故蒼蒼者即此道理之天。」⓬故註《論語》〈獲罪於天〉章云：「天即理也。」⓭註《孟子》〈順天者存〉章亦云：「天者，理勢之當然也。」⓮又云：「天者，理而已矣。大（國）事小（國），小之事大，皆理之當然也。自然合理故曰樂天。不敢違理，故曰畏天。」⓯傳

❽　《語類》，卷 1，第二十六條，頁 9。
❾　同上，第三十九條，頁 11。
❿　同上。
⓫　同上，卷 94，第十六條，頁 3759。
⓬　同上，卷 25，第八十三條，頁 1001。
⓭　《論語集註》，〈八佾〉第三，第十三章。
⓮　《孟子集註》，〈離婁〉第四上，第七章。
⓯　同上，〈梁惠王〉第一下，第三章。

統上獲罪於天，順天，逆天，樂天，畏天，皆作人格神解，今乃以理說之，可謂大膽萬分之新義。「夫子之言性與天道，不可得而聞」，朱子釋之曰：「性者，人所受之天理。天道者，天理自然之本體，其實一理也。」❻程頤雖云天專言之則道，然解不可得聞之天道，未有見如朱子之澈底也❼。

　　朱子云：「天，義理所從以出者也。」❽似謂天在理先。又云：「宇宙之間，一理而已。天得之而為天，地得之而為地，而凡生於天地之間者，又各得之以為性。」❾似謂天在理後。學者或以為此中有些矛盾。其實理無先後之可言。朱子下文謂「此理之流行，無所適而不在」，乃指天地萬物各循其理，方能盡性成物耳。非謂天地萬物生於理也。門人問，是否天則就其自然者言之，命則就其流行而賦於物者言之，性則就其全體而萬物所得以為生者言之，理則就其事物各有其則者言之？朱子曰：「然。」❿並謂：「理者天之體，命者理之用，性是人之所受。」⓫然天與命非二物，「蓋以理言之謂之天，自人言之謂之命，其實則一而已」⓬。解樂天知命曰：「天以理言，命以付與言，非二事也。」⓭畢竟天與理非父子之關係而乃體用之關係。理為天之體。天即命，而命者理之用也。

---

❻　《論語集註》，〈公冶長〉第五，第十二章。

❼　《經說》，卷 6，〈論語說〉，頁 5 上。伊川只云此是夫子之至論。

❽　《孟子集註》，〈盡心〉第七上，第一章。

❾　《文集》，卷 70，〈讀大紀〉，頁 5 上。

❿　《語類》，卷 5，第一條，頁 133。

⓫　同上，第二條，頁 133。

⓬　《孟子集註》，〈萬章〉第五上，第六章。

⓭　《文集》，卷 40，答何叔京第十八書，頁 30 上。

主宰與帝

　　天不外是蒼蒼之形體，然天義是理，則必有主宰之❷。朱子云：
「蒼蒼之謂天，運轉周流不已，便是那個。而今說天有個人在那裏
批判罪惡固不可。說道全無主之者又不可。這裏要人見得。」❷問
孰為主宰？朱子答曰：「自有主宰。蓋天地是個至剛至陽之物，自然
如此運轉不息。所以如此，必有為之主宰者。這樣處要人自見得，
非言語所能盡也。」因舉《莊子》「孰綱維是？孰主張是？」❷十數
句，曰：「他也見得這道理。」❷《莊子》續云：「孰居无事推而行
是？意者其有機緘而不得已耶？意者其運轉而不能自止耶？」道家
之答案為自然論、機械論，或懷疑論。儒家之上帝傳統太強，故朱
子云必有主宰。程子曰：「《詩》、《書》中凡有箇主宰底意思者皆帝，
有一箇包涵遍覆底意思則言天。」❷此之謂也。

　　《詩》、《書》之帝，無疑是人格神。道教且稱之為玉皇大帝、
三清大帝等等，有聲有色。朱子以理代之，謂：「如父子有親，君臣
有義❷，雖有理如此，亦須是上面有箇道理教如此始得。但非如道
家說真有箇三清大帝著衣服如此坐耳。」❸簡單而言，「帝是理為
主」❸。根據此理之原則，乃解文王「在帝左右」❸為「察天理而

---

❷　《語類》，卷 68，第十條，頁 2679。

❷　同上，卷 1，第二十二條，頁 8。

❷　《莊子》，卷 5，〈天運〉第十四，頁 35 下。

❷　《語類》，卷 68，第十一條，頁 2679。

❷　《遺書》，卷 2 上，頁 13 下。

❷　《孟子》，〈滕文公〉第三上，第四章。

❸　同❷。

❸　《語類》，卷 1，第二十一條，頁 8。

左右也。古注亦如此」❸。其實孔穎達 (574–648)《疏》尚未離開天帝，謂文王「常觀察天帝之意，隨其左右之宜，順其所為，從而行之」❹，朱子則直解為理。然主宰之義，究是神秘。屬於信仰範圍，而非可以理性解決之。故朱子屢屢要人自見得。彼云：「理是如此。若道真有個文王上上下下則不可，若道詩人只胡亂恁地說也不可。」❺《書經》記高宗武丁夢天帝賜予良弼❻。門人謂據此則真有個天帝與高宗對答。朱子應之曰：「今人但以主宰說帝，謂無形象，恐也不得。若如世間所謂玉皇大帝，恐亦不可。畢竟此理如何，學者皆莫能答。」❼即謂天帝之有無，非吾人所能知。吾人所知者，只是苟有天帝，亦必循理而已。

天地生物之心

主宰之原動，來自何處？天地之心是也。問：「天地之心，天地之理。理是道理，心是主宰底意否？」曰：「心固是主宰底意，然所謂主宰者，即是理也。不是心外別有箇理，理外別有箇心。」又問：「此『心』字與『帝』字相似否？」曰：「『人』字似『天』字，『心』字似『帝』字。」❽又云：「天地之心，而理在其間也。」❾此心「不可謂不靈，但不如人恁地思慮」❿。天地之心，果何為哉？

---

❸　《詩經》，〈大雅〉，〈文王之什〉，〈文王〉。

❸　《語類》，卷 81，第一三五條，頁 3372。

❹　《毛詩正義》，卷 16，頁 236，總頁 504。

❺　《語類》，卷 81，第一三四條，頁 3371–3372。

❻　《書經》，〈說命〉上，第二節。

❼　《語類》，卷 79，第四十六條，頁 3233。

❽　同上，卷 1，第十七條，頁 5–6。

❾　《文集》，卷 58，〈答黃道夫〉第二書，頁 5 上。

生物是也。生之觀念，來源甚古。《易經》〈繫辭傳〉云：「生生之謂易。」❹ 又云：「天地之大德曰生。」 ❷ 「天地以生物為心」，則是程子伊川之言❸。而朱子以之為其言天之中心思想也。朱子討論天地生物之心，比討論天、主宰，與帝，多至數倍。

　　朱子著〈仁說〉，開始即謂：「天地以生物為心者也。而人物之生，又各得乎天地之心以為心者也。」 ❹ 南軒（張栻，1133–1180）以「天地以生物為心」之語為未安，不知理由為何。朱子則以為無病，蓋天只以生為道也❺。其後南軒云：「天地以生物為心之語，平看雖不妨，然恐不若只云天地生物之心，人得為人之心似完全。」 ❻ 今〈仁說〉未改，可知張語無效。然其討論之熱烈，可以見矣。與其他學者，討論甚多❼。謂此觀念在朱子思想系統中，與太極、仁等同其重要，非過言也。

　　以朱子觀之，「天地別無勾當，只是以生物為心。一元之氣，運轉流通，略無停間。只是生出許多萬物而已」 ❽。此心未嘗停頓，亙古亙今，生生不窮。春生冬藏，其理未嘗間斷❾。何以如此，則朱子未有正式之答案。惟在其問答之間，亦可以找出數種理由。其

❹　《語類》，卷 1，第十六條，頁 5。

❹　《易經》，〈繫辭〉上傳，第五章。

❷　同上，〈繫辭〉下傳，第一章。

❸　《外書》，卷 3，頁 1 上，或以為明道（程顥，1032–1085）語。

❹　《文集》，卷 67，〈仁說〉，頁 20 上。

❺　同上，卷 32，〈答欽夫論仁說〉第一書，頁 16 下 –17 上。

❻　《南軒先生文集》，卷 21，〈答朱元晦〉第二十一書，頁 5 下，總頁 674。

❼　如《文集》，卷 42，〈答吳晦叔〉第十書，頁 18 上。

❽　《語類》，卷 1，第十八條，頁 6。參看卷 69，第八十六條，頁 2754。

❾　同上，卷 63，第十二條，頁 2031；卷 27，第一〇七條，頁 1125。

一為凡物必須有生。朱子云：「天地之心，只是個生。凡物皆是生，方有此物。如草木之萌芽，枝葉條榦，皆是生方有之。人物所以生生不窮者，以其生也。」❺⓪其二為陰陽相推。朱子云：「夫舒而為陽，慘而為陰，孰非天地之心哉？」❺①其三為春氣。朱子曰：「春氣溫厚，乃見天地生物之心。到夏是生氣之長，秋是生氣之斂，冬是生氣之藏。若春無生物之意，後面三時都無了。」❺②其四為蒸氣所迫。朱子云：「天地以生物為心。譬如甑蒸飯。氣從下面衮到上面，又衮下。只管在裏面衮。便蒸得熟。天地只是包含氣在這裏，無出處。衮一番便生一番物，別無勾當，只易生物。」❺③四者意思相同，亦有重複，而後者為最有趣。蓋指天地生之力量，至剛至健，不能或止也。

「復」其見天地之心

最易見天地生物之心者，乃在一陽之初復。《易經》「復」卦〈象辭〉曰：「七日來復，天行也。『復』其見天地之心乎。」關於此點，朱子議論甚詳。書札往來與師生答問，往往辯論此題。「復」非天地之心，因「復」而可以見天地之心也。朱子云：「『復』非天地心，『復』則見天地心。……蓋天地以生物為心，而此卦之下一陽爻，即天地所以生物之心也。至於『復』之得名，則以此陽之復生而已。……但於其復而見此一陽之萌於下，則是因其復而見天地之心耳。」❺④「聖人說『復』其見天地之心，到這裏微茫發動了，最可

❺⓪　同上，卷105，第四十四條，頁4186。
❺①　《文集》，卷25，〈與建寧傅守劄子〉，頁11下。
❺②　《語類》，卷20，第一一七條，頁754。
❺③　同上，卷53，第十四條，頁2033。

以見生氣之不息也。」❺又云：「陽極於外而復生於內，聖人以為於此可以見天地之心焉。蓋其復者氣也。其所以復者，則有自來矣。向非天地之心，生生不息，則陽之極也，一絕而不復續矣。」❺程子伊川注「『復』其見天地之心」云：「一陽復於下，乃天地生物之心也。先儒皆以靜為見天地之心，蓋不知動之端，乃天地之心也。」❺先儒指王弼 (226-249) 等之注《易》。王弼云：「寂然至无，是其本矣。故動息地中，乃天地之心見也。」❺朱子釋伊川之言曰：「伊川……一段，蓋謂天地以生生為德，自元亨利貞❺，乃生物之心也。但其靜而復，乃未發之體。動而通焉，則已發之用。一陽來復，其始生甚微，固若靜矣。然其實動之機。其勢日長，而萬物莫不資始焉。此天命流行之初，造化發育之始，天地生生不已之心，於是而可見也。若其靜而未發，則此心之體，雖無所不在，然卻有未發見處。此程子所以動之端為天地之心，亦舉用以該其體爾。」❻朱子之言，不無批評程子之微意。蓋以動見天地之心，亦猶以靜見天地之心之趨於一邊也。且動之端雖微，已是造化之始。朱子之意，「『復』未見造化，而造化之心於此可見」耳❻。南軒曾致書朱子，以動中涵靜，所謂「復」見天地之心，不免猶有靜為見天地之心之

❺ 同❹，「復」卦坤上震下 ☷☳，初九為陽爻，由下上升，即反復之意。參看卷 40，答何叔京第八書，頁 21 下。

❺ 《語類》，卷 71，第四十二條，頁 2849。

❺ 《文集》，卷 32，〈答張欽夫〉第三十三書，頁 4 下。

❺ 《易傳》，卷 2，頁 33 上。

❺ 王弼，《周易注》。見樓宇烈，《王弼集校釋》，頁 336。

❺ 《易經》，「乾」卦之四德。

❻ 《語類》，卷 71，第五十條，頁 2852。

❻ 同上，第五十三條，頁 2854。

意。朱子則堅持動之不能無靜，靜之不能無動。一陰一陽，互為其根也 ❷。「須通動靜陰陽善惡觀之。」❸此其所以不取老子之只守靜以觀其復也 ❹。

　　朱子不特不贊同單純以靜或動見天地之心，亦不贊只以「復」見天地之心。其言曰：「聖人贊《易》，而曰『「復」見天地之心』，今人多言惟是『復』可以見天地之心，非也。六十四卦，無非天地之心。但於『復』卦忽見一陽之復，故即此而贊之耳。論此者當知有動靜之心，有善惡之心，各隨事而看。」❺又云：「須知元亨利貞，便是天地之心。」❻換言之，天地生物之心，包括造化全部，非只一陽之復也。於是發問：「然卻為甚於『復』然後見天地之心耶？」❼實際上「復」見天地之心與六十四卦見天地之心，並無衝突。且「復」卦陰極而陽，正足以表示一陰一陽之互為其根，只以惟「復」乃見天地之心為不安耳。

天　心

　　論者皆用「天地之心」，朱子用「天之心」以代「天地之心」者少而又少。《文集》、《語類》所知只各一見❽。朱子本人用「天心」

❷　《文集》，卷 32，〈答張欽夫〉第四十七書，頁 26 上。張書已佚。
❸　《文集》，卷 48，〈答王子合〉第二書，頁 2 上。
❹　《語類》，卷 71，第五十三條，頁 2858。觀復出《老子》，第十六章。
❺　同上，第六十條，頁 2858。
❻　《文集》，卷 40，〈答何叔京〉第十六書，頁 29 上。參看卷 67，〈元亨利貞說〉，頁 1 上。
❼　《文集》，卷 47，〈答呂子約〉第二十書，頁 22 下。
❽　同上，卷 57，〈陳安卿來書〉，頁 36 上；同❶，卷 95，第九十六條，頁 3874。

以作「天地之心」者，《文集》只見兩次。〈壬午封事〉云：「此乃天
心仁愛陛下之厚，不待政過行失而先致其警戒之意。」〈丞相李公奏
議後序〉云：「若宣和 (1119–1125) 靖康 (1126) 之變，吾有以知其非
天心之所欲。」 **❻❾** 此外尚有三次，乃引張載 (1020–1077)《正蒙》
「合天心」之言或述其意而言耳 **❼⓿**。其他多處，「天心」乃指君心，
與天地之心無關也 **❼❶**。

有心無心

天地生物之心，是有心耶？是無心耶？既是生物之心，當然有
心。苟無心則須牛生出馬，桃樹上發李花 **❼❷**。然此心無思慮，無營
為，故謂之為「無心之心」 **❼❸**。問：「程子謂：『天地無心而成化，
聖人有心而無為。』」 **❼❹** 朱子答曰：「這是說天地無心處。」 **❼❺** 朱子
有云：「萬物生長，是天地無心時。枯槁欲生，是天地有心時。」 **❼❻**
此語極耐人尋味。蓋萬物之生長，乃依理而行。天理大公無私，不
須有主宰為之思慮營為，故謂之無心。枯槁欲生，乃是生意。即如
陰極復陽，可以見天地之心也。

---

❻❾ 同上，卷 11，頁 8 下；卷 76，頁 7 下。
❼⓿ 《張子全書》，卷 2，《正蒙》，〈大心〉第七，頁 21 上；同**❶**，卷 98，第
　　六十一、六十八條，頁 4001；卷 95，第一二七條，頁 3887。
❼❶ 如《文集》，卷 13，〈辛丑延和奏劄一〉，頁 6 下。
❼❷ 《語類》，卷 1，第十八條，頁 6。
❼❸ 同上，卷 4，第二十四條，頁 96。
❼❹ 《經說》，卷 1，〈易說〉，頁 2 上。
❼❺ 同**❼❷**。
❼❻ 《語類》，卷 1，第十九條，頁 7。

人物得之以為心

張子云:「天無心。心都在人之心。一人私見,固不足盡。至於眾人之心同一,則卻是義理。總之則卻是天。故曰天曰帝,皆民之情然也。」⑦此旨上沿《書經》與《孟子》之「天視自我民視,天聽自我民聽」⑧。朱子則與之以哲學的解釋。〈仁說〉首句即謂天地以生物為心,而人物得之以為心。上語得諸伊川,下語則朱子所自加⑦。《語類》詳論之曰:「天地以此心普及萬物,人得之遂為人之心,物得之遂為物之心。草木禽獸接著,遂為草木禽獸之心。只是一個天地之心爾。」⑧一個天地之心,是指大宇宙而言,一人一物,是一小宇宙。「天地之生萬物,一個物裏面,便有一個天地之心。」⑧此與其萬物各一太極,同一典型。伊川曰:「心,生道也。有是心,斯具是形以生。惻隱之心,人之生道也。」⑧朱子申釋之曰:「『心,生道也』,心乃生之道。『惻隱之心,人之生道也』,乃是得天地之心以生。生物便是天地之心。」⑧「蓋無天地生物之心,則沒這身。才有這血氣之身,便具天地生物之心矣。」⑧人不特稟得天地之心,而亦如天視自我民視,人心即是天地之心之表現。朱子論「人能弘道」⑧云:「人者天地之心。沒這人時,天地便沒人

⑦　《張子全書》,卷 4,〈周禮〉,頁 7 下。

⑧　《書經》,〈泰誓〉中,第七節;《孟子》,〈萬章〉第五上,第五章。

⑦　同⑭。參看㉕。

⑧　《語類》,卷 1,第十八條,頁 7。

⑧　同上,卷 27,第六十三條,頁 1107。

⑧　《遺書》,卷 21 下,頁 2 上。

⑧　《語類》,卷 95,第九十六條,頁 3874。參看卷 53,第九十條,頁 2062。

⑧　同⑧,卷 53,第十條,頁 2031。

管。」**⑧**此非謂人勝於天，而是天人合一，故朱子云：「熹所謂仁者天地生物之心，而人物之所得以為心，此雖出於一時之臆見，然竊自謂正發明得天人無間斷處。」**⑧**

　　在天為生物之心，在人則為行仁之心。人受天地之氣而生，「故此心仁，仁則生矣」**⑧**。仁為眾善之長。仁自然生出義禮智等等美德**⑧**。故仁有生意。心亦如天地生物，生生不窮**⑨**。故程子謂：「心譬如穀種。生之性，便是仁也。」**⑨**張子曰：「為天地立心。」**⑨**張伯行 (1652–1725) 註云：「天地以生生為心，變化萬物，而性命因之各正。儒者亦以此為心，而參贊位育，必實全其盡性之能爭。」**⑨**盡性則仁，仁則聖，聖則天人合一矣。

---

⑧　《論語》，〈衛靈公〉第十五，第二十八章。

⑧　《語類》，卷 45，第六十六條，頁 1850。

⑧　《文集》，卷 40，〈答何叔京〉第十七書，頁 29 下。

⑧　《語類》，卷 5，第三十條，頁 138。

⑧　《文集》，卷 32，〈答張欽夫論仁說〉，頁 17 下。

⑨　《語類》，卷 5，第三十一條，頁 138。

⑨　《遺書》，卷 18，頁 2 上。

⑨　《張子語錄》，卷中，頁 6 下。

⑨　張伯行，《近思錄集解》，第二章，〈為學〉，頁 50 下。

第七章　朱子論格物

格物之詞，來自《大學》。朱子自幼即讀此書。嘗自憶云：「自十五六時，知讀是書而不曉格物之義，往來於心三十餘年。」❶ 前後經程頤 (1033–1107) 與李侗 (1093–1163) 之薰染，然後自成其說。延平（李侗）教其就事反復推尋其理，俟融釋脫落，然後別窮一事。如是積累多，自有灑然❷。此說似較伊川（程頤）之說為勝。伊川云：「今日格一件，明日又格一件。積習既多，然後脫然自有貫通處。」❸ 然朱子側重積累貫通，以伊川只遇難通處方又格一件耳❹。

程頤更改《大學》本文，改「親民」為「新民」。朱子採用「新」字，又破天荒分經傳，而補第五章格物之傳，共一百三十四字。謂：「學者即凡天下之物，莫不因其已知之理，而益窮之，以求至乎其極。至於用力之久，而一旦豁然貫通焉。……此謂物格，此謂知之至也。」此為影響中國思想甚大而為後人攻擊甚力者。學者或以一旦豁然貫通為等於佛家頓悟。此乃誤解「一旦」為「忽然」，而不知一旦只是一朝或他日，豁然只是程頤之脫然與李侗之融釋脫落耳。至於朱子何以獨補此章，則無可解。

補傳謂即物窮理。即物並非徒然接物。答江德功書云：「人莫不與物接。但或徒接而不求其理，或粗求而不究其極，是以雖與物接而不能知其理之所以然與所當然」，則「無以順性命之正而處事物之

---

❶　《文集》，卷 44，〈答江德功〉第二書，頁 39 上。

❷　《大學或問》，頁 24 上，總頁 47。

❸　《遺書》，卷 18，頁 5 下。

❹　《語類》，卷 18，第二十六條，頁 638；第一二一至一二三條，頁 679–680；卷 104，第七條，頁 4152。

當。故必即是物以求之。」❺對江氏以格物為心接事物,極端批評。評楊時 (1053–1135) 反身而誠之說曰:「況接物之功,正在即事即物而各求其理。今乃反欲離去事物而專務求之於身,尤非《大學》之本意矣。」 ❻王陽明 (1472–1529) 以心求理於事物之中,便析心與理為二❼。王氏蓋忽略朱子心具眾理而應萬事之旨,以為理在前面另為一物,則析心與理為二者非朱子而實王氏也。

程頤訓「格」為「至」,即到達也。朱子從之❽。朱子又云:「格者,極至之謂。」❾此乃引申之義,蓋必「至乎其極」,乃謂格也❿。「物格者,事物之理,各有以詣其極而無餘之謂也。」⓫物是事物,並不限於自然界之品物,「蓋天下之事皆謂之物」,尤其是仁義禮智⓬。

格物之法,詳《大學或問》。於《大學》經文「物格」之下,謂:「析之有以極其精而不亂,然後合之有以盡其大而無餘。」⓭此泛言格知之極至也。於第五章補傳則備舉程頤格物致知九條,以為所當用力之地與其次第工程。⑴讀書,講明道義,或論古今人物而

---

❺　《文集》,卷 44,〈答江德功〉第二書,頁 37 上下。

❻　《中庸或問》,頁 39 下,總頁 78。

❼　《傳習錄》,中,第一三五「朱子所謂」條。

❽　《遺書》,卷 2 上,頁 6 下;《語類》,卷 15,第九條,頁 453;第三十三條,頁 462;《大學章句》,第一章;同❺。

❾　《大學或問》,頁 7 下,總頁 14。

❿　《語類》,卷 15,第七條,頁 453;參看卷 18,第十八條,頁 653。

⓫　同❾。

⓬　《語類》,卷 15,第二十至二十一條,頁 455,第三十五條,頁 462;第三十八條,頁 464。

⓭　《大學或問》,頁 8 上,總頁 15。

別其是非，或應接事物而處其當否。今日格一物，明日又格一物。積習既多，然後脫然有貫通處。(2)自一身以至萬物之理，有個覺處。(3)非必盡窮天下之理，又非謂窮得一理便到。(4)以類而推。若一事上窮不得，且別窮一事。(5)物必有理，皆所當窮。(6)如欲為孝，則當知所以為孝之道。(7)物我一理。才明彼即曉此，此合內外之道也。一草一木，亦皆有理，不可不察。(8)當知至善之所在。(9)格物莫若察之於身，其得之尤切❶。九條並無次序，亦乏分析。又舉五條以為涵養本原之功，即立誠、致敬、用敬致知、養知寡欲，與收其心而不放是也❶。其本人用力之方，「則或考之事為之著，或察之念慮之微，或求之文字之中，或索之講論之際。……自其一物之中，莫不有以見其當然而不容已與其所以然而不可易者。必其表裏精粗無所不盡，而又益推其類以通之。至於一日脫然而貫通焉」❶。

根據此種理論，進而批評程氏門人與湖南學派。呂大臨 (1046–1092) 以必窮物之理同出於一為格物。朱子則以理一萬殊，必要收拾歸一。謝良佐（約 1050–1120）謂窮理只是尋個是處，然必以恕為本。朱子則謂恕在窮理之後，且推我之心以窮理，便礙理了。楊時以格物為反身而誠，則天下之物無不在我。朱子則以此為格物後之事，而亦非只格一事則天下之理便皆誠者。尹焞 (1071–1142) 謂今日格一物，明日格一物為非程頤之言。朱子云：「安得遽以一人之

❶ 同上，頁 17 下 –19 上，總頁 34–37。程頤語以次見《遺書》，卷 18，頁 5 下；卷 17，頁 6 上；卷 2 上，頁 22 下；卷 15，頁 11 上下；卷 18，頁 19 上，頁 8 上下；卷 7，頁 3 下；卷 17，頁 7 下。

❶ 《遺書》，卷 22 上，頁 1 上；卷 3，頁 5 下；卷 18，頁 5 下；《外書》，卷 2，頁 4 上；《遺書》，卷 25，頁 1 上。

❶ 《大學或問》，頁 20 上下，總頁 39–40。

所未聞而盡廢眾人之共聞者哉？」胡安國 (1074–1138) 言物物致察而宛轉歸己。朱子以此為求之於外，亦未嘗求其所以然。惟有胡宏 (1106–1161) 說格之之道，必立志以立其本，居敬以持其志為極精，然亦只說得裏面一邊，遺了外面一邊❶。

　　《大學或問》之外，《語類》又有多條，皆是隨時問答，故亦無次序。以博學、審問、慎思、明辨❶皆是格物之事❶。「且就事物上格去。如讀書，便就文字上格。聽人說話，便就說話上格。接物，便就接物上格。精粗大小，都要格他。」❷一身之內與身外之物，均要格❷。「須是四方八面都理會教通曉，仍更理會向裏來。譬如喫菓子一般。先去其皮殼，然後食其肉。又更和那中間核子都咬破，始得。」❷要閑時理會，不要臨時理會❷。要須切己與驗其是非❷。最重要者為積累貫通。此點屢屢提及。如行路，左腳進一步，右腳又進。如是一理通則萬理通，自然浹洽貫通，如用一根繩索，通過全部銅錢❷。《文集》云：「其格之也，亦須有緩急先後之序。豈遽以為存心於一草木器用之間而急然懸悟也哉？」❷此是漸進之功，

❶　同上，頁 22 上 –24 上，總頁 43–47；同❹，第九十八至一一二條，頁 670–674；錢穆，《朱子新學案》，第二冊，頁 522–526。

❶　《中庸》，第二十章。

❶　《語類》，卷 18，第一一八條，頁 677。

❷　同上，卷 15，第二十四條，頁 458。

❷　同上，卷 18，第七十三條，頁 654。

❷　同上，第九十三條，頁 668。

❷　同上，第十四條，頁 631。

❷　同上，卷 15，第十三、十四條，頁 454。

❷　散見《語類》，卷 18；《大學或問》，頁 21 上，總頁 41；頁 24 上，總頁 47；《文集》，卷 61，〈答林德久〉第三書，頁 2 上。

補傳所謂「用力之久，而一旦豁然貫通」也。

格物之目的在於窮求其理。「窮理者，欲知事物之所以然與其所當然。」❷又云：「所謂窮理者，事事物物各有個事物的理，窮之須要周盡。」❷然窮理必須格物。《大學》不說窮理，卻言格物❷。所以然者，蓋「言理則無可捉摸，物有時而離。言物則理自在，自是離不得」❸。朱子與門人又以「格物窮理」連詞，顯然以格物乃能窮理也。朱子又言「居敬窮理」，謂：「此二事互相發。能窮理則居敬工夫日益進，能居敬則窮理工夫日益密。」雖是二端，「其實一本」❸。然必要即物以窮其理。

格物即是致知。「致，推極」，有推出之意❸。「推到極處，窮究徹底，真見得決定如此。」❸推之之法，以類而推。但得一道而入，則以類推而通其餘矣❸。蓋理同出一源。如水只是水。在此杯是水，彼杯亦是水。禪家所謂「一月普現一切水，一切水月一月攝」是也❸。格物致知雖是大致相同，然亦有分別。格物是逐物格將去，致知則是推得漸廣。格物是物物上窮其至理，致知是吾心無所不知。

---

❷　《文集》，卷 39，〈答陳齊仲〉，頁 23 上。

❷　同上，卷 64，答或人，頁 33 上。

❷　《語類》，卷 15，第三十五條，頁 463。

❷　同上，第三十一條，頁 461；卷 62，第七十二條，頁 2378。

❸　同上，第三十四條，頁 462。

❸　同上，卷 9，第十八至二十二條，頁 238–239。

❸　《大學章句》，第一章；同❿，第四十七條，頁 466。

❸　《語類》，卷 18，第四條，頁 625。

❸　同上，第二十三、二十四、二十七條，頁 636–638。

❸　同上，第二十九條，頁 640。禪語出〈永嘉證道歌〉，載《大正新脩大藏經》，第四十八冊，頁 396。又見《景德傳燈錄》，卷 30，頁 30 下。

格物是零細說，致知是全體說。格物以理言，致知以心言。格物是
自物而言，致知是自我而言❸❻。然格物致知只是一事❸❼。「格物致知
亦是因其所已者推之以及其所未知，只是一本，元無兩樣工夫
也。」❸❽蓋致知即在格物之中，非格之外別有致處。亦非今日格物，
明日致知也❸❾。及至格理既窮，則天下事物之理，知無不到❹❶。此
謂物格，此謂知至。即「吾心所可知處，不容更有未盡也」❹❶。換
言之，物既格至十分，則吾心之知，達到極處。

　　致知只是一面，力行又是一面。儒家知行並重，從古已然。知
行難易問題，曾有長期之討論，朱子則不言及。惟於知行先後之關
係，則上沿程頤，以知為先。程子云：「須是知了方行。」又云：
「人力行先須要知。」❹❷朱子亦云：「又須先知得方行得。」❹❸門人
問先知然後行。朱子答曰：「不成未明理便都不持守了？」❹❹「如人
行路，不見便如何行？」❹❺然此「非謂今日涵養，明日致知，後日
力行也。」❹❻有如其理先氣後之論，本無先後，但推論之如此而已。

---

❸❻　同上，第四十三、四十四、四十九、五十條，頁 465，467，468；卷 120，
　　　第九十一條，頁 4648。

❸❼　同上，第四十一條，頁 465。

❸❽　《文集》，卷 59，〈答陳才卿〉第五書，頁 31 上。

❸❾　《語類》，卷 18，第三十三條，頁 641；卷 120，第九十一條，頁 4648。

❹❶　同上，卷 15，第六十八條，頁 474。參看卷 69，第五十八條，頁 2747。

❹❶　《文集》，卷 46，〈答黃商伯〉第四書，頁 11 上。

❹❷　《遺書》，卷 18，頁 4 下 –5 上。

❹❸　《語類》，卷 14，第一六九條，頁 449。

❹❹　同上，卷 9，第六條，頁 236。

❹❺　同上，第三十四條，頁 242。

❹❻　同上，卷 115，第二十五條，頁 4425。

知行雖分先後，亦須分輕重。論先後則知為先，論輕重則行為重❼。
到底知行互相發明。朱子曰：「知行常相須，如目無足不行，足無目
不見。」❽又云：「知與行，工夫須著並到。知之愈明，則行之愈
篤。行之愈篤，則知之益明。二者皆不可偏廢。」❾又云：「知與行
須是齊頭做。……不可道知得了方始行。」❿且謂：「須是於知處求
行，行處求知。」❶則知行不只相須相發，而亦相攝矣。

　　知而不為，即是未知❷。〈雜學辨〉云：「知而未能行，乃未得
之於己。此所謂知者，亦非真知也。真知則未有不能行者。」❸又
云：「不真知得，如何踐履得？若是真知，自住不得。」❹真知者，
「是要徹骨，都見得透」❺。真知則必行，故真知之驗，在於行事。
門人問云：「有知其如此而行又不如此者，是如何？」朱子答之曰：
「此只是知之未至。」❻此與王陽明 (1472–1529)「知而不行，只是
未知」之言❼，如出一轍，可謂為王陽明知行合一之先聲。然在朱
子，須格物窮理然後知至。在陽明，則人有良知，不待窮格。故知
行合一之高峰，仍屬陽明❽。

❼　同❶，第一、第四條，頁 235。
❽　同上。
❾　同上，卷 14，第一六九條，頁 449。
❿　同上，卷 117，第二十七條，頁 4490–4491。
❶　同上，卷 23，第五十四條，頁 882。
❷　同上，第七十二條，頁 890。
❸　《文集》，卷 72，〈雜學辨：張無垢中庸解〉，頁 35 上下。
❹　《語類》，卷 116，第二十二條，頁 4451。
❺　同上，卷 15，第二條，頁 452。
❻　同上，第一〇〇條，頁 482。
❼　《傳習錄》，上，第五「愛因」條。

致知力行，非先讀書不可。關於如何讀書，從來未有如朱子之精詳者。朱子之〈白鹿洞書院揭示〉，乃是修為之道德原則，而非讀書日程或方法。惟其〈讀書之要〉，則於讀書大旨，備言主要。曰：「循序而漸進，熟讀而精思。……字求其訓，句索其旨。……虛心靜慮，勿遽取舍於其間。先使一說自為一說，……復以眾說互相詰難。……有所不通，則姑置而徐理之。」(59)《語類》有〈讀書法〉兩卷，指導甚詳。讀書須用敬，存心，定心，放寬，仔細，耐煩，體認學理，觀聖賢之意，從細處看，細察文勢語脈，潛思玩味，下死工夫，推勘到底，棄去舊見以來新見。更要切己。逐段逐句逐字理會，至無去處。看得一書徹了，方再看一書。讀一遍了，又思量一遍，思量一遍，又讀一遍。讀書不要立程，不貪多，不躐等，不記數，不責效，不可有欲了底心，不硬說，不先立己意，不遷就。方法之中，以虛心、懷疑，與熟讀為最要。此三點《語類》屢屢言之，尤以熟讀為然(60)。其句語可以作座右銘者有「讀書寧詳毋略，寧近毋遠，寧下毋高，寧拙毋巧」(61)，「讀書法要斂身正坐，緩視微吟，虛心涵泳，切己省察」(62)，「讀書無疑者須教有疑，有疑者卻要無疑」(63)。

除上述方法之外，尚有靜坐。朱子云：「讀書閑暇且靜坐，教他心平氣定，見得道理漸次分曉。這個卻是一身總會處。」(64)朱子訓

(58) 參看拙著《朱子新探索》，頁 296–298，〈知行合一之先聲〉。

(59) 《文集》，卷 74，〈讀書之要〉，頁 14 上 –15 上。

(60) 以上皆《語類》，卷 10–11，〈讀書法〉。

(61) 《語類》，卷 116，第二十一條，頁 4450。

(62) 同上，卷 11，第二十一條，頁 283。

(63) 同上，第七十八條，頁 296。

(64) 同上，第十九條，頁 283。

門人每每以此為教❻。嘗教門人郭德元（郭友仁）「半日靜坐，半日讀書。如此一二年，何患不進？」 ❻顏元 (1635–1704) 對此猛力抨擊，謂：「朱子半日靜坐，是半日達磨也。半日讀書，是半日漢儒也。試問十二個時辰，那一刻是堯舜孔子乎？宗朱者，可以思矣。」 ❻顏元志在打倒清代朱子學權威，遂以朱子之讀書為漢儒之訓詁，靜坐為達磨之擯去外務，面壁九年。又不指明朱子僅是教友仁一人如是，並非教人人如是。其實顏元甚熟《語類》，只是借題發揮，而學者之攻朱者乃樂引顏元，亦不思之甚矣❻。

群書之中，以四書為上。蓋以四書為孔孟之言而說性心仁義修身齊家治國平天下，深切於人倫日用之常。教人「先讀《大學》以定其規模，次讀《論語》以言其根本，次讀《孟子》以觀其發越，次讀《中庸》以求古人之微妙」❻。「《大學》、《中庸》、《語》、《孟》四書道理粲然。……何理不可究？何事不可處？」 ❼故於紹熙元年庚戌 (1190) 集此四書為《四子書》。以後在我國、韓國、日本發生巨大影響。六百年來成為我國教育之基本教材與開科取士之礎石。尤重要者，宋元以後，四書直是替代五經為儒家傳統之權威。朱子斷定《詩》大序為後人所作，小序全不可靠❼。《詩集傳》以三百五篇中之二十四篇為男女情愛之作❼。此是大膽假設，前人未有此說。

---

❻ 參看《語類》，卷 114–191，〈訓門人〉。

❻ 同上，卷 116，第五十五條，頁 4474。

❻ 〈朱子語類評〉，《顏李叢書》，第六冊，頁 24 上。

❻ 參看拙著《朱子新探索》，頁 299–313，〈朱子與靜坐〉及〈半日靜坐半日讀書〉。

❻ 《語類》，卷 14，第三條，頁 397。

❼ 同上，第二條，頁 397。

❼ 同上，卷 80，第二十六條，頁 3290；第三十七條，頁 3295。

又謂《書經》序與註非孔安國（壯年紀元前 130）所作而乃後人文字，其文體不似前漢❼❸。此說為清代疑經運動與今古文之爭下一伏線。甚之謂：「借經以通乎理耳。理得則無俟於經。」❼❹此非謂不讀六經，而是「讀六經時，只如未有六經，只就自家身上討道理」❼❺而已。當其刊行《四子書》時，亦刊四經。前此又著《詩集傳》與《周易本義》，日後更起草《集書傳》，口授門人成之。是則六經亦可作求理之助也。故朱子云：「經旨要仔細看上下文義。名數制度之類，略知之便得。」❼❻又云：「看經傳有不可曉處，且要旁通。待其浹洽，則當觸類而可通矣。」❼❼大概而言，「必先觀《論》、《孟》、《大學》、《中庸》，以考聖賢之意，讀史以考存亡治亂之蹟，讀諸子百家以見其駁雜之病。」❼❽「《禮記》、《左傳》最不可不讀。」❼❾學者如能循此方法讀書，則可物格知至，能知亦能行矣。

---

❼❷　《詩集傳》，第四十二、四十八、六十四、七十二、七十四、七十六、八十一、八十三至九十五、一三七、一三九、一四〇、一四三篇。

❼❸　《語類》，卷 78，第二十五至二十七條，頁 3153。

❼❹　同上，卷 11，第一〇九條，頁 305。

❼❺　同上，第八十七條，頁 297。

❼❻　同上，第一〇〇條，頁 301。

❼❼　同上，第九十九條，頁 301。

❼❽　同上，第九十一條，頁 298。

❼❾　同上，第九十五條，頁 300。

第八章　朱子論修養

　　紹熙五年甲寅 (1194)，朱子年六十五，罷免待制侍講後，十一月歸途至江西玉山縣。邑宰請至縣庠講學。因學者所講問而發明要義。先言為學之要，不在科舉，隨發揮學之意義，議論頗詳。然後說人性本善，須變化氣質，以去人欲而復天理。故當尊德性以全其大，道問學以盡其小。〈玉山講義〉載《文集》卷七十四❶。諸本《朱子年譜》云，「此乃先生晚年教人親切之訓，讀者其深味之。」此講乃其由衷之言，可謂之晚年定論。今因所討論，以示朱子教人修養道德之方。

　　朱子開口即謂：「『古之學者為己。今之學者為人。』❷故聖賢教人為學，非是使人綴緝言語，造作文辭，但為科名爵祿之計。須是格物致知誠意正心修身，而推之於齊家治國平天下，方是正當學問。」宋代科舉盛行，學校書院皆重時文。目的在功名利祿，最喪人志。故朱子云：「科舉累人不淺。人多為此所奪。但有父母在，仰事俯育，不得不資於此，故不可不免爾。其實甚奪人志。」❸孔子復生，也不免應舉，然科舉不能奪其志❹。舉業乃分外事❺。「士人先要分別科舉與讀書兩件，孰輕孰重？若讀書上有七分志，科舉上有三分，猶自可。若科舉七分，讀書三分，將來必被他勝卻。」❻

---

❶　《文集》，卷 74，頁 18 上 –21 上。

❷　《論語》，〈憲問〉第十四，第二十四章。

❸　《語類》，卷 13，第一五二條，頁 391。

❹　同上，第一五七條，頁 392。

❺　同上，第一四〇條，頁 387。

❻　同上，第一四一條，頁 387。

　　科舉之累，只是〈玉山講義〉之消極方面。其積極方面則簡而明，約而精。其大意云：「大凡天之生物，各付一性。性非有物，只是一個道理之在我者。……凡此四者（仁義禮智）具於人心，乃是性之本體。方其未發，漠然無形象之可見。及其發而為用，則仁者為惻隱，義者為羞惡，禮者為恭敬，智者為是非。隨事發見，各有苗脈，不相殽亂，所謂情也。故孟子曰：『惻隱之心，仁之端也。羞惡之心，義之端也。恭敬之心，禮之端也。是非之心，智之端也。』❼……仁字是個生底意思，通貫周流於四者之中。……故程子（程頤，1033–1107）謂『四德之元，猶五常之仁。偏言則一事，專言則包四者』❽，正謂此也。……天之生此人，無不與之以仁義禮智之性，亦何嘗有不善？但欲生此物，必須有氣，然後此物有以聚而成質。而氣之為物，有清濁昏明之不同。……而性之善未嘗不同也。……而凡吾日用之間所以去人慾復天理者，皆吾分內當然之事。……就日用間便著實下功夫始得。《中庸》所謂尊德性，正謂此也。……故君子之學，既能尊德性以全其大，便須道問學以盡其小。……要當使之有以交相滋益，互相發明，則自然該貫通達，而於道體之全，無欠闕處矣。」〈玉山講義〉雖短，而於性善、四端、氣稟、天理人欲、尊德性道問學，無不包括。直可以謂之朱子倫理學之輪廓。

　　性善之說，始自孟子，謂：「仁義禮智，非由外鑠也，我固有之。」❾故〈玉山講義〉強調四端。四德之中，以仁為首，蓋仁包

---

❼　《孟子》，〈公孫丑〉第二上，第六章；〈告子〉第六上，第六章。

❽　《易傳》，卷1，頁2下。四德指《易經》「乾」卦之元亨利貞，五常指仁義禮智信。

❾　《孟子》，〈告子〉第六上，第六章。

四者。且程頤有云：「心譬如穀種。生之性，便是仁也。」❿朱子於仁字用功甚力，可謂之無日不言仁。其討論人數之多，尺牘之繁，恐比太極、理氣、中和等等基本觀念為多。其說散見於其傳註、書札，與問答，幾無處不是。嘗著〈仁說〉，與友生討論十餘年然後定稿⓫。開始即謂：「天地以生物為心者也，而人物之生，又各得夫天地之心以為心者也。」上語引程頤⓬，下語自己所增。「仁之為道，乃天地生物之心。……誠能體而存之，則眾善之源，百行之本，莫不在是。」如是將宗教、哲學、倫理，熔於一爐。凡克己、復禮、孝弟、恭敬、忠恕，皆所以存此心行此心也。並下仁之定義為「心之德，愛之理」。所謂德者，猶言潤者水之德，蓋仁有生意，故為眾善之源。所謂愛之理，則理是根，愛是苗。仁之愛如糖之甜。愛即仁理之在心者。發而為孝弟等等。〈玉山講義〉注重「仁之一字，須更於自己分上實下功夫始得」。

　　為仁之方，以敬為要。朱子教人特重敬字，以為「敬字工夫乃聖門第一義」⓭，蓋「敬者，一心之主宰而萬事之本根也」⓮。敬則能克己，能勝百邪，能常惺惺，能收斂身心，能自做主宰，能使心常光明而洞萬理，能復天理而滅人欲。故云：「學者當知孔門所指求仁之方，日用之間，以敬為主。」⓯

　　朱子著〈敬齋箴〉，有云：「正其衣冠，尊其瞻視。潛心以居，

---

❿　《遺書》，卷 18，頁 2 上。

⓫　《文集》，卷 67，頁 20 上 –21 下。參看拙著《朱學論集》，頁 37–68，〈論朱子之仁說〉。

⓬　《外書》，卷 3，頁 1 上。明沈桂《明道全書》作程顥語。

⓭　《語類》，卷 12，第八十五條，頁 335。

⓮　《大學或問》，經文，頁 2 下，總頁 4。

⓯　《語類》，卷 12，第一一七條，頁 339。

對越上帝。足容必重，手容必恭。……出門如賓，承事如祭。……守口如瓶，防意如城。……不東以西，不南以北。……惟精惟一，萬變是監。從事於斯，是曰持敬。動靜無違，表裏交正。」❶全篇特重主一。此箴乃讀張栻 (1133–1180)〈主一箴〉❶有感而作。「不東以西」，只是主一。主一無適，乃程頤敬之定義❶。朱子解之曰「只是專一」❶，嘗云：「程先生所以有功於後學者，最是敬之一字有力。」❷然敬非塊然兀坐，須是「敬以直內，義以方外」❷，即程顥 (1032–1085) 所謂「敬義夾持」❷。尹焞 (1071–1142) 說敬只就整齊嚴肅上做。朱子評之曰：「和靖（尹焞）之說固好，但不知集義，又欠卻工夫。」❷

　　敬義夾持，即是程頤之名句，「涵養須用敬，進學則在致知。」❷《文集》、《語類》引用此語，不下數十次。朱子申釋其義曰：「無事時且存養在這裏，提撕警覺，不要放肆。到講習應接時，便當思量義理。」❷並謂：「二者偏廢不得。致知須用涵養，涵養必用致知。」❷答呂伯恭（呂祖謙，1137–1181）書云，「兩言雖約，

---

❶　《文集》，卷 85，頁 5 下 –6 上。全篇引經據典。

❶　《南軒先生文集》，卷 36，頁 10 上，總頁 1071。

❶　《遺書》，卷 15，頁 20 上。

❶　《語類》，卷 120，第五十四條，頁 4633。

❷　同上，卷 12，第八十三條，頁 334。

❷　《易經》，「坤」卦，〈文言傳〉。

❷　《遺書》，卷 5，頁 2 下。

❷　《語類》，卷 17，第十四條，頁 597。

❷　《遺書》，卷 18，頁 5 下。

❷　《語類》，卷 95，第一六九條，頁 3901。

❷　同上，卷 18，第五十七條，頁 648。

其實入德之門，無踰於此。」❷ 答劉子澄（劉清之，1139–1195）書云：「此二言者，體用本末，無不該備。」❷ 答陳師德（陳定，1150–1174）書云：「此二言者，實學者立身進步之要，而二者之功，蓋未嘗不交相發也。」❷ 王懋竑 (1668–1741) 論之曰：「按自庚寅 (1170) 與呂東萊（呂祖謙）劉子澄書，拈出程子兩語，生平學問大指，蓋定於此。……至甲寅 (1194) 與孫敬甫（孫自修，壯年 1196）書云『……此兩言者，如車兩輪，如鳥兩翼，未有廢其一而可行可飛者也』❸，尤為直截分明。蓋相距二十五年矣，而其言無毫髮異也。」❸

涵養用敬，乃根據孟子性善之說。然孟子未有氣之言論。朱子謂：「孟子亦言氣質之性，如『口之於味也』❸ 之類是也。」❸ 此只可以謂之含有此意，究未明言。又謂孔子言「習相遠也」❸ 是指氣質 ❸，亦是如此。他如荀子論性惡 ❸，揚雄（紀元前 53– 紀元 18）主善惡混 ❸，韓愈 (768–824) 言三品 ❸，皆是以氣為性，且未提出

---

❷　《文集》，卷 33，第四書，頁 2 下。

❷　同上，卷 35，第二書，頁 12 下。

❷　同上，卷 56，第一書，頁 22 上。

❸　同上，卷 63，第一書，頁 19 上。

❸　《朱子年譜》，〈考異〉，卷 1，頁 269。

❸　《孟子》，〈告子〉第六上，第七章；〈盡心〉第七下，第二十四章。

❸　《語類》，卷 61，第十七條，頁 2318。

❸　《論語》，〈陽貨〉第十七，第二章。

❸　《語類》，卷 59，第四十三條，頁 2199。

❸　《荀子》，卷 17，〈性惡〉第二十三。

❸　《法言》，卷 3，頁 1 上下。

❸　《韓昌黎全集》，卷 11，〈原性〉，頁 5 下 –7 下。

氣字。至張載 (1020–1077)、二程，始明言氣質之性。張子曰：「形
而有氣質之性。善反之，則天地之性存焉。」❸ 二程曰：「論性不論
氣不備，論氣不論性不明。」❹ 朱子以張程之說為新義，曰：「此起
於張程。某以為極有功於聖門，有補於後學。讀之使人深有感於張
程。前此未曾有人說到。……故張程之說立，則諸子之說泯矣。」❹

　　朱子沿張程氣質之說，加以哲學之說明，遂遠勝前人，亦為後
人所不及。朱子以性為理，然理不離氣。無氣質則性無安頓處 ❷。
故本然之性與氣質之性，不可分而為二。朱子云：「人性本善而已。
才墮入氣質中，便薰染得不好了。雖薰染得不好，然本性卻依舊存
在，全在學者著力。今人卻言有本性，又有氣質之性，此大害
理。」❸ 譬如水，「水為泥沙所混，不成不喚做水」 ❹ 。故答友人
云：「氣質是陰陽五行所為。性即太極之全體。但論氣質之性，則如
全體墮在氣質之中耳，非別有一性也。」❺ 「性如水，氣質之性如
殺些醬與鹽，便是一般滋味。」❻ 正如水有清濁，氣質之性亦有清
濁。「稟得氣清者，便在清氣之中。這清氣不隔蔽那善。稟得氣濁
者，性在濁氣之中為濁氣所蔽。『五行之生，各一其性』❼，這又隨

---

❸　《正蒙》，〈誠明〉第六。

❹　《遺書》，卷6，頁2上。

❹　《語類》，卷4，第六十四條，頁112–113。

❷　同上，第四十三條，頁107。

❸　同上，卷95，第五十五條，頁3861。

❹　同上，第三十九條，頁3851。

❺　《文集》，卷61，〈答嚴時亨〉第一書，頁22下。五行為金、木、水、
　　火、土。

❻　《語類》，卷4，第五十二條，頁109。

❼　《周子全書》，卷1，〈太極圖說〉，頁13。

物各具去了。」❹根據此理論，故人有智愚賢不肖之異，而人與物不同。《大學或問》云：「以其氣而言之，則得其正且通者為人，得其偏且塞者為物。是以或貴或賤而不能齊也。……然其通也，或不能無清濁之異。其正也，或不能無美惡之殊。故其所賦之質清者智而濁者愚，美者賢而惡者不肖，又有不能同者。」❹有人只通得一路，能盡通天下利害而不識義理，或工於技藝而不解讀書。如虎豹只知父子，蜂蟻只知君臣，是皆氣稟所拘❺。孟子所謂「夫物之不齊，物之情也」❺，至朱子乃有哲學之解釋。間或持論太過，難以實證者，如云：「日月清明，氣候和正之時，人生而稟此氣，則為清明渾厚之氣，須做個好人。若是日月昏暗，寒暑反常，皆是天地之戾氣。人若稟此氣，則為不好底人。」❺又如謂：「仙人不是不死，但只是漸漸銷融了不覺耳。……唯有那些清虛之氣，故能升騰變化。」❺若如是則同時同地出世之人，必智愚相若，而實際上不然。仙人只是傳說。升天變形，皆無其事也。

　　朱子主意，乃在變化氣質。「人之為學，卻是要變化氣稟。」❺「人要去其氣質物欲之隔。」❺《孟子集註》云：「蓋氣質所稟雖有不善，而不害性之本善。惟雖本善，而不可以無省察矯揉之功，學者所當深玩也。」❺又云：「須知氣稟之害，要力去用功，克

---

❹　《語類》，卷 94，第七十五條，頁 3780。

❹　《大學或問》，經文，頁 3 上下，總頁 5-6。

❺　《語類》，卷 4，第七十六條，頁 121。

❺　《孟子》，〈滕文公〉第三上，第四章。

❺　《語類》，卷 4，第五十九條，頁 110。

❺　同上，卷 125，第五十九條，頁 4509。

❺　同❺，頁 111。

❺　《語類》，卷 60，第一一四條，頁 2292。

治。」❺蓋觀人氣質之變，可以驗其進道之深淺❺。變化氣質之法，在於為學❺。答門人曰：「所諭變化氣質，方可言學，此意甚善。但如鄙意則以為惟學為能變化氣質耳。若不讀書窮理，主敬存心，而徒斤斤計較於今昨是非之間，恐其勞而無補也。」❻若能明理，則氣質自然變化。或問氣質之偏如何救得？朱子答曰：「若見得大底道理分明，有病痛處，也自會變移不自知，不消得費力。」❻

　　大底道理即是天理。天理明則人欲泯。天理人欲之詞，雖在〈玉山講義〉僅提一次，而在朱子思想系統中佔一重要地位。天理人欲之觀念，上沿《禮記》〈樂記〉篇。張子、程子均甚側重。張子云：「上達反天理，下達徇人欲者歟。」❻大程子明道謂：「天理二字，卻是自家體貼出來。」❻二程子伊川以人欲比「人心」，天理比「道心」，❻朱子繼承其說，而分析精詳❻。朱子解天理為「仁義禮智之總名，仁義禮智便是天理之件數」❻。解人欲云：「人欲不必聲色貨利之娛，宮室觀游之侈也。但存諸心者，小失其道，便是人欲。」❻

---

❺　《孟子集註》，〈告子〉第六上，第六章。

❺　同❻，頁 111。

❺　《語類》，卷 120，第一一一條，頁 4655。

❺　同上，卷 122，第五條，頁 4719。

❻　《文集》，卷 49，〈答王子合〉第一書，頁 1 上。

❻　《語類》，卷 8，第十九條，頁 210。參看卷 118，第五十一條，頁 4553。

❻　同❺。

❻　《外書》，卷 12，頁 4 上。

❻　同上，卷 2，頁 4 上。人心道心出《書經》，〈大禹謨〉，第十五節。

❻　參看拙著《朱子新探索》，頁 255–267，〈朱子論天理人欲〉。

❻　《文集》，卷 40，〈答何叔京〉第二十七書，頁 36 上。

❻　同上，卷 31，〈與劉共父〉第二書，頁 14 下 –15 上。

又曰：「蓋天理中本無人欲，惟其流之有差，遂生出人欲來。」❻❽所
謂本無人欲者，亦即人性本善而無惡，然失其正則流於惡。故欲乃
不正之欲，亦即私欲。或以「慾」字以別之。然「欲」與「慾」通
用，故「人欲」、「私欲」，皆指「慾」。朱子曰：「夫外物之誘人，莫
甚於飲食男女之欲。然推其本則固亦莫非人之所當有而不能無者也。
但於其間自有天理人欲之辨而不可以毫釐之差爾。」❻❾毫釐之差，
並不在飲食男女之有無而在道之得失，故人欲即不正當之欲，非自
然之欲而是自私之欲，蓋「飲食，天理也。要求美味，人欲也」❼❶。

　　程頤之「人心私欲，道心天理」之說，朱子以為，「私欲二字太
重。……蓋心，一也。自其天理備具，隨心發見而言，則謂之道心。
自其所營為謀慮而言，謂之人心。夫營為謀慮，非皆不善也。便謂
之私欲者，蓋只一毫髮不從天理上自然發出，便是私欲」❼❶。如是
「所謂人心私欲者，非若眾人所謂私欲也。但微有一毫把捉的意思，
則雖云本是道心之發，然終未離人心之境也」❼❷。門人問：「前輩多
云道心是天性之心，人心是人欲之心，今如此交互取之，當否？」
朱子答曰：「既是人心如此不好，則須絕滅此身而後道心始明。……
人心是此身有知覺，有嗜欲者，如所謂『我欲仁』❼❸，『從心所
欲』❼❹，『性之欲也，感於物而動』❼❺，此豈能無？但為物誘而至於

---

❻❽　同❻❻，第二十九書，頁 39 下。

❻❾　《大學或問》，第五章，頁 21 下，總頁 42。

❼❶　《語類》，卷 41，第二十二條，頁 1671。

❼❶　《文集》，卷 32，〈問張敬夫〉第三十七書，頁 7 上。

❼❷　同上，卷 42，〈答吳晦叔〉第十一書，頁 20 上。

❼❸　《論語》，〈述而〉第七，第二十九章。

❼❹　同上，〈為政〉第二，第四章。

❼❺　《禮記》，〈樂記〉，第十一節。

陷溺則為害爾。……且以飲食言之，凡饑渴而欲得飲食以充其飽且足者，皆人心也。然必有義理存焉。有可以食，有不可以食。……此道心之正也。」 ❼ 可知朱子亦如孔子，心有所欲，但要循理而已。

　　朱子並不主張絕欲或無欲。註《孟子》〈寡欲〉章云：「欲，如口鼻耳目四支之欲，雖人之所不能無，然多而不節，未有不失其本心者，學者所當戒也。」 ❼ 門人問周先生（周敦頤，1017–1073）說靜與程先生（程頤）說敬，義則同而其意似有異。朱子答曰：「程子是怕人理會不得他靜字意，便似坐禪入定。周子只是『無欲故靜』 ❼ ，其意大抵以靜為主，如禮先而後樂。」 ❼ 周子絕非摒除欲望，惟是主靜，故朱子以禮樂解之。禮樂非無欲明矣。〈延和奏劄〉有云：「心之所主，又有天理人欲之異。二者一分而公私邪正之塗判矣。蓋天理者，此心之本然。循之則其心公而且正。人欲者，此心之疾疢。循之則心私而且邪。」 ❽ 非謂心所欲便是私而邪，只是須辨別天理人欲，使天理勝而人欲滅耳。若謂朱子太過嚴肅，猶有可說。然朱子喜酒好詩，游山玩水 ❽ ，固非壓欲者之流也。

　　以上強調求仁，用敬，變化氣質，復天理而滅人欲，可見修養之大綱。〈玉山講義〉以尊德性道問學為終結，而以尊德性為主。「尊德性而道問學」，語出《中庸》 ❽ 。論者謂淳熙二年乙未

---

❼ 《語類》，卷 62，第四十一條，頁 2361–2363。

❼ 《孟子集註》，〈盡心〉第七下，第三十五章。

❼ 《周子全書》，卷 2，頁 23。

❼ 《語類》，卷 94，第一〇三條，頁 3788。

❽ 《文集》，卷 13，〈延和奏劄〉二，頁 7 下。

❽ 參看拙著《朱子新探索》，頁 113–115，〈朱子之嚴肅〉；頁 130–136，〈朱子之酒興〉。

❽ 《中庸》，第二十七章。參看拙著《朱子新探索》，頁 280–287，〈尊德性

(1175) 朱子與陸象山 (1139–1193) 鵝湖之會，乃因尊德性道問學之不同，以陸主尊德性而朱主道問學。吳澄 (1249–1333) 隱示朱子只重道問學而輕尊德性❽。黃宗羲 (1610–1695) 父子則直以朱子為主道問學❽。其實朱子兩方並重。《中庸章句》註上述之言云：「尊德性，所以存心而極乎道體之大也。道問學，所以致知而盡乎道體之細也。二者修德凝道之大端也。」朱子自認「熹平日所論，卻是問學上多了。……今當反身用力，去短集長，庶幾不墮一邊耳」❽。又云：「某向來說得尊德性一邊輕了，今覺見未是。」❽此乃因其教授生徒與註解經書所致，然立意去短集長，始終未忘二者如車之兩輪，鳥之兩翼也。〈玉山講義〉且謂以尊德性為主，蓋「不尊德性，則懈怠弛慢矣，學問何從而進？」❽、「能尊德性便能道問學，所謂本得而末自順也」❽總之，誠如〈玉山講義〉所云：「要當使之有以交相滋益。」，此即謂兩輪兩翼，未可廢其一也。

　　而道問學〉。

❽　《吳文正公全集》，卷 22，〈尊德性道問學齋記〉，頁 1 下。

❽　《宋元學案》，卷 58，〈象山學案〉，頁 2 上，3 下。

❽　《文集》，卷 54，〈答項平父〉第二書，頁 5 下 –6 上。

❽　《語類》，卷 64，第一四九條，頁 2522。

❽　同上，第一三二條，頁 2517。

❽　同上，第一五二條，頁 2523。

第九章　諸生、精舍與書院

　　朱子仕宦只七年餘，其餘一生家居福建，最喜以授徒為樂。二十四歲至二十七歲為同安主簿，即「諸生相從游者多矣」❶。許升從游最早。升字順之，號存齋，同安人。年十三即從講學。朱子秩滿，復從北歸，淬勵凡六、七年。淳熙十二年乙巳 (1185) 卒，朱子為文祭之，曰：「其後別去二十餘年，中間相見不過一再。」❷《文集》答許順之書二十七通，答其《論》、《孟》、《易》，仁卷子之問，大致贊許，然亦謂其有失之太幽深者❸。

　　同安而後，以至易簀前四日，誨人不倦。某一時期人數若干，學者從未統計研究。其總數姓名則有之。計戴銑（1496 進士）《朱子實紀》三百一十八人。宋端儀 (1447–1501)《考亭淵源錄》三百七十九人。韓國李退溪（李滉，1502–1567）《理學通錄》四百一十一人。朱彝尊 (1623–1709)《經義考》一百三十九人。萬斯同 (1638–1702)《儒林宗派》四百三十三人。黃宗羲 (1610–1695)《宋元學案》二百二十四人。王梓材 (1792–1851) 與馮雲濠（1834 舉人）合纂之《宋元學案補遺》增加二百九十八人，共五百二十二人。朱玉（壯年 1122）《朱子文集大全類編》四百四十二人。數目膨脹，無非濫探，思以誇大朱門而已。諸家未考《語類》，不審師生問答，而遽據通訊謂為門人而實係講友如何鎬 (1128–1175) 者。如是濫作弟子者達一百四十餘人，反而諸書不載而《語類》有問學多條如吳浩者多人。諸書錯漏無數，或籍貫訛亂，或名稱因形音相近而誤，或名字

---

❶　《文集》，卷 87，〈祭許順之文〉，頁 14 下。

❷　同上。

❸　同上，卷 39〈答許順之〉，頁 7 下 –22 下。

互換，或析一人為二人，如此之類，不勝枚舉，尤以《儒林宗派》為然。予思以釐正之，因撰《朱子門人》。結果依《語類》問答之例，共得入門弟子四百六十七人，另未及門而私淑者二十一人，共四百八十八人。其中包括諸書所未載而從《語類》確證其曾有問學而實為弟子者五十二人。此將近五百之數，實為漢代以來所未有。明代王門號稱滿佈天下，然見書牘者不過三百零七人。與朱門比較，僅得五分之三。

此四五百人之中，有兩彥忠，兩謙之，兩一之，三光祖，三性之，三德之，四敬之。朱子未嘗混亂。按《語類》記錄別人用字而自家用名之例，又從問答內容，不難辨別同名是誰。其他問題，亦可詳考。田中謙二從《語類》考得與陳淳同時者二十五人，並各人與陳淳同席次數。最多者為李唐咨，共十一次。此外又有劉砥等三十人之同時同席表❹。更有表列說明陳淳等十三人師事朱子若干次，其中以黃榦八次為最多，廖德明六次次之，萬人傑五次又次之。師事二三四次者共有十人❺。其他二次以上而無表列者尚不在內。唯某一時人數若干，仍未調查。然眾口一詞，謂朱子卜居建陽以後 (1191)，尤其是竹林精舍落成 (1194)，門人大增，且著名弟子皆是此時期之人，而朱子思想，又是晚年定論。故雖此時期確實人數，不得而知。而其最為熱鬧，則可必矣。就以《語類》記錄者姓氏而論，記錄者而不計同錄共九十八人。其中無年期如黃榦者十六人，實得有年期者八十二人。內七人兩年記錄，故記錄有年期增至八十九人。此八十九人之中，由辛亥 (1191) 朱子遷居建陽以至朱子沒年

---

❹　田中謙二，〈朱門弟子師事年考〉，載《東方學報》，第 44 期 (1973)、48 期 (1975)，頁 159–348。

❺　同上，頁 158–319。

連竹林精舍在內者五十八人，比較由最早庚寅 (1170) 記錄以至庚戌 (1190) 共得三十一人，為五與三之比。故謂建陽與竹林精舍最盛，不為過也。以上是某年或某年以後所聞。建陽之前，某年以後所聞者十三人，則其所聞，可能是在建陽時期。更可見竹林精舍前後之旺矣。

　　黃榦 (1152–1221)〈朱子行狀〉云：「摳衣而來，遠自川蜀。」❻即謂來自南宋全國之意。統計福建一百六十四人，浙江八十人，江西七十九人，湖南、安徽各十五人，江蘇、四川各七人，湖北五人，廣東四人，原籍河南、山西各一人。此為里名可知者共三百七十八人。江西七十九人之中，不少先從陸象山 (1139–1193) 而後師事朱子。江西人之從事朱子者遠超乎福建人從事江西陸象山之上。江西雖為陸門之大本營，同時許多學者游於朱陸之間。然棄陸就朱者不少，棄朱就陸，則未之聞。可謂南宋思想由江西南傾福建，而非由福建北傾江西矣。

　　由陸而傾朱者，最著名有包揚 (字顯道)。包為象山門人，嘗詆朱子讀書講學充塞仁義。《宋元學案》以入象山門人〈槐堂諸儒學案〉，實所應爾。然象山卒後，紹熙四年癸丑 (1193) 顯道率其生徒十四人來朱子精舍，執弟子禮。此為集體來學之最顯著者。

　　集體來學者尚有兩端。《宋元學案補遺》引汪佑云：「朱子自閩歸徽，省墓星源 (婺源)，紹興庚午 (1150) 一至，淳熙丙申 (1176) 再至。……執弟子禮者三十人。」❼此三十人未必同時，然趙師端兄弟咸至，則非先後皆獨一人也。紹熙五年甲寅 (1194) 朱子講學於長沙郡齋，是晚請教者七十人。其他人數較少者不必計矣。

---

❻　《勉齋集》，卷 36，〈朱子行狀〉，頁 45 上。

❼　《宋元學案補遺》，卷 69，〈紫陽書院建遷源流記〉，頁 169。

　　與集體相似者，則有父子兄弟同事朱子。父子同事者有九宗，兄弟二人同事者有二三十宗，三人（連從兄弟）同事者十宗，宋宗室後人七從兄弟同事者一宗，甚至三世受業如蔡元定家兩宗。有師事五六七八次者，已如上述。有從游四五十年者。有童年師侍者。有比朱子年長者。有年老不能從游乃遣子往學者。有老病不能卒業，遣子受學者。有乏資不能時見，聞鄉有從輒問者。有裹糧千里而來者。有無財不能進拜者。亦有大富大貴者。有十年願見而卒達目的者。有棄科舉或官而從者。有老友不以門人待之者。有同學於張栻(1133–1180)、呂祖謙(1137–1181)或陸象山者。有先從一人而後從朱子者。有往返必至，至必留月餘者。有不一二歲輒至，至必累月而後歸者。有築廬為居者。有道人一名但無佛徒。其來也，或納贄，或以書求見，或獻文，或獻詩，或因人介紹，或與人同至，或徒步而來。其去也，皆因各人個性以贈言，或勸讀書，或須省閑事，或求放心，或鼓勵鄉試，或勸旅行，或宴別，或贈書❽。

　　朱子宣揚道學，固用專著與書札，授徒則多靠講說。除〈玉山講義〉外無講義，只有《語類》問答記錄一百四十卷，總共一萬四千餘條。最早者為乾道六年庚寅(1170)楊方所聞。最長者有二千四百餘字，答黃義剛、黃榦、林擇之等人井田封建之問❾。最短者只十六字，答或人所問明明德為何❿。以講題論，討論最多者為孟子不動心與知言以養浩然之氣⓫，佔五十四頁⓬。佔全卷者為「克己

---

❽　詳見拙著《朱子新探索》，頁 454–461，〈朱子門人補述〉。

❾　《語類》，卷 90，第四十二條，頁 3647–3654。

❿　同上，卷 14，第六十條，頁 416。

⓫　《孟子》，〈公孫丑〉第二，第二章。

⓬　《語類》，卷 52，第二至一五二條，頁 1951–2005。

復禮為仁」⓭。多是晚年竹林精舍之言，可謂之晚年定論。記錄者
一百零一人，內不知名者四人，同錄者三人，餘皆一人所錄。所錄
有重者。有或詳或略者。或有異者。有詞異而實同者。有異而矛盾
者。由卷一一三至一二〇為訓門人八卷。其中訓陳淳條數最多而長，
遠在訓其他門人之上⓮。諸錄之中，胡適 (1891–1962) 最贊陳淳，
謂其「兩次的記錄最小心，最用功，最能表現朱子說話的神氣，是
最可寶貴的史料」⓯。

　　《語類》幾全為問答，亦有只為朱子或門人之語者。通常門人
有問，朱子答之。間亦以書問，朱子則批答之。有三人或五人討論
而請教於朱子者。每令門人說書，有挑選講，有輪講。最重學生發
問。嘗問學者：「近來全無所問，是在此做甚工夫？」⓰凡有所感，
則厲聲而言，或疾言，或良久且答，或竟笑而不答。答則因人而異。
如輔廣看文字太快，極不仔細。故朱子教以須於主一上做工夫。黃
義剛做事多悔，易為流俗所遷。朱子教以就書上玩味，考究義理⓱。
又如門人問知止。答徐寓則云「真個是得到至善處」。答錢木之則謂
「知止是事物所當止之理」。答游開則謂「知止如射者之於的」。答
林子淵則云「知與行工夫須著並到」。答廖德明則云「譬如喫飯，只
管喫去」⓲。問答雖是時間不同，而朱子熟識門人之個性與景況，

⓭　《論語》，〈顏淵〉第十二，第一章。《語類》，卷 41。

⓮　《語類》，卷 117，第二十四至五十七條，頁 4489–4521。

⓯　胡適，〈語類的歷史〉，載《朱子語類》卷首。

⓰　《語類》，卷 97，第九條，頁 3939。

⓱　同上，卷 110，第二十二至二十三條，頁 4369–4370，卷 116，第七與九
　　條，頁 4443–4444。

⓲　同上，卷 14，第一六六，一六三，一六一，一六九，一七二條，頁 446–
　　450。「知止」出《大學》經文。

則無可否認者也。

　　門人問答，雖以理學為主，而經史子集，無所不談。然亦有少數稍為專門者，如董銖之問禮，陳厚之之問心學，丘膚之問老子，范元裕之問古聖賢，周謨之問性理，林至之問理學，林子淵之問格物，皆縮小範圍，求精不求博。討論多在精舍，或一二人，或三數人，或多至十餘人。《語類》記載，不少有三門人共同請問者。如廖德明、李唐咨與陳淳同問顏子喟然之嘆❶，諸生討論性氣請教❷，與朱子令諸生討論漢唐四子❸。苟通檢《語類》，所得決不止此數。門人所問，以黃榦為最特色。其所問歷舉《論語集義》、《論語集註》朱子所舉諸說，悉舉其名，並述大意。《語類》釋《論語》諸章凡五說至九說❹，似是記憶而來。果爾，則朱子之記憶力，誠是驚人，而黃榦亦頭腦清醒。討論多在晚上舉行。某時用燈籠取光。問亦有客在座。

　　朱子特重有疑。故每有門人意見不同者。如朱子以王安石 (1021-1086) 置回易庫，以求利息，與《周禮》泉府目的相背。潘時舉謂國家費用皆用於此，豈得不取耶？❺此其一例也。方士繇嘗勸朱子少著書。朱子曰：「在世間喫了飯後，全不做得些子事，無道理。」士繇曰：「但發大綱。」朱子曰：「那個毫釐不到，便有差錯。如何可但發大綱？」❻劉炎錄云：「方伯謨（方士繇）以先生教人讀

❶　同上，卷 40，第四十五條，頁 1651-1653。顏子之嘆出《論語》，〈子罕〉第九，第十章。

❷　同上，卷 53，第七十八條，頁 2058-2059。

❸　同上，卷 137，第二十一條，頁 5235-5236。

❹　同上，卷 31 卷 31-32 等條。詳同❽，頁 412 之❻。

❺　同上，卷 130，第三條，頁 4903-4904。

❻　同上，卷 105，第七條，頁 4175。

《集註》為不然。蔡季通丈（蔡元定）亦有此語。且謂四方從學之士，稍自負者，皆不得其門而入，去者亦多。某（劉炎）因從容侍坐，見先生舉似（說明）與學者云：『讀書須是自肯下工夫始得。某向得之甚難，故不敢輕說與人。至於不得已而為註釋者，亦是博採諸先生及前輩之精微，寫出與人看，極是簡要，省了多少工夫。學者又自輕看了，依舊不得力。』……其為學者之心，蓋甚切。」❷⑤元定從游最久。時常過從，互相敬愛。其所云不知是否。

　　《語類》既為門人筆記，不免詮釋引申。《文集》則出自朱子本人手筆。故時間同者，當以《文集》為準。時間《文集》較後者，應以《語類》為是。

　　門人中值得重視者兩人。一為黃榦，一為陳淳。黃榦字直卿，號勉齋先生，諡文肅。福州閩縣（今福建閩侯）人。《宋史》云：「父沒，榦往見清江劉清之 (1139–1195)。清之奇之。……因命受業朱熹。……熹與榦書曰：『吾道益孤矣。所望於賢者不輕。』後遂以其子（第三女）妻榦。……熹作竹林精舍成，遺榦云，有『他時便可請直卿代即講席』之語。及編《禮書》，獨以喪祭二編屬榦。……疾革，以深衣及所著書授榦。手書與訣曰：『吾道之託在此，吾無憾矣。』訃聞，持心喪三年。」❷⑥「吾道之託」之語，見《文集》〈與黃直卿書〉❷⑦。此是朱子易簣前一日所書。書中並云《禮書》希望參考條例，以次修成。深衣之說，王懋竑 (1668–1741) 辨之甚力，謂：「《宋史》言以深衣為寄，考之一無所據。蓋暗用禪家衣缽之說。其為附會無疑。」❷⑧然王氏顯示朱子有微意而黃榦亦知所咐囑。引

---

❷⑤　同上，卷 121，第七十九條，頁 4702。

❷⑥　《宋史》，卷 430，頁 12777–12778，〈黃榦傳〉。

❷⑦　《文集》，卷 29，〈與黃直卿書〉，頁 22 下 –23 上。

黃榦〈辭晦菴先生墓文〉「末年之咐囑，榦獨何人而當此期望之厚耶」之語為據。然此文乃寫在朱子逝世二十一年之後。其時黃榦已六十九歲。文中屢言「咐囑」、「叮嚀」、「大義」、「微言」、「期望」，皆對黃榦一生之學問修養而言，無指為承受道統之意。若謂傳授，則當早已言之，豈待朱子死後二十一載而後言之耶？朱子晚年每言斯道之傳，不絕如線，又慮未有可擔負者。若已屬意黃榦何用嘆息耶？朱子之嘆，乃嘆道學中絕之危，而非無人可以傳授衣鉢也。

黃榦甚貧。朱子曾致書云：「此女得嫁德門事賢者，固為幸甚。但早年失母，闕於禮教，而貧家資遣，不能豐備，深用愧恨。」❷❾答友人書，亦謂黃榦「食貧」❸⓿。黃榦〈噫嘻示兒〉云：「腰折亦無米五斗，餓死安得粱一囊？徒令汝曹困齏鹽，對我面目青且黃。冬寒輕裘不得御，朝饑飲飯不得嘗。……人生窮通固有命，丈夫志氣當自強。」❸❶朱子嘗欲為其壻作一小屋，惟以無錢而止❸❷。

黃榦為朱子作行狀，乃朱子死後十年承朱子季子在之請。俟一、二年後，方敢下筆。「於是追思平日聞見，定為草稿，以求正於四方之師友，如是者十有餘年。」其間抄寫傳遞，商量辯論者屢屢。「一言之善則必從，一言之非則必改。」於是成為一萬六千餘言之大文章❸❸。既成之後，「藏之篋笥，以為未死之前，或有可以更定者，如是又四年」。最後乃遣男日之家廟。從來繕寫行狀之慎，未有如此

❷❽　《朱子年譜》，頁 344。

❷❾　《文集》，續集，卷 1，〈答黃直卿〉第三十四書，頁 10 上。

❸⓿　同上，正集，卷 64，〈答鞏仲至〉第十七書，頁 13 上。

❸❶　《勉齋集》，卷 40，〈噫嘻示兒〉，頁 17 上下。

❸❷　同❷❾，第七十六書，頁 19 下 –20 上；第八十書，頁 20 上下。

❸❸　同❻，全卷。

者。〈行狀〉不特黃榦一人之「百年論定」，而是同門若干人之論定，又是中國以至韓國日本數百年之論定也。全祖望 (1705–1755) 稱黃榦為「有體有用之儒」 ❸，非過獎也。黃榦與李燔並稱「黃李」。蓋李燔再見朱子，朱子令凡諸生未達者，先訪李燔。俟有所發，乃從朱子折衷 ❸。黃榦則同門不敢以師之所傳為別錄，以榦尚在也 ❸。

　　陳淳，字安卿，漳州龍溪人。年二十二，始讀《近思錄》。此後三、四年間又得《四書集註》等書讀之。家窮空甚，乃教鄉黨小童以奉養兩親。年三十一，以秋試赴臨安（杭州），自謂歸經武夷，可赴五夫里從學。然為貧所迫，未能如願。明年紹熙元年庚戌 (1190) 四月，朱子知漳州，淳以侯門如海，遲遲者累月。卒以書並錄舊日自警之章為贄，求見朱子 ❸。因病至十一月十八方拜席下。朱子一見恨晚，謂南來吾道喜得陳淳。翌年朱子除（差）主管南京鴻慶宮，四月二十九日去郡。淳送至同安縣東之沈井舖五月二日而別。別後屢以書請問，朱子以書答之，並屢以書來招。然以菽水不給，歲歲為訓童拘絆，未能一走建陽。八年後 (1199) 乃與其岳父李唐咨同抵建陽之竹林精舍。越年 (1200) 正月五日拜別而歸。兩次從侍，七月有奇耳。

　　被次師侍，朱子屢次訓淳窮究根原來處。再次師侍，則側重下學之功。訓淳諸條，句句親切。諸友入侍坐定，朱子目淳申說。諸生揖退，朱子留淳獨語。屢次召入臥內。行前餞席酒五行。與門人

---

❸　《宋元學案》，卷 63，〈勉齋學案〉，頁 1 上。

❸　同❸，頁 12783，〈李燔傳〉。

❸　同❸，頁 12 下。

❸　《北溪大全集》，卷 5，〈初見晦菴先生書〉，頁 1 上 –4 下。詩見卷 1，頁 1 上。

交，未有如是親密者。淳錄其所聞六百餘條，無所不包。問答亦逾百條。

　　黃榦與陳淳為得意之門生。四五百之中，自然有少數令朱子失望者。楊方往來幾五十年，然每每意見相左，可謂最令愜心之門生。餘如包約、胡大時、徐昭然、陳永奇，亦與朱子和而不同。此是意中之事。然大底親密敬重，如以女妻黃榦，語李唐咨以女妻陳思謙，勸呂煥回家娶親，為吳壽昌寫醉墨。如此之類，皆足以見師生感情，固不限於講論之間也。

　　慶元二年丙辰 (1196) 朝廷攻擊道學甚急，稱為偽學。十二月朱子落職罷祠，蔡元定亦被貶道州（今湖南道縣）。朱子云：「而今卻是平地起這件事出。」　❸州縣捕元定甚急，朱子曰：「不曉何以得罪。」　❹門人不特元定備受迫害。其被排斥者前後不止一人。葉味道對學制策，胡紘（1163 進士）以為偽徒，黜之，因以下第。楊方坐朱子黨，罷官而歸。此外尚必有多宗。情勢日見危險。有勸朱子散分學徒，閉門省事以避禍者。朱子曰：「禍福之來，命也。」　❹泰然處之。然門徒難免畏禍迴避，託辭去歸者。〈行狀〉云：「從游之士，特立不顧者，屏伏丘壑。依阿巽儒者，更名他師，過門不入。甚至變易衣冠，狎遊市肆，以自別其非黨。」　❹朱子謂徐文卿「經年不得渠書。想亦畏偽學污染也」　❹。其甚者，則朱子沒，竟不往弔。

　　如上所述，究屬少數。學徒避去，而輔廣不為所動。朱子贊之

---

❸　《語類》，卷 107，第二十五條，頁 4246。

❹　同上，第三十二條，頁 4245。

❹　同❸，第二十七條，頁 4246。

❹　同❻，頁 37 下。

❹　《文集》，續集，卷 6，〈與趙昌甫書〉，頁 1 下。

曰：「當此時立得腳定者甚難。惟漢卿（輔廣）風力稍勁。」㊸其為遠害思歸者，董銖正色責之，喻以理義。諸生亦翕然以定。畏避者固有其人，而奮勇向前者更多。朱子去國 (1194)，寓西湖靈芝寺。送者少而李杞獨從之。張宗說率僚友送諸武夷，會於精舍。吳昶、黃士毅、劉爚、傅修，走謁精舍，就正所學。鄭可學、曾興宗、林夢得、傅定等執禮益勤，講學不輟。又有寧絕仕途，不屈於權威者，如滕璘等是也。韓侂胄（1207 卒）當國，或勸璘一見可得高官。璘曰：「彼以偽學誣一世儒宗，以邪黨錮天下善士，……顧可謁之以干進乎？」㊹其在官者，則正面對抗，冒險護道。吳必大因屬權指朱子為偽學，遂致仕。權臣移檄令自言非偽學，柴中行不肯，寧不考校。金朋說應薦上狀，敢言素師朱熹，不知為偽，遂解職歸。傅伯成為太常司丞，力言朱熹不可目以偽學。朱子落職罷祠，監察御史吳獵且奏曰：「陛下（寧宗）臨御未數月，今日出一紙去宰相，明日出一紙去諫臣。昨又聞侍講朱熹遽以御批畀祠。中外惶駭，謂事不出於中書，是謂亂政。」㊺其大膽抗議，有如此者。元定之貶也，詹體仁調護之，劉砥兄弟餽贐特厚。朱子沒，正當嚴禁偽學之際，而會葬者幾千人。周謨冒隆寒戴星徒步，偕鄉人受業者往會葬。李燔亦率同門前往。林得遇黃灝均不遠千里而來會。范念德為鑄錢司主管，亦便道與焉，不畏犯上也。由此觀之，威武不屈之精神，朱子如是，門人亦如是。

《考亭淵源錄》末卷以趙師雍、傅伯壽、胡紘為考亭（朱子）叛徒。胡紘並非弟子，恨朱子不待以雞以酒，為疏劾朱子，卒致斷

㊸ 《宋元學案》，卷 64，〈潛庵學案〉，頁 1 上。

㊹ 《考亭淵源錄》，卷 15，頁 4 上下，〈滕璘傳〉。

㊺ 《宋史》，卷 397，頁 12086，〈吳獵傳〉。

截其政治生涯。此是政敵，從未嘗敬守朱子教言，不得云叛。〈行狀〉云：「傅伯壽故家子，嘗執弟子禮。恨不薦己。先生辭次對除修撰也，伯壽行詞有〔大遜如〕慢，〔小遜如〕偽等語。及先生沒，伯壽守建寧，又不以聞。」❻黃榦只言事實，而《淵源錄》竟以叛徒視之，恐不免門戶之見。趙師雍受教於朱陸之門。陸子卒，師雍曾致書朱子，言惜不及見兩論辨有所底止。朱子答之云：「荊門（陸象山）之訃，聞之慘怛。故舊凋落，自為可傷，不計平日議論之異同也。來喻又謂恨不及見其與熹論辨有所底止，此尤可笑。……豈今垂老而肯以其千金易人之弊帚者哉？」❼趙氏致朱子書，今已不存。大概師雍來書狂僭無禮，故復書謂其「傲睨」，又不肯為渠揮墨。想朱子並非無故生氣。然如《宋元學案》所云：「其於朱子，不過意見不盡合。今置之胡紘、傅伯壽之列，則繆矣。」❽誠是公平之論。

　　以上屢提精舍，以下當略述精舍生活情形。朱子先後建造三精舍，即乾道六年庚寅 (1170) 春在福建建陽縣距城十二公里之寒泉塢其母墓側所築之寒泉精舍，淳熙十年癸卯 (1183) 四月在武夷山所築之武夷精舍，與紹興五年甲寅 (1194) 十一月在建陽考亭所築之竹林精舍是也。寒泉精舍之結構，已無可考，即遺址亦難尋覓。但同年在建陽蘆山之顛雲谷所造晦庵，只是草堂，則寒谷精舍必甚簡單，寒泉離五夫里八十公里。中途雖有歇馬站，決不常至。然才至便賓客滿座。曾與友人相處旬日，但恐諸生廢業。又嘗攜二子過寒泉約朋友來敘❾。呂東萊（呂祖謙，1137–1181）留止旬日，共輯《近

❻　同❻，頁 37 上。

❼　《文集》，卷 55，〈答趙然道〉，頁 27 下。

❽　《宋元學案》，卷 77，〈槐堂諸儒學案〉，頁 12 上。

❾　詳拙著《朱子新探索》，頁 142–144。

思錄》，則精舍相當熱鬧，且有常課。《語類》楊方最早記錄 (1170)，
必是寒泉所聞。

　　武夷精舍因有雜詠並序，吾人藉知精舍在武夷山大隱屏峰下兩
麓相揖之中，武夷河九曲之第五曲。地廣數畝，為屋三間。主要者
為仁智堂，自稱堂主。左室為朱子棲息之居，右室以延賓友。別為
兩屋，一以居學者，一以居道流。皆以當地竹木為之。有亭臺，有
茶灶。非魚艇不能入，風景絕佳❺。朱子在此十年，除外任年餘外
實講學於此七年有奇。學子雲集。蔡元定、游九言、劉爚、黃榦、
詹體仁、李閎祖、李方子、葉味道等皆在九曲沿岸擇地築室。今則
只有精舍兩牆之一部及其木窗而已。據朱玉《朱子文集大全類編》，
朱子紹興二十七年丁丑 (1157) 自同安歸，即築室於此。前後往來於
山間達四十年之久。酷愛武夷山水。詠武夷風景詩最多，有云「山
水為留行」，又云「除是人間別有天」❺。學者因其有「憶住潭溪四
十年，……誰教失計遷居繆」❺之句，斷其遷居武夷。潭溪指五夫
里。然從同安歸來至徙建陽考亭，始終住五夫里，有《文集》記載
為據❺。且據《語類》記錄姓氏，魏椿戊申 (1188) 所錄，明言「五
夫所聞」，翌年 (1189) 亦云「當徑走五夫」❺，故謂「卜居屏山下，
俯仰三十秋」❺。屏山者，五夫也。武夷精舍既成，則謂「琴書四
十年，幾作山中客」❺。予疑精舍以前，家眷常住五夫，朱子以武

❺　《文集》，卷9，〈武夷精舍雜詠並序〉，頁2下 –3下。

❺　同上，〈武夷櫂歌〉，頁4上，6上。

❺　同上，〈懷潭溪舊居〉，頁9上。

❺　詳拙著《朱子新探索》，頁140。

❺　《北溪大全集》，卷5，〈初見晦菴先生書〉，頁3下。

❺　《文集》，卷4，〈卜居〉，頁9上。

❺　同❺，頁3下。

夷為後園。常到此遊玩。每逢親友故舊來訪，樂與尋勝。精舍以後
比較長住。張栻謂王阮曰：「當今道在武夷，子盍往求之？」❺張栻
死於淳熙七年庚子 (1180)，則精舍以前，精舍已成學術中心矣。正
因學者足雍集，乃築精舍。著名門人除築室河岸者外，江默、周謨、
林武、林得遇、潘柄、戴蒙，皆是武夷諸生❺。武夷傳說有狐狸精
麗娘來與朱子同居，後經擺渡烏老頭夫婦揭露，遂去。朱子散步花
間，見一死狐狸，乃敬重葬之云❺。朱子影響深入民間如此。

　　建陽之考亭，山水秀麗，朱子之父嘗過此而愛之。朱子紹熙二
年辛亥 (1191) 自漳州歸，即卜居於此。初寓建陽之同繇橋，旋以齋
舍迫狹，遷在佛頂菴中與學者相聚。三年壬子 (1192) 築室於考亭，
稱考亭書堂，以懷念其親。五年甲寅 (1194) 築竹林精舍於所居之
東，以居學者。大概離朱子所居不太近。曾祖道慶元三年丁巳
(1197) 見朱子於考亭，隨後遷入精舍❺。「季通（蔡元定，1135–
1198）被罪，……賀孫（葉味道）退歸精舍告諸友。」❺朱子病篤，
精舍諸生來問疾。朱子起坐曰：「誤諸生遠來。」❺凡此皆實證精舍
為學子所居，且距離非近也。朱子所居有清邃閣。又有靜香堂，不
知在何處。此外有書院，為講學與拜先聖之所。書院可能自為一間，
亦可能在某間之內。大抵諸生之宿舍名精舍，而此精舍與書院又合
稱精舍。精舍與書院兩名，常可互換。

---

❺　《宋史》，卷 395，頁 12053，〈王阮傳〉。
❺　參看拙著《朱子新探索》，頁 480 之❸。
❺　同上，〈朱子與麗娘〉，頁 174–181。
❺　《語類》，卷 116，第三十三條，頁 4460。
❺　同上，卷 107，第二十二條，頁 4244。
❺　《蔡氏九儒書》，卷 6，蔡沈，〈朱文公夢奠記〉，頁 58 上。

諸年譜皆云竹林精舍改名滄洲精舍。《宋元學案》卷六十九名〈滄洲諸儒學案〉，即以此故。予曾考究，證實朱子生前未嘗用滄洲精舍之名。黃榦〈行狀〉與陳淳〈竹林精舍錄後序〉❻❸均用竹林而不用滄洲。意者朱子慶元元年乙卯 (1195) 改號遯翁。因精舍環繞有洲，易簀之前一月，乃自稱滄洲病叟。決無此一月之內病甚而改精舍之名之理。後人因滄洲病叟之名，常稱滄洲而竹林之名以晦。改名之說，非其實也❻❹。

竹林精舍成，朱子遺書黃榦謂「他時便可請直卿代即講席」❻❺。黃榦亦云：「先生歸自講筵，日與諸生論學於竹林精舍，命叔重（董銖）長其事，然後即先生而折衷焉。」❻❻叔重非堂長，而乃主席之類。竹林似無一定課程。隨時問答之外，亦有輪講。朱子且常在晚上說書。諸生或侍坐。或侍食，或問疾。諸生問疾，朱子必正冠坐揖。建陽時期總共九年，比武夷為短。然學子之多，聲譽之隆，則出乎武夷之上。傑出門徒如黃榦、輔廣、陳淳、蔡元定、蔡沈、陳埴輩，皆竹林諸生。

竹林精舍淳祐四年甲辰 (1244) 詔立為書院。現時書院之面積一萬平方米，大部已成菜地。原有之集成殿與朱子祠，均已不存。只餘書院之牆基與門前之石牌而已。建陽文化館現正在修復中。

朱子除建築三精舍外，又重建兩書院。淳熙六年己亥 (1179) 三月到南康任，即命學吏訪白鹿洞書院遺址。因樵夫而知在星子縣廬山五老峰下，距南康十餘里。乃命縣令王仲傑及教授楊大發修復書

❻❸　《北溪大全集》，卷 10，〈竹林精舍錄後序〉，頁 3 下。
❻❹　參看拙著《朱子新探索》，頁 472–477，〈滄洲精舍辨〉，又頁 483。
❻❺　同❻。
❻❻　《勉齋集》，卷 38，〈董縣尉墓誌銘〉，頁 17 下。

院。建屋五間，十月經始，次年三月落成。首奏請皇帝頒賜扁額。自捐地四百八十七畝。七年庚子 (1180) 九月薦楊日新為堂長。為使書院重建本末傳之後代，商之呂祖謙為之記並刻於石。兩者對此甚為慎重，逐段討論，蓋以廬山佛老之祠，以百數計，而南康軍三縣，只得三所。故要迎頭趕上，爭回儒家優勝地位。又以章句之學盛行，教學目的，純在場屋。今應倡明道學，研求義理。

北宋早期書院任務，限於授徒、藏書，與祭聖賢。朱子沿之。授徒初只欲養徒一二十人。畢竟人數若干，不得而知。然朱門人之中，已有十六人肄業於此。朱子又延赴省待補之士二十八人，齊來書院。適值書院放假，可供宿食。此是空前之舉，堪稱現代訪問學者制度之先河。藏書方面，朱子自捐《漢書》，並得諸州所贈若干，復得御賜九經。供祭方面，朱子思立一孔廟，內不塑像，只設牌位。繼南康任者錢聞詩（壯年 1181）主張設像。朱子則謂最多只塑孔子像坐於地下，以免有匍匐就食之嫌。結果錢氏仍塑立像。其後朱子撰〈跪坐拜說〉，敘事之本末，揭於孔廟之門❻❼。

傳統任務之上，朱子增多學規、課程與講學三種功能：⑴學規。朱子以為學目的在乎修己治人。故輯《孟子》、《中庸》、《論語》與董仲舒（約紀元前 176–104）名言以明五教，為學之序，與修身處事接物之要，揭示楣間，是為〈白鹿洞書院揭示〉❻❽。此亦為朱子新創，前所未聞。其徒程端蒙與董銖合撰〈學則〉，以教兒童。饒魯（壯年 1256）合輯〈學規〉、〈學則〉而並揭之。門人相繼提倡。歷代中日巨儒亦仿〈學規〉自為教條。〈學規〉遂為歷史上教育之金規玉律。說者謂學規受佛門〈百丈清規〉之影響。然彼則儀式甚詳，

❻❼　《文集》，卷 68，〈跪坐拜說〉，頁 1 上 –2 下。
❻❽　同上，卷 74，〈白鹿洞書院揭示〉，頁 16 下 –17 下。

此則原則簡單，無關係也。⑵課程。書院所授何課，所用何書，已無可考。以《文集》卷七十四〈白鹿洞書堂策問〉觀之，可知重點在《論》、《孟》。同安時期側重所有儒家經典，今則漸趨專門。⑶講學。朱子公事有暇，每到書院主講。淳熙八年辛丑 (1181) 陸象山來訪，朱子請其為諸生講說。陸氏講《論語》「君子喻於義，小人喻於利」❻❾一章。聽者淚下。朱子刻講義於石。此為膾炙人口之演講。說者謂實是明代會講之先聲，則是過言。蓋會講有組織，成一運動，不能以一人一講為比。然朱子延意見相左之學者致辭，確實開風氣之先。以後黃榦來講「乾」「坤」二卦，吸引南北之士，歷史上不多見也。

朱子南康任滿，諸子設宴餞行。其後又在白鹿講堂之西，立祠供奉，以朱子不許而廢。門人李燔、黃義剛、張洽，明儒胡居仁 (1434–1484) 與王陽明 (1472–1529) 高第蔡宗兗相繼為白鹿書院堂長。陽明捐地。其高第鄒守益 (1491–1562) 並為周敦頤 (1017–1073) 等作傳以教諸生。歷數世紀，白鹿為各地書院之模型。影響歷代教育文化，不可謂淺。

白鹿亦有武夷同樣之傳說，謂有狐狸精變作美麗小娘，服侍朱子。後來又一青蛙精來同居。卒相吵鬧，翌日失蹤。朱子在橋下發見已死之一狐一蛙，遂以禮葬之書院之林下云。

現今書院相當完整。首為午乾門。左右有蓮池。再進為禮聖殿，內有石刻吳道子 (792 卒)〈先師孔子行教像〉。禮聖殿右為明倫堂。堂後有石門，門內小洞有石鹿一隻，所以紀念唐隱士李渤 (773–831) 在此讀書養鹿云。禮聖殿左側園地甚廣，存一百三十許碑刻。園中之丹桂樹，傳為朱子所植。

---

❻❾　《論語》，〈里仁〉第四，第十六章。

朱子修復另一書院，即同負盛名之嶽麓書院。紹熙五年甲寅(1194)朱子知潭州（長沙）。急以重建潭州嶽麓書院為事。首先增加學生十員，供給米飯，並揭白鹿學規。詳與蔡元定商量嶽麓座落。屬門人饒幹設計。到潭三月，奉詔入朝奏事，重建工作經已開始，有無完成，尚乏證據。王懋竑力辯絕無重建，謂〈委教授措置嶽麓書院牒〉未有改建之議⓻。而不知此牒僅關別立員額，與重建無干也。王氏並不信建築湘西精舍。然《嶽麓舊志》明言朱子計畫重建於河旁⓻，不容否認。予疑湘西為書院之宿舍。

朱子確曾講學於原有書院。《語類》云：「先生至嶽麓書院，抽籤子請兩士人講《大學》。語意皆不分明。先生遽止之，乃諭諸生曰：『前人建書院，本以待四方士友相與講學，非止為科舉計。某自到官，甚欲與諸公，相與講明。一江之隔，又多不暇。』」⓻在郡學亦有講學之記載。「甲寅 (1194) 八月三日，（襲）蓋卿以書見先生於長沙郡齋，請隨諸生遇晚聽講。是晚請教者七十餘人。」⓻此雖郡齋，而書院學生參加，是意中事。

至於現時景況，則嶽麓修復最好。現為湖南大學第一院。未入正門即到赫曦臺。此名為朱子所取，正所以象徵朱子在書院歷史中之崇高地位云。正門前進為講堂。其正廳牆壁，紛列木扁石碑。其中「忠孝廉節」四大字，為朱子墨蹟之最大者。亦有類似〈學規〉之石碑。講堂左右為三十書齋。大堂右側原有八景，現在修復中。左側有孔廟，中日戰爭後重建。廟前之石階、石獅、石牆，均是清

⓻　牒載《文集》，卷 100，頁 13 下。王譜同㉓，頁 326。

⓻　《嶽麓志》，卷 3，頁 51 上，〈湘西書院說略〉。

⓻　《語類》，卷 106，第四十二條，頁 4220。

⓻　同上，卷 116，第十三條，頁 4447。

代遺物。前進半里原為御書閣,現則為現代化之辦公大樓。嶽麓書院建設委員會計畫以宋代建築樣式恢復御書閣。在此地區之內尚有許多明代建築,前用以祭禮理學巨儒,今則轉用辦公室與學生宿舍。總之,嶽麓書院比其他學府保存最完善,風景亦最美觀。

尚有同文書院與燕南書院傳為朱子所建,然皆無據,或是後人所立以紀念朱子者。朱子本人除白鹿與嶽麓外,與許多書院有關。至少在六所書院講學,為三書院作記,為一書院作詩並序,為九所書院題額,又在某一書院停留一段長期時間。不計重複,最少與二十四書院有關。其他未見記載或未發現者,固無論矣。

朱子重建書院之初,即有門人效勞。蔡元定、饒幹之於嶽麓,李燔、黃義剛、張洽之充白鹿洞書院堂長,已如上述。尚有林學蒙為道南書院堂長,蔡念誠為延平書院堂長,蔡模為建安書院堂長,鄧邦老為道南書院堂長。講學於白鹿者黃榦以外有林擇之、陳宓與包定。講學於其他書院者有胡安之之於南軒書院,陳埴之於明道書院,與黃榦之於安慶府書院。據《考亭淵源錄》,陳埴主明道書院講席,四方學者,從游數百人。

更能光大朱門者乃門人之建立書院。計有陳宓創立延平書院,輔廣創立傳貽書院,趙師雍築文公書院,鍾震築主一書院,黎貴臣建昭文書院,吳雄建陽坪書院,與私淑門人魏了翁創立鶴山書院。又有門人潘友恭之父創建月林書院,趙善待之孫築鄭山書院,一共九處。可謂成為一強大之書院運動。吾人敢問,若非朱子與朱門為此精舍與書院之運動,我國是否可能變為日本之佛教化?

第十章　朱子之著述

學者通常以《朱子文集》與《朱子語類》為第一手材料。其生平議論，大概皆在於此。

一、《朱子文集》

此書又名《晦庵集》、《朱子大全》等等。正集一百卷為朱子季子在 (1169-?) 所編，續集十卷 (1145) 為王遂所編，別集十一卷為余師魯（壯年 1263）所編。內包括詩千首以上，封事、奏狀、申請、辭免二百七十一，書札約一千八百，雜著一百零七，序六十九，記八十三，跋三百零一，銘、箴、贊等七十二，祝文七十二，祭文四十四，碑文與墓誌銘七十五，行狀、傳、譜七十五，公移一百三十。由二十四歲（紹興二十三年癸酉，1153）至易簀前一日致其門人黃榦 (1152-1221)，一生著述，除專著外，皆備於此。政見以壬申 (1163)、庚子 (1181)、戊申 (1188) 三封事為最重要。故黃榦所撰〈朱子行狀〉與王懋竑 (1668-1741)《朱子年譜》均全載之。詩卷二〈觀書有感〉「半畝方塘」、「源頭活水」之句與卷四比較具有哲學思想之〈齋居感興〉二十首為最有名。學者有指定某地之方塘數處，悉近附會。朱子只抒其靈感而已。書與張栻（字南軒，1133-1180）四十九通與呂東萊（名祖謙，字伯恭，1137-1181）一百零三通，為五百人中最多者。朱子十六世孫朱玉（壯年 1722）類別為《朱子文集大全類編》一百一十卷。先以年譜、〈行狀〉、歷朝褒典等等，後加庭訓、異蹟諸項。

二、《朱子語類》

《語類》為黎靖德（壯年 1263）所編，刊於咸淳六年庚午 (1270)。取數十家所錄，「遺者收之，誤者正之。考其異同而削其複者」（黎靖德序）。分一百四十卷，共約一千四百二十餘條。最長者為卷十六，共二百五十三條。討論《大學》經文。最短者為卷八十八，只有討論《大戴禮記》八條。問答之最長者有二千四百餘字，最短者只十六字。以類編次。先太極天地，繼之以理氣、鬼神、性理。然後小學、為學之方、知行、讀書法、持守、力行。隨以《大學》、《論語》、《孟子》、《中庸》及經書，孔孟周程張子，周程張邵子之書，朱子為學、註書、政事、政論、門人，呂陳葉陸諸儒，老佛，史論，而以雜類與作文終焉。由門人一百零一人記錄。其中以葉賀孫（味道）所錄最多，凡九百八十餘條。所錄多為一人所記，亦有三人同錄者。卷首有〈朱子諸錄姓氏〉，舉其名字與某年或某年以後所聞。

三、《朱子全書》

康熙五十二年癸巳 (1713)，李光地 (1642–1718) 承御命從《語類》與《文集》採若干條，分別門類，為《朱子全書》六十六卷，側重四書、五經，然性理、諸子與論史、論文，亦居三分之一。〈凡例〉云：「今合此二書，撮取精要，……故曰全書也。」《朱子全書》所選之語，《語類》與《文集》異者，當以《文集》為正。《語類》與《文集》同者，當以年期之先後為是。

四、《上蔡語錄》

朱子自幼即聞理學，對謝良佐（字上蔡，1050- 約 1120）發生興趣。蓋其父嘗與羅從彥 (1072-1135) 游，而從彥學於楊時 (1053-1135)。楊與謝為同門友，同為二程（程顥，1032-1085；程頤，1033-1107）之高第也。朱子自述云：「某自少時妄意為學，即賴先生（謝良佐）之言以發其趣。」❶ 又云：「某二十歲前得《上蔡語錄》觀之，初用銀朱畫出合處。及再觀則不同矣。乃用粉筆。三觀，則又用墨筆。數過之後，則全與元看時不同矣。」❷ 故於三十歲（紹興二十九年己卯，1159）成《上蔡語錄》。此為朱子著述之最早者。初得曾恬（壯年 1150）所錄謝語。其中五十條詆程氏。朱子疑而去之。而後乃得江民表（壯年 1101）《辨道》五十言，皆與曾恬作上蔡語無異。朱子論仁思想，對上蔡以仁如桃杏之仁，具有生意，甚為贊揚。惟對上蔡以知覺為仁，則極反對。

五、《論語要義》

六、《論語訓蒙口義》

隆興元年癸未 (1163)，三十四歲，編《論語要義》序云：「熹年十三四時受二程《論語說》于先君。……于是遍求古今諸儒之說，合而編之。……盡刪餘說，獨取二（程）先生及其門人朋友數家之

❶　《文集》，卷 80，〈上蔡先生祠記〉，頁 4 下 –5 上。

❷　《語類》，卷 104，第十二條，頁 4157。

說，補緝訂正，以為一書，目之曰《論語要義》。」❸同年又編《論語訓蒙口義》。其序云：「予既敘次《論語要義》，以備覽觀，又以其訓詁略而義理詳，殆非啟蒙之要。因為刪錄，以成此編。」❹此兩書今皆不傳。

七、《延平答問》

朱子雖從小於理學已有所聞。然自十四歲從學三先生於五夫里。三先生皆於佛老富有同情，而五夫里佛道空氣濃厚。故年十五六時嘗留心於禪❺。後來「自見於此道（禪）未有所得，乃見延平（李侗，1093–1163）」❻。由二十四歲至三十三歲，四見延平。延平教以默坐澄心，求喜怒哀樂未發之前氣象與理一分殊之說。朱子與延平相從，不過數月，故以書札討論為多。計由紹興二十七年丁丑(1157)至隆興元年癸未(1163)。延平死後，朱子編為《延平答問》。後人由《語類》摘其有關延平之語，並加朱子祭文與行狀為〈後錄〉。

八、《困學恐聞》

隆興二年甲申(1164)成《困學恐聞》。其序云：「予嘗以困學名予燕居之室。……目其雜記之編，曰《困學恐聞》，蓋又取夫子路有聞，未之能行，惟恐有聞❼之意。」❽此書今已不存。

---

❸　《文集》，卷75，頁6下–7上。
❹　同上，頁7上下。
❺　《語類》，卷104，第三十八條，頁4166。
❻　同上，第三十七條，頁4164。

九、《程氏遺書》

延平為羅從彥弟子，故朱子為二程經楊時、羅從彥、李侗為四傳，於二程夙有淵源。是以於三十九歲（乾道四年戊子，1168）成《二程遺書》二十五卷，附錄一卷。朱子於目錄後序云：「始諸公各自為書。先生沒而其傳寖廣。然散出並行，無所統一。傳者頗以己意私竊窟易。歷時既久，殆無全篇。熹家有先人舊藏數篇。……最為精善。後益以類訪求，得凡二十五篇。因稍以所聞歲月先後第為此書。」除五篇不知何人所記外，每篇均書明誰人記錄，並指明是明道先生（程顥）或伊川先生（程頤）之語或二先生之語。其二先生語者，間有「明」字或「正」字斷為明道之語或伊川（字正叔）之語。其「二先生」者，則不定為誰，因兄弟二人意見往往相同也。

十、《家禮》

乾道六年庚寅 (1170)，朱子四十一歲。各本年譜此年均有「家禮成」一條，謂朱子居母喪盡禮，築寒泉精舍，「日居墓側。旦望則歸奠几筵。自始死至詳禮。參酌古今，咸盡其變。因成喪祭禮。又推之於冠婚，共為一編，命日《家禮》。既成為一童行竊去。至易簀後其書始出。其間有與先生晚歲之論不合者。黃榦云：『所輯《家禮》，世多用之。然其後亦多損益，未暇更定。』覽者詳擇焉」。朱子〈家禮序〉云：「嘗獨觀古今之籍，因其大體之不可變者而少加損

---

❼　《論語》,〈公冶長〉第五，第十三章。

❽　《文集》,卷 75，頁 9 下。

益於其間，以為一家之書。大抵謹名分，崇愛敬以為之本。至其施行之際，則又略浮文，敦本實。」❾王懋竑《年譜》獨刪此條，而於〈考異〉詳為討論，謂《宋史》本傳以《家禮》入於所編次之中，刪去《古今家祭禮》。故後之人但知有《家禮》，而《古今家祭禮》，遂失其傳。王氏著〈家禮考〉，力辯《家禮》決非朱子之書，以〈家禮序〉中絕不提居喪事。其他問題尚多，故謂所亡者為《祭禮》而非《家禮》。所云《家禮》四卷，乃《儀禮經傳通解》中「家禮」六卷之四云云❿。《四庫全書總目提要》全引之，稱為「考證最明」⓫。然《家禮》自宋以來通行。韓日兩國亦採用之，皆謂朱子所撰。王氏與其他學者之疑，固無傷於其對社會之影響也。

十一、《論語精義》二十卷

十二、《孟子精義》十四卷

乾道八年壬辰 (1172)，朱子四十三歲成此二書。淳熙七年庚子 (1180) 改名《要義》，後又改名《集義》。〈語孟集義序〉曰：「《論》、《孟》之書，學者所以求道之至要。……宋興百年，河洛之間，有二程先生者出，然後斯道之傳有繼。其於孔子孟氏之心，蓋異世而同符也。……既又取夫學之有同於先生者，若橫渠張公（張載，1020–1077）、范氏（范祖禹，1041–1098）、二呂氏（呂希哲，約 1036– 約 1114、呂大臨，1046–1092）、謝氏（謝良佐）、游氏（游

---

❾　同上，頁 17 上。

❿　《朱子年譜》〈考異〉，卷 1，頁 266。

⓫　《四庫全書總目提要》，頁 441。

酢，1053–1123）、楊氏（楊時）、侯氏（侯仲良，壯年 1100）、尹氏
（尹焞，1071–1142），凡九家之說，以附益之，名曰《論孟精
義》。」❷今世刊本，通用此名。《論語精義》與《孟子精義》各有
綱領一編，不入卷數。其後採攝菁華，撰成《語孟集註》。學者或以
《集註》為精，以《精義》為粗。然學生問朱子常讀何書？朱子答
云看《伊川易傳》、《語孟精義》、《程氏遺書》、《近思錄》❸。則在
朱子心目中，《精義》等於《近思錄》矣。當然《精義》不及《集
註》之重要，然亦不可忽視也。

十三、《資治通鑑綱目》五十九卷

　　乾道八年壬辰 (1172)，朱子四十三歲。司馬光 (1019–1086) 撰
《資治通鑑》二百九十四卷，既成又撮其精要之語，別為目錄二十
卷，更著舉要八十卷。朱子以本書太詳，目錄太簡，而舉要詳不能
備首尾，略不可供檢閱。又凡事之首尾詳略，一用平文書寫。雖有
目錄，亦難檢查。且其間如周末諸侯，僭稱王號，而不正其名。漢
丞相亮（諸葛亮，181–234）出師討賊，而反書入寇。是以如〈資
治通鑑綱目序〉所云：「增損櫽括，以就此編。」❹誠如黃榦〈行
狀〉所云：「考論西周以來，至于五代，取司馬公編年之書，繩以
《春秋》紀事之法，綱舉而不繁，目張而不紊。國家之理亂，君臣
之得失，如指諸掌。」❺此書甚費心力，屢經修改。幸得諸生襄助，

---

❷　《文集》，卷 75，頁 19 下 –20 上。
❸　《語類》，卷 104，第三十六條，頁 4405–4406。
❹　《文集》，卷 75，頁 21 下 –22 上。
❺　《勉齋集》，卷 36，〈朱子行狀〉，頁 43 上下。

其中以蔡元定 (1135–1198)、趙師淵〔乾道八年 (1172) 進士〕之力
為多。錢穆考據此書最詳,至宜參考❶❻。

十四、《八朝名臣言行錄》

　　乾道八年又成此書。序云:「余讀近代文集及紀事之書,觀其所
載國朝名臣言行之跡,多有補於世教。然以其散出而無統也,既莫
究見始終表裏之全,而又汨於虛浮詭誕之說。予嘗病之。於是掇取
其要,聚為此錄。」❶❼前集五朝十卷,後集三朝十四卷,故曰八朝。
朱子儵率成書,並不重視。

十五、《西銘解義》

　　乾道八年又成《西銘解義》。王懋竑《朱子年譜》引洪去蕪改訂
本《年譜》(1700) 云:「橫渠張子,學古力行,篤志好禮,為關中士
子宗師。嘗於學堂雙牖,左書〈砭愚〉,右書〈訂頑〉。伊川先生曰:
『是啟爭端。』改曰〈東銘〉、〈西銘〉。伊川先生嘗言:『〈西銘〉理
一而分殊,前聖所未發。與孟子性善養氣之論同功。自孟子後,蓋
未之見。』❶❽遊其門者,必令看《大學》、〈西銘〉。先生至是發明其
義。」❶❾〈西銘〉只二百五十三字,而理學天人一體與理一分殊兩
大宗旨,悉具於此,為我國倫理學史上影響最大之文案。朱子發揮

❶❻　《朱子新學案》,第五冊,頁 120–148。

❶❼　《文集》,卷 75,頁 22 下。

❶❽　《伊川文集》,卷 5,〈答楊時論〈西銘〉書〉,頁 12 下。此處只述其意。

❶❾　《朱子年譜》,卷 1 下,頁 51。

其義，尤重理一分殊，體用無別。十六年後，乃出此解以示人。其審慎如此。朱子註結論曰：「蓋以『乾』為父，以『坤』為母，有生之類，無物不然，所謂理一也。而人物之生，血脈之屬，各親其親，各子其子，則其分亦安得而不殊哉？一統而萬殊，則雖天下一家，中國一人，而不流於兼愛之弊。萬殊而一貫，則雖親疏異情，貴賤異等，而不梏於為我之私。此〈西銘〉之大指也。」❷

十六、《太極圖說解》

乾道九年癸巳 (1173)，朱子四十四歲，成《太極圖說解》。〈太極圖說〉極短，只二百四十九字。周子（周敦頤，1017–1073）得〈太極圖〉於道士。圖本《易經》太極生兩儀而五行而萬物。周子之說，重點在「聖人定之以中正仁義而主靜」，毫無道家鍊丹之色彩。理學重要典籍，如《近思錄》、《性理大全》、《性理精義》，皆以〈太極圖說〉居首。周子曾否傳授〈太極圖〉於二程，成為理學一大公案。二程終身不言太極。朱子則云，二程不傳，蓋未得其人耳。朱子解圖說「無極而太極」為無極即太極。無極只無聲無臭而已，非如道家之有生於無之謂也。此解是否周子原意，不得而知。惟程子言理，張子言氣。朱子不得不釐清理氣之關係。是以表彰周子之〈太極圖說〉，解太極為理，陰陽為氣。太極動靜生陰陽，而理氣關係，至是大明。至淳熙十五年戊申 (1188) 始出《太極圖說解》與《西銘解義》以示學者。朱子〈題太極西銘解後〉云：「近見儒者多議兩書之失。……因出此解。」❷ 兩書西文翻譯已有數種。予亦譯

❷　《張子全書》，卷 1，頁 7 上。
❷　《文集》，卷 82，頁 14 上。

為英文。朱子之註則未及也❷。

十七、《通書解》

　　同年又成《通書解》四十卷。朱子以前〈太極圖說〉並未得學者注意。周子號召，在乎其《通書》。《通書》又名《易通》。以《易經》之「寂然不動」為誠，而申為仁義中正，希賢希聖。朱子注釋，不斷改訂。十四年後至淳熙十四年丁未 (1187) 始定。是年作〈周子通書後記〉云，「大抵推一理二氣五行之分，合以紀綱道體之精微，決道義文辭利祿之取舍，以振起俗學之卑陋。至論所以入德之方，經世之具，又皆親切簡要，不為空言。」❸一九六三年予譯《通書》為英文❹。

十八、《程氏外書》十二卷

　　《二程遺書》五年之後（乾道九年癸巳，1173），朱子以《遺書》不能無遺，於是又取諸集錄，參伍相除，得十二篇，以為《程氏外書》。若干語下加「明道」、「伊川」或「淳」、「正」等字。「淳」指明道之字伯淳也。其外書云者，特以取之之雜或不能審其所自來也。

---

❷　俱見拙譯 *A Source Book in Chinese Philosophy*, pp. 463–465, 497–500 與拙譯 *Reflections on Things at Hand*, sec. 1 and 89。

❸　《文集》，卷 81，頁 28 上。

❹　*A Source Book in Chinese Philosophy*, pp. 465–480.

十九、《伊洛淵源錄》十四卷

同年又成此書，盡載周子以下及程子交游及門弟子言行。廣為搜集資料，又得門人為助。《宋史》亦述伊洛諸儒，然分「道學」、「儒林」兩派，開我國數百年門戶之見。實殊非朱子之所料。

二十、《古今家祭禮》二十卷

淳熙元年甲午 (1174)，朱子四十五歲。王本《年譜》獨有「編次古今家祭禮」一條，其他《年譜》無之。《文集》〈跋古今家祭禮〉云：「右古今家祭禮，熹所纂次，凡十有六篇。」❷❺此書今已不存。《文集》有〈家禮序〉又有〈跋古今家祭禮〉，兩者並非一書甚明。王氏增此一條，未為無據。惟謂《家禮》非朱子書，則嫌太強。或者先後兩書有所增益，未嘗不可能也。

二十一、《近思錄》十四卷

淳熙二年乙未 (1175) 呂東萊三月二十一日由東陽 （浙江金華縣）偕其徒潘景愈〔隆興元年（1163）進士〕來訪朱子。先到朱子所居之五夫里。由此同赴朱子乾道六年庚寅 (1170) 在建陽所築之寒泉精舍。留止月餘，同編《近思錄》。五月五日完畢，一同偕其他友人游武夷山而赴江西鵝湖寺與陸象山 （名九淵，1139–1193） 兄弟相會。至六月八日分手而歸。朱子與呂東萊在寒泉精舍相與讀北宋

❷❺ 《文集》，卷81，頁5下。

四子之書，摘取六百二十二條，成《近思錄》。「近思」蓋取《論語》
「切問而近思」❷之意，以其切於日用也。所選凡周敦頤著述四種，
共十二條，明道四種，共一百六十二條。伊川七種，共三百三十八
條。張子十二種，共一百一十條。通篇以二程子伊川為最多。其《易
傳》以義理發揮其本人思想，與朱子以《易經》為卜筮之用，相背
而馳。而竟取一百零六條之多，蓋以其切於日用也。選語以周子為
先，而以〈太極圖說〉居首，二程兄弟次之，張子為後。張子比二
程年長，應在其前。然朱子以道統由孔孟以至周程，乃是正統。張
子不過道統之旁枝而已。邵雍 (1011–1077) 之數象哲學，道家氣味
太濃，所以不入道統之內。

　　《近思錄》分十四目。在初本無篇目，每卷只言其大綱。朱子
云：「《近思錄》逐篇綱目，一、道體。二、為學大要。三、格物、
窮理。四、存養。五、改過、遷善、克己、復禮。六、齊家之道。
七、出處、進退、辭受之義。八、治國、平天下之道。九、制度。
十、君子處事之方。十一、教學之道。十二、改過及人心疵病。十
三、異端之學。十四、聖賢氣象。」❷其後葉采（壯年 1248）為
《近思錄集解》，乃定篇目為道體、為學、致知、存養、克己、家
道、出處、治體、治法、政事、教學、警戒、異端、觀聖賢十四
目❷。《近思錄》為我國第一本哲學選集。其思想乃朱子本人之哲學
輪廓，亦為以後《性理大全》、《朱子全書》、《性理精義》之典型。

---

❷　《論語》，〈子張〉第十九，第六章。

❷　《語類》，卷 105，第二十四條，頁 4179。

❷　《近思錄》 與葉采之註有德文譯本， 為 Olaf Graf, *Djin si lu, die
　　sungkonfuzianische Summa mit dem Kommentar des YäTsai* (Tokyo: Sophia
　　University, 1953)。

直接間接支配我國思想與社會制度七八百年，影響韓國、日本亦數
百載。朱子嘗云：「《四子》（四書），《六經》之階梯；《近思錄》，
《四子》之階梯。」❷重要之處，可以言喻。數百年來，註釋甚多。
除儒道經書之外，以此為最。計我國二十一種，韓國最少八種，日
本註釋二十四種，另講說、存目、校註與現代日語譯本，不下百數。
西譯有德文、英文❸。繼《近思錄》而後，數百年間，我國有續錄
二十種，韓國所知者有四種。或選朱子之語，或選程門、朱門以及
宋明諸傳之語。皆依《近思錄》例，分十四卷，依十四目❹。

　　《近思錄》為朱子與呂東萊所共輯。言《近思錄》者，每單舉
朱子之名。對於呂氏，固嫌忽略，然兩名並舉，亦未為平。動機、
策劃與書之規模，全屬朱子。觀其道統觀念可知矣。《宋史》〈藝文
志〉亦明言「朱熹呂祖謙編」。然為此錄第一個註家之葉采，雖在其
註解序中並舉兩者之名，而在進書表則單提朱子。以後中國註家多
人，皆不提東萊之名。日本註家，殆皆如此。惟江永 (1681–1762)
（《近思錄集註》）連稱朱呂。《四庫全書總目提要》謂：「講學家力
爭門戶，務黜眾說而定一尊，遂沒祖謙之名，但云『朱子近思錄』。
非其實也。」❸然《提要》謂二者同撰，似無主客之分，則又不可。
二者討論審慎。呂氏貢獻，不為不多。書編成後，仍屢屢通訊，參
詳甚力。朱子初本不要卷一〈道體〉。卒加此章以之為首，想是東萊

---

❷　《語類》，卷 105，第二十二條，頁 4179。

❸　除德文譯本外， 予又譯為英文， 為 *Reflections on Things at Hand* (New
York: Columbia University Press, 1967)。

❹　詳拙著《朱學論集》，頁 163–180 與《朱子新探索》，頁 401，〈近思錄概
述補遺〉。

❸　《四庫全書總目提要》，頁 1901。

之意。是以朱子請其為跋於編末，以明日用躬行者有所依據之意。
張子《易說》「一故神」為東萊所反對，遂不增入。朱子欲加數段說
科舉壞人心術處，東萊不肯。亦有朱子不欲採入而因東萊堅持而卒
加入者。程子《易傳》所選比任何別書為多，諒亦東萊堅持之故。
最低限度，若謂兩人合編，解題亦應說明以朱子為主。

二十二、《陰符經考異》一卷

　　同年朱子序云：「《陰符經》三百言，……以文字氣象言之，必
非古書。然非深於道者，不能作也。大要以至無為宗，以天地文理
為數。謂天下之故，皆自無而生有。人能自有以返無，則宇宙在手
矣。」朱子解〈太極圖說〉之「無極」為無聲無臭，不取道家有生
於無之說。此處竟然其說，誠是可異。《朱子遺書》本有黃瑞節附
錄，採程子、邵子、朱子等人之語。

二十三、《論語集註》十卷

二十四、《孟子集註》十四卷

二十五、《大學章句》

二十六、《中庸章句》

二十七、《論語或問》二十卷

二十八、《孟子或問》十四卷

二十九、《大學或問》

三十、《中庸或問》

淳熙四年丁酉 (1177)，朱子四十八歲。《論孟集註》、《或問》成。《大學章句》、《中庸章句》，亦於此時完成。通稱《四書章句集註》或簡稱《四書集註》。朱子幼受庭訓，熟讀四書。嘗自述云：「孟子所謂弈秋，……某八九歲時，讀《孟子》到此，未嘗不慨然發奮。」❸ 又云：「某少時讀四書，甚辛苦。」❸ 又云：「熹年十三四時受其（《論語》）說於先君。」❸ 又云：「某十五六時讀《中庸》人一己百，人十己千一章 ❸，因見呂與叔（呂大臨）解得此段痛快。讀之未嘗不竦然，警厲奮發。」❸ 又云：「某年十七八時讀《大學》、《中庸》，每早起須誦十遍。今《大學》且可熟讀。」❸ 如是孔孟之學，浸染已久。四十三歲，已成《論》、《孟》精義。今撮《精義》之精華為《集註》、《章句》，發明其詞，使讀者玩味經文，便得其理。又為四書或問以疏其所以去取諸家解說之由。有兩說相似而少異者，相資為用。其二說皆通者，則並存之。《論》、《孟》集註、

❸ 《語類》，卷 121，第十條，頁 467。

❸ 同上，卷 104，第一條，頁 4151。

❸ 《文集》，卷 75，〈論孟要義目錄序〉，頁 6 下。

❸ 《中庸》，第二十章。

❸ 《語類》，卷 4，第四十一條，頁 106。

❸ 同上，卷 16，第二十二條，頁 509。

《學庸章句》徵引諸說，自漢以下至於兩宋，凡五十六家，九百二十三語。其中四十一為宋人，佔八百四十八語。以二程為多。二程及程氏門人佔三分二以上。單就《論語集註》而言，已有三十餘家。《大學》分經傳，以經為孔子之言，傳為曾子所述。於第五〈知本章〉以傳已亡而補之，以釋格物致知之義。取用程子之意，言欲致吾之知，在即物而窮其理。因其已知之理而益窮之，以求至乎其極。至於用力之久，而一旦豁然貫通焉，則物格而知至矣。《大學或問》此章先引程子兩條，以明格物致知所以當先。次引九條，以明格物致知所用力之地與格物致知之方。 然後批評司馬光 、 胡瑗 (993–1059)、程門四子、胡宏 (1106–1161) 等人格物之說。《集註》、《章句》不斷刪改，日益精密。易簀之前三日，猶改《大學》〈誠意章〉。間有與《或問》前後不相應者。朱子云：「某所解《論》、《孟》和訓詁，注在下面。要人精粗本末，字字為咀嚼過。此書某自三十歲便下工夫。到而今改猶未了。不是草草。看者且歸子細。」 **❸❾** 又云：「某於《大學》用工甚多。」 **❹⓿** 又云：「某於《論》、《孟》四十餘年理會。中間逐字稱等，不教偏些子。學者將註處宜子細看。」 **❹❶** 又云：「某《語》、《孟》集註添一字不得，減一字不得。」 **❹❷** 日人大槻信良著《朱子四書集註典據考》，指出四書註釋有新義者一百七十五處 **❹❸** 。

---

❸❾　同上，卷 116，第三十七條，頁 4462。

❹⓿　同上，卷 14，第五十一條，頁 412。

❹❶　同上，卷 19，第六十一條，頁 704。

❹❷　同上，第五十九條，頁 703。

❹❸　《朱子四書集註典據考》，頁 3 以下。

三十一、《詩集傳》八卷

淳熙四年丁酉 (1177) 編成。《文集》有〈詩集傳序〉 ❹❹。此是舊序。其時尚用《詩》之小序。後以漢儒明說小序是衛宏所作。朱子以為不止出於一人之手，而多是兩三手合成一序。大小序均是後人杜撰，妄意推想詩人之美刺。今人不以詩說詩而以序解詩，認為無當。故盡去小序，搜集眾說，以經文為主而訂其序之是非，不用其本人舊序。三百五篇之中，斷定二十四篇為男女情愛之作。此為前人所不敢道。

三十二、《周易本義》十二卷

亦淳熙四年丁酉 (1177) 寫成。是書以上下經為二卷，十翼為十卷。亦名《易經集註》。卷首有〈筮儀〉、〈卦歌〉與九圖，皆非朱子之作，乃後人誤增附入者。《文集》〈書臨漳所刊四經後〉云：「熹嘗以謂《易經》本為卜筮而作，皆因吉凶以示訓戒。故其言雖約而所包甚廣。夫子作傳，亦略舉其一端，以見凡例而已。然自諸儒分經合傳之後，學者便文取義。往往未及玩心全經而遽執傳之一端，以為定說。於是一卦一爻，僅為一事，而《易》之為用，反有所局，而無以通乎天下之故。」❹❺朱子以近世言《易》，直棄卜筮而虛談義理，以致文義牽強而無歸宿。《易》是卜筮之書。卦辭爻辭，無所不包，看人如何用耳。每勸學者先以卜筮占決之意，熟讀經文，求其

---

❹❹　《文集》，卷 76，頁 2 下 –4 上。

❹❺　同上，卷 82，頁 20 下。

本義，莫看注解，然後以傳釋之。斯其命辭之意，與其所自來之故，皆可漸次而見。朱子晚年不滿意於此書，惟未及改訂。故此書終不如四書集註之精當。

三十三、《易學啟蒙》四卷

朱子成《周易本義》九年之後，淳熙十三年丙午 (1186)，朱子五十七歲，又成《易學啟蒙》。序云：「近世學者……其專於文義者，既支離散漫而無所根著。其涉於象數者，又皆牽合傅會，而或以為出於聖人心思智慮之所為也。若是者予竊病焉。因與同志，頗輯舊聞，為書四篇以示初學。」❹❻於是推本孔子經傳中說象數者只有數條，亦採用之，以見孔子所已言者，不過如此。讀者曉得此數條，則於《易》略通大體而象數亦皆有用。書分〈本圖書〉第一，冠以河圖洛書二圖。〈原卦畫〉第二，〈明蓍策〉第三，〈考占變〉第四。附以六十四卦之變為三十二圖。〈易五贊〉（原象、述旨、明筮、稽類、警學），現載《文集》卷八十五，原附《易學啟蒙》後，而編集者多遺之。

三十四、《孝經刊誤》

同年又成《孝經刊誤》，以《孝經》多出後人傅會，因掇取他書之言，可發之旨，別為外傳。以今文本首六章古文本七章為同是一時之言，故合為一章，刪去六十一字。以下為傳，刪去一百五十九字。每節加以解釋，指明傳文詮釋經文之意。

---

❹❻　《文集》，卷 76，頁 17 上。

三十五、《小學》六卷

淳熙十四年丁未 (1187)，朱子五十八歲，成《小學》。書分內外兩篇。內篇分明倫、敬身、稽古（考虞夏商周聖賢行跡）。外篇分嘉言九十一條，善行八十一條。朱子相信古有《小學》一書，今則全書已不可見而雜出於傳記者亦多。因蒐輯經史子集三十二家，三百八十六條，以為此書，為兒童愛親、敬長、隆師、親友之道而為修、齊、治、平之本。或問明倫何以無朋友一條？朱子答以「當時是眾編類來，偶無此爾」 ❹⁷。可見諸生襄理，尤以劉清之 (1139–1195) 負責為多。

三十六、序《大學章句》與《中庸章句》

淳熙十六年己酉 (1189)，朱子六十歲，方序此二書。王懋竑引洪去蕪《年譜》云：「二書定著已久，猶時加竄改不輟。至是以穩洽於心而始序之。……先生微言大義，具見二書序中，尤學者所當盡心也。」 ❹⁸〈中庸章句序〉首用「道統」連詞，述《書經》〈大禹謨〉「人心惟危，道心惟微。惟精惟一，允執厥中」。以後此十六字訣，遂為道統之傳。

---

❹⁷ 《語類》，卷 105，第二十四條，頁 4178。
❹⁸ 《朱子年譜》，卷 3 下，頁 168。

三十七、《中庸輯略》二卷

　　石𡺉〔紹興十五年（1145）進士〕搜集周子二程張子關於《中庸》之語而益以二程門人之說，初名《集解》，淳熙十年癸卯 (1183) 朱子為之序，稱其采掇無遺，條理不紊。越六年，淳熙十六年己酉 (1189)，朱子作〈中庸章句序〉。因重為刪定，更名《輯略》，而仍以《集解》原序冠其首。朱子〈中庸章句序〉云：「既而為定著《章句》一篇，以俟後之君子。而一二同志，復取石氏書刪其繁亂，名以《輯略》，且記所嘗論辨取舍之意，別為《或問》，以附其後。」

三十八、《孟子要略》

　　紹熙三年壬子 (1192)，朱子六十三歲，成《孟子要略》，亦稱《孟子指要》與《孟子要指》。今其書不存。惟《朱子語類》有關於此書之問答數處。王懋竑《朱子年譜》全錄之。

三十九、《儀禮經傳通解》三十七卷，續二十九卷

　　慶元二年丙辰 (1196)，朱子六十七歲。王安石 (1021–1086) 廢罷《儀禮》，獨存《禮記》，棄經任傳，遺本宗末。而博士諸生又不過誦其虛文，以供應舉。於是朱子與學者撰是書，以《儀禮》為經，而取《禮記》及諸經史雜書所載有及於禮者，皆附於本經之下。具列注疏諸儒之說。計有家禮五卷，鄉禮三卷，學禮十一卷，邦國禮五卷，王朝禮十四卷。喪祭二禮，則以規模次第，屬之門人黃榦。

榦僅修喪禮十五卷，其祭禮尚未訂定而沒。其後楊復重修祭禮十四
卷，共六十六卷。

四十、《周易參同契考異》一卷

慶元三年丁巳 (1197)，朱子六十八歲。成《參同契考異》。朱子
〈書周易參同契考異後〉云：此書「詞韻皆古，奧雅難通。……今
合諸本，更相讎正。……其諸同異，因悉存之。」❹每節之下，隨
文詮釋。實皆箋註之體，不盡訂正文字。《朱子遺書》本有黃瑞節附
錄，選朱子數段，並附按語。朱子自署「空同道士鄒訢」。照《四庫
全書總目提要》解釋，鄒本邾國，其後去邑為朱，故以寓姓。《集
韻》「熹」，「虛其」切，「訢」亦「虛其」切，故以寓名。並謂：「殆
以究丹訣非儒者之本務，故託諸庾辭歟？」❺「空同」無知之義，
朱子謙詞也。

四十一、《韓文考異》十卷

同年又成《韓文考異》。序云：「姑考諸本之同異而兼存之。」❺
〈書韓文考異前〉亦云：「悉考眾本之同異而一以文勢義理及他書之
可驗者決之。」❺

---

❹ 《文集》，卷 84，頁 26 下。
❺ 《四庫全書總目提要》，頁 3047。
❺ 《文集》，卷 76，頁 27 下。
❺ 同上，頁 28 上。

四十二、《書集傳》六卷

慶元四年戊午 (1198)，朱子六十九歲。朱子成數篇及親稿百餘段。其他悉口授蔡沉 (1167–1230)，俾足成之。

四十三、《楚辭集註》八卷

慶元五年己未 (1199)，朱子七十歲。朱子以前註釋《楚辭》太重思想與詞句而忽略著者之情意 。 朱子乃選屈原 （紀元前 343–277？）〈離騷〉 二十五首， 並別人十六首， 又從晁補之 (1053–1110) 之〈續離騷〉與〈變離騷〉五十二首，因以前章句注釋，「或以迂滯而遠於性情，或以迫切而害於義理。使原之所為抑鬱而不得伸於當年者，又晦昧而不見白於後世。予於是益有感焉。疾病呻吟之暇，聊據舊編，粗加櫽括，定為《集註》八卷」❸。屈原被放後，忠君愛國，以成〈離騷〉。朱子遭道學之禁，落職罷祠。丞相趙汝愚 (1140–1196) 逃永州（今湖南零陵），途中死於衡州。朱子有懷於此，乃註《楚辭》以見意。易簀前三日尚改《楚辭》一段。

縱觀乾道八年壬辰 (1172)，朱子四十三歲，著書最多，凡四種。由紹興二十九年己卯 (1159) 至淳熙四年丁酉 (1177) 二十年間，朱子由三十歲至四十八歲，為著述活動時期。呂氏寶誥堂集合以上四、七、十一、十二、十九、二十一、二十二、二十七、二十八、三十

---

❸　同上，〈楚辭集註序〉，頁 31 下 –32 上。

三、三十四、三十六、四十，並加《文集》卷七十二之〈雜學辨〉
與《宋史》本傳為《朱子遺書》。

第十一章　朱子之生活

　　朱子原是出於富有之家。其故家在婺源（今屬江西）置有田地。惟其父朱松 (1097-1143) 須質田百畝，方能舉家入閩為宦。及朱松父死，貧不能歸，乃葬其父於福建之南。朱子十四歲喪父，遵父遺命徙福建北部崇安縣五夫里。父執劉子羽 (1097-1146) 為其建屋以居。朱子一生七十一年，除為外宦七年兩個月及在朝四十六日薪俸稍厚以外，前後奉祠二十二年又七個月。此外全靠門徒贄奉，朋友餽贈，及撰寫序跋酬金為活。祠祿甚微，且亦貶值。所入除全家米糧以外，所餘無幾。門徒富家子弟者有之，然門人四百六十七人之中，有官職者只一百三十三人，佔百分之二十八。門人女婿黃榦 (1152-1221) 貧窮至甚。朋友所贈必少，蓋朱子去取極嚴。趙汝愚 (1140-1196) 憫朱子貧乏，嘗割清俸以周之。朱子與書云：「窮老書生，蔬食菜羹，自其常分。……吾未敢虐辱厚意。謹已復授來使，且以歸納。……人參附子，則已敬拜賜矣。」❶朱子所寫序跋墓誌銘等甚多，酬勞相當不少。某次為人作傳，其子以先人所藏《漢書》為酬，朱子轉贈白鹿洞書院。是則此項收入亦屬有限。無怪奏狀書札中，每每稱貧。黃榦〈朱子行狀〉云：「其自奉則衣取蔽體，食取充腹，居止取足以障風雨。人不能堪，而處之裕如也。」❷《宋史》本傳亦云：「簞瓢屢空，晏如也。諸生之自遠而至者，豆飯藜羹，率與之共。往往稱貸於人以給用，而非其道義，則一介不取也。」❸嘗欲為黃榦建小屋，竟未如願。欲立一家廟，亦志未遂。遣子赴浙

❶　《文集》，卷 27，〈與趙帥〉第五書，頁 8 下。

❷　《勉齋集》，卷 36，〈朱子行狀〉，頁 42 上。

❸　《宋史》，卷 429，頁 12767-12768，〈朱熹傳〉。

江金華就學，無資遣人陪行。遷福建中部建陽新建一第，工未畢而囊已空。著述無資雇人抄寫。如此之類，不勝枚舉。大概朱子不善理財，應酬亦大。故張栻 (1133–1180) 勸其撙節，而朱子則饑寒危迫之慮，未嘗一日弛其心。故乾道九年癸巳 (1173) 差臺州崇道觀時，有旨謂「朱熹安貧樂道，廉退可嘉」。

朱子既窮，不能不謀一生路，於是旁及印書。此事〈行狀〉、《宋史》本傳、各本年譜，與論朱子者皆所不提。或以此是小事，或以材料太少。然從《朱子文集》可考見其曾親自排舖校對。大部由其次子埜掌理。門人林擇之（林用中）亦協理財務。擇之管「文字錢」，當是序跋誌銘之酬金。張栻聞其刊小書，提出異議。恐聞者別作想惟，寧別作小生事不妨。然朱子印書，亦所以宣傳道學，不只彌補收入而已也❹。

朱子每言「貧病日侵」、「貧病殊迫」、「貧病支離」、「貧病不足言」。其為一介寒士，人所共知。但其健康如何，諸書亦未細及。然《朱子文集》隨處可見，辭免奏狀，所言尤烈。最早記載為紹興二十九年己卯 (1159)，朱子三十歲，辭免召赴行在（杭州）狀，云：「素有心氣之疾，近數發動。應對思慮，未復故常。」❺此是以病為辭，未必實況。四年之後 (1163) 與其師李侗 (1093–1163) 書謂途中醫士來診，「云無他疾，只是稟受氣弱，失汗多，心血少。氣不升降。上下各為一人」❻，則其體弱可知。及至乾道九年癸巳 (1173) 乞免召命，已謂「復苦腳弱，步履艱難」❼。南康之任 (1179) 勉彊

❹　詳見拙著〈朱子固窮〉一文 (1981)，採入拙著《朱子論集》，頁 220–222。拙作《朱子新探索》，頁 127–129，〈朱子之印務〉，總括之。

❺　《文集》，卷 22，〈辭免召命狀〉，頁 1 上。

❻　同上，卷 24，〈與延平先生書〉，頁 9 下。

扶曳起行。及至十五年戊申 (1188) 奏事延和殿，則「素有足疾，在
道屢作。自入國門，左足先痛，中間小愈，僅能扶持入對。行立稍
久，即覺左足復痛，不能支吾」❽。兩年後，腳氣發動，連及右臂，
以故不能參加錫宴。紹興五年甲寅 (1194) 奏事行宮，拜起極為艱
難。閏十月進講《大學》。經筵後留身奏事。既退，上即降御批，謂
「朕憫卿耆艾，方此隆冬，恐難立講，已除卿宮觀」。此中或有別
因。若謂朱子辭免，志在必得，難免漲大其詞。然答陳亮 (1143–
1194) 書云：「腳氣發動，用藥過冷，今遂大病。」❾答劉光祖
(1142–1222) 亦云：「某足弱氣痛，已半年矣。杖策人扶，僅能略移
跬步。」❿則奏狀所云，非虐語矣。

公事文件側重足弱，想是起跪之故。與朋友書則常言目昏。淳
熙八年辛丑 (1181)，朱子五十三歲，請赴行在奏事，已云「目昏耳
重」⓫。以後每言目昏。答劉子澄（劉清之，1139–1195）謂目力
昏暗，全看文字不得⓬。朱子屢為此言。慶元二年丙辰 (1196) 落職
罷祠以歸，則已左目全盲，其右亦昏，幾全不見物矣⓭。此外臂痛
不能寫字，氣痞不能久伏几案，亦時有之。

以上所述，多在晚年。《文集》卷三十一至三十二答張欽夫（張
栻）四十八書，卷四十三答林擇之三十一書，卷四十答何叔京三十
一書均不提病狀，大概討論學術之故。乾道三年丁亥 (1167) 訪張栻

---

❼　同上，卷 22，〈辭免臺命五〉，頁 4 下。
❽　同上，〈與宰執劄子〉，頁 36 上。
❾　同上，卷 36，〈答陳同甫〉第十書，頁 29 上。
❿　同上，續集，卷 6，〈答劉德脩〉，頁 7 下。
⓫　同上，卷 22，〈除浙東提舉乞奏事狀〉，頁 19 下。
⓬　同上，卷 35，〈答劉子澄〉第九書，頁 18 下。
⓭　同上，卷 53，〈答劉季章〉第四書，頁 4 下。

於長沙，擇之同行。此行為期三四個月。冒雪騎馬游衡山。歸家數日，即登廬山。則此時尚健。淳熙二年乙未 (1175) 呂東萊（呂祖謙，1137–1181）來訪，同在寒泉精舍編《近思錄》。完成後與門人士友游武夷山，然後赴江西信州鵝湖寺與陸象山（陸九淵，1139–1193）兄弟相會。此行約需兩月，精神亦壯。晚年雖是足弱臂痛，目昏耳重，而著書講學如故。真是勞其筋骨，餓其體膚，不能奪其志矣。

志之大者，可云修禮。此為朱子終生願望。年十七八即考訂祭禮。二十四歲為同安主簿，首即定釋奠禮，並申請嚴檢婚娶儀式。四十歲丁母憂，翌年葬母。築精舍日居墓側。朔望則歸奠几筵。同時參酌古今禮儀，撰成喪葬祭禮。嘗欲修〈呂氏鄉約〉鄉儀及約冠婚喪祭之儀，惜未如願。淳熙四年丁酉 (1177) 象山兄弟居喪，以書問朱子既祔之后，主是否應復於寢。朱子此時已是禮儀權威矣。南康任內申請禮部頒降禮書，庶臣民均有禮文可守，並乞增修禮書。戊申 (1188) 封事，力辯宦官主管喪事之非。漳州任內 (1190) 採古喪葬婚娶之儀，揭以示之。禁男女聚僧廬為傳經會及女之未嫁者私設菴舍。紹熙二年辛亥 (1191) 以淳熙六年己亥 (1179) 所頒禮書不備，申請補充施行。五年甲寅 (1194) 在朝，奏論孝宗山陵，申請討論嫡孫承重之服。又爭論廟祧。慶元二年丙辰 (1196) 撰《儀禮經傳通解》。逝世之前一日，致書門人託修禮書。如是整生注目禮儀，再接再厲。

朱子本人最重禮式。〈行狀〉云：「其閒居也，未明而起，深衣幅巾方履，拜於家廟以及先聖。退坐書室，几案必正，書籍器具必整。其飲食也，羹食行列有定位，匕箸舉措有定所。……其祭祀也，事無纖鉅，必誠必敬。小不如儀，則終日不樂。已祭無違禮，則油

然而喜。死喪之威，哀戚備至。飲食衰絰，各稱其情。」❶據《朱子語類》，「先生每日早起，子弟在書院皆先著衫到影堂前擊板，俟先生出。既啟門，先生陞堂，率子弟以次列拜炷香，又拜而退。子弟一人詣土地之祠炷香而拜。隨侍登閣，拜先聖像，方坐書院，受早揖，飲湯少坐，或有請問而去。月朔，影堂薦酒菓，望日，則薦茶。有時物，薦新而後食」❶。

朱子極其虔誠，實是最實踐宗教之人物。在同安、南康、漳州任，屢為文以告先聖。竹林精舍落成，亦告先聖。舉凡一生功業大事，必告先聖。顯然對於孔子有熱烈之宗教信仰而與孔子有個人感情之關係。浙東大旱為災，祈禱山川廟宇求雨多次。漳州亦然。家祭禮儀嚴謹。凡衣服素饌，無不合式。長子死，親自治喪。對於先人墳墓，亦有特殊親切之懷❶。

因其特重禮教，是以態度嚴肅。有學者每相揖畢，輒縮左手袖中。朱子曰：「公常常縮著一隻手，是如何也？似不是舉止模樣。」❶小童添炭，撥開火散亂。朱子曰：「可拂殺了。我不愛人恁地。此便是燒火不敬。所以聖人教小兒灑掃應對，件件要謹。某外家子姪，未論其賢否如何，一出來便齊整。緣是他家長上元初教誨得如此。只一人外居，氣習便不同。」❶《語類》尚有多條，表示其態度之嚴正者❶。

❶ 《勉齋集》，卷36，〈朱子行狀〉，頁41下–42上。
❶ 《語類》，卷107，第五十三條，頁4252。又見拙著《朱學論集》，頁191。
❶ 參看拙著〈朱子之宗教實踐〉，載《朱學論集》，頁181–204。
❶ 《語類》，卷121，第一〇三條，頁4715。
❶ 同上，卷7，第十七條，頁203。
❶ 參看《朱子新探索》，頁113–115，〈朱子之嚴肅〉。

　　所謂嚴肅，並非絕不詼諧。最顯著者為與門人吳壽昌開玩笑。
壽昌好禪，嘗謁佛者疏山。《語類》有一段記載云：「先生問壽昌：
『子見疏山有何所得？』對曰：『那個且拈歸一壁去。』曰：『是會
了拈歸一壁，是不會了拈歸一壁？』壽昌欲對『總在裏許』，然當時
不曾敢應。會先生為壽昌題手中扇云：『長憶江南三月裏，鷓鴣啼處
百花香。』執筆視壽昌曰：『會麼？會也不會？』壽昌對曰：『總在
裏許。』」❷為壽昌本人所錄。朱子對門人之傾於禪者，殊不客
氣。獨於壽昌則處之泰然。幾若壽昌是其幽默之對象。某日壽昌問
鳶飛魚躍，何故仁在其中？朱子良久微笑曰：「公好禪，這個亦略似
禪，試將禪來說看。」壽昌對曰：「不敢。」朱子曰：「莫是『雲在
青天水在瓶』麼？」壽昌又不敢對。朱子曰：「不妨試說看。」壽昌
曰：「渠今正是我，我且不是渠。」朱子曰：「何不道『我今正是
渠』？」既而又曰：「須是將《中庸》其餘處，一一理會，令教子細。
到這個田地時，只恁地輕輕拈掇過，便自然理會得，更無所疑，亦
不著問人。」❷

　　朱子數百門人中，以陳淳 (1159–1223) 知之最深。淳之敘述云：
「望之儼然而可畏，即之溫然而可親。其接人也，終日怡悅，薰然
如春風之和而可挹。事有所不可，則其斷之也，雷霆之威，又凜然
而不可犯。」❷則其或笑或怒，亦至自然。或微笑，或良久乃笑，
或說至某處方笑。《語類》載其笑處總在十次以上。反之，記其怒
者，只三四次而已。《語類》載：朱子氣疾作，諸生連日皆無問難。
一夕遣介召入臥內，諸生亦無所請。朱子怒曰：「諸公恁地閑坐時，

---

❷　《語類》，卷 118，第八十七條，頁 4566。
❷　同上，第八十條，頁 4565。
❷　《北溪大全集》，卷 17，〈侍講待制朱先生敘述〉，頁 4 上。

是怎生地。恁地便歸去強，不消得恁地遠來。」❷❸朱子鼓勵門人好問，病中亦講學不休。門人或因朱子氣作，不敢擾其寧靜，而不知朱子不以氣作之故，不容其教學之精神稍懈也。此次大發脾氣，實所少見。

朱子教學，是其最快樂處。閒情逸趣，則在旅游與詩酒之興。旅游方式或乘舟，或騎馬，或走路，或用車。惟乘轎除同安主簿以外，未有所聞。答門人居敬窮理之問，謂譬如出路要乘轎便乘轎。可知原則上並非反對以人代畜。

遊覽之著名者，一為衡山之遊，一為廬山之遊。乾道三年丁亥(1167)攜門人范念德訪張南軒（張栻）於長沙。門人林擇之來會。十一月六日自長沙渡湘水。十二日湘潭彪德美來參加。遇風雪謂不能登山。南軒與朱子決冒風雪以登。翌日德美以怯寒辭歸。是日三人聯騎登山。十五日胡廣仲（胡實）、范念德來會。十六下山。十九離南嶽。二十三日至樵州（株州）。次日話別。由十日至十六日，朱張與林三人唱詠凡一百四十九首，輯為《南嶽唱酬集》。此行穿林踏雪。或訪寒泉，或尋古剎。上祝融峰，下望洞庭湖。張栻有〈南嶽唱酬序〉，記述甚詳❷❹。離樵州後，據朱子自述云：「蓋自樵州歷宜春，汎清江，泊豫章，涉饒信之境。繚繞數千里。首尾二十八，然後至於崇安。」❷❺即十二月二十也。

廬山之遊，在淳熙八年辛丑(1181)離南康任東歸之時。《文集》〈山北紀行〉註解甚多。從註解得知朱子閏三月二十七日罷郡。二十八宿白鹿洞書院。二十九日登黃雲觀，度三峽，窺玉淵，憩西澗，

---

❷❸　《語類》，卷 121，第一〇六條，頁 4716。

❷❹　《南軒先生文集》，卷 15，《南嶽唱酬集》，頁 1 上 –3 下，總頁 505–510。

❷❺　《文集》，卷 75，〈東歸亂藁序〉，頁 17 下。

飲西原，宿臥龍。四月三日門人友輩黃榦、劉清之等十六人並會稽僧一人來會，相與俱行。沿途訪圓通等寺，過天池院，有遊人請燈處。僧云燈非禱不見。是日不禱而光景明滅。諸生或疑。朱子曰：「僧言則妄，而此光不可誣。豈地氣之盛而然耶？」五日下山，至東西林兩寺。是日題名，屬僧刻石。晚至太平興國宮。江州教授翁名卿載酒肴與鄉人及其諸生二十餘人皆至。「北度石塘橋，西訪濂溪宅。喬木無遺株，虛堂唯四壁。竦瞻德容晬，跪薦寒流碧。幸矣有斯人，渾淪再開闢。」蓋謂濂溪（周敦頤，1017–1073），傳〈太極圖〉，為〈太極圖說〉，無極而太極，亦即渾淪而陰陽五行，萬物化生也。六日拜濂溪先生書堂遺像。劉清之請為諸生說〈太極圖〉義。濂溪曾孫正卿、彥卿、玄孫濤為設食於光風霽月之亭。七日薛洪與王仲傑攜酒自南康來。飲罷分手而歸。「孰是十日遊，遽成千里別。」❷⑥

　　鵝湖之行，亦為學者所樂道。然紹熙二年乙未 (1175) 之會，乃朱子與陸象山謀為互相結識。辯論數日，結果象山以朱子為支離，朱子以象山為太簡，不歡而散。絕無遊覽之可言，亦無詩詠。只朱子與呂祖謙等九人於未赴鵝湖寺前，遊武夷山。朱子於六曲響聲巖書三十九字摩崖刻石，以留紀念，可助遊興而已。待至八年辛丑 (1181) 象山訪朱子於南康，相與泛舟為樂。朱子曰：「自有宇宙以來，已有此溪山。還有此佳客否？」❷⑦

　　此外朱子游蹤，散佈於江西、浙江、湖南、廣東等地，不知凡幾。福建更無論矣。到處題詩揮墨，存者尚多。《文集》詩一千二百餘首，以遊詠居首。有〈城南二十詠〉、〈廬山十四詠〉、〈雲谷二十

❷⑥　同上，卷 7，〈山北紀行〉，頁 15 下 –17 上。

❷⑦　《象山全集》，卷 36，〈年譜〉，頁 10 下。

六詠〉、〈武夷七詠〉、〈武夷九曲櫂歌〉。題宿寺菴，亦有若干。

　　遊覽之樂，為其作詩之一大原因。《朱子文集》首十卷，皆載其詩，佔十分之一。計七百三十一題，一千二百三十首。五言七言為多，回文聯句，亦各有二首。逸詩陸續出現，真假不明。次韻（和韻）甚多。次韻劉秀野者九十首，次韻門人林擇之者五十一首，次韻張栻者四十二首❷❸。後二者多是游衡山相詠之作。劉秀野即劉韞。喜作詩。致仕後築室於崇安縣南，常與朱子酬唱。朱子游詠之詩，以卷七〈山北紀行〉為有名。卷九〈武夷櫂歌十首〉，傳誦甚廣。詩之紀事與發揮思想者甚少。卷四〈齋居感興二十首〉總括其宇宙觀與人生觀，實所罕見。學者討論最熱者有二。一為卷二〈送籍溪胡丈赴館供職二首〉與〈寄籍溪胡丈及劉恭父二首〉。此是朱子二十九歲所作。蓋朱子之師胡憲（世稱籍溪先生，1086-1162）年已七十餘，由司直改正字。將就職。門人皆疑其行。諸年譜皆云朱子為詩送之，有云：「只恐先生袖手歸。」其後又寄詩，有云：「浮雲一任閑舒卷，萬古青山只麼青。」年譜皆以為諷。此是莫大冤枉。朱子自云：「熹臥病山間，親友仕於朝者，以書見招。熹戲以兩詩代書報之。」❷❾是此兩詩非寄胡憲，而且並無諷意，只謂非籍溪行道之時，即所以自道也。

　　一為卷四〈鵝湖寺和陸子壽一首〉，其詞如下：

　　　德義風流夙所欽　　別離三載更關心
　　　偶扶藜杖出寒谷　　又枉藍輿度遠岑

---

❷❸　此處統計與詩題數目與詩之總數均依申美子，《朱子詩中的思想研究》，頁8、17。

❷❾　《文集》，卷81，〈跋胡五峰詩〉，頁2下。

舊學商量加邃密　新知培養轉深沉

卻愁說到無言處　不信人間有古今

此詩題目應改為〈和陸子壽鵝湖寺一首〉，因淳熙二年乙未 (1175) 朱陸在信州鵝湖寺相會之時，子壽有詩云：

孩提知愛長知欽　古聖相傳只此心

大抵有基方築室　未聞無址忽成岑

留情傳註翻蓁塞　著意精微轉陸沉

珍重友朋相切琢　須知至樂在于今

《象山全集》謂：「元晦歸後三年乃和前詩。」❸是則朱子此詩作於淳熙五年戊戌 (1178) 也。惟王懋竑 (1668–1741) 謂此詩實作於六年己亥 (1179) 朱子赴南康任，候命於信州鉛山子壽來訪之時，謂：「鵝湖之會在乙未，鉛山之訪在己亥，中間隔丙申、丁酉、戊戌三年，故曰三載。」❸此說未免太強，朱子何不直言五載耶？而學者多從之。王氏又謂：「子壽之來承鵝湖言，故曰又枉。若在鵝湖，則又字下不得也。」❸此亦強解。「又」字對上句「偶」字而言，純為行文之便。朱子在鉛山候命，非偶然而來也。且「不信人間有古今」之語，乃批評子壽詩中「至樂在于今」之語。朱子斷無待子壽來訪，方和其詩以批評之也。

最著名之詩，無疑是卷二〈觀書有感二首〉。詞如下：

---

❸　同❷，頁 8 下。

❸　《朱子年譜》，〈考異〉，卷 2，頁 285。

❸　同上。

半畝方塘一鑑開　　天光雲影共徘徊
問渠那得清如許　　為有源頭活水來

昨夜江邊春水生　　蒙衝巨艦一毛輕
向來枉費推移力　　此日中流自在行

學者每單舉首絕，便指定方塘在某某地方，而不知朱子只觀書有感，往日推移，今則自在而已。致門人許順之（許升，1185 卒）書云「心閒無事，得一意體驗。比之舊日，漸覺明快」，乃舉此絕❸❸。觀此可知矣。此種體驗，隨地皆可，固不必指定為某處方塘也。至於作此詩之年，則尚待研究。

　　朱子早年有心於禪，故早年之詩，富有佛道氣味。三十以後，則只與僧道應酬而已。錢穆評朱子詩云：「晦翁詩澹雅淳古，上規選體。跨越宋唐，卓然不倫。以詩人標準言之，晦翁亦為巨擘。」❸❹誠不磨之論。

　　吟詩飲酒，文人之常。朱子亦嗜酒。或獨飲，或與人共飲。飲一杯或數杯。詩中以酒為題者為數不少。從其詩中得知其隨時隨處可飲。有詩云：「白酒頻斟當啜茶，何妨一醉野人家。」❸❺則酒量不淺矣。所謂一醉，當然是小醉。小醉則吟詩，大醉則臥睡。據門人吳壽昌，「先生每觀一水一石，一草一木，稍清陰處，竟日目不瞬。飲酒不過兩三行，又移一處。大醉則趺坐，高拱經史子集之餘，雖記錄雜說，舉輒成誦。微醺則吟哦古文，氣調清壯。某所聞見，則

❸❸　《文集》，卷 39，〈答許順之〉第十一書，頁 15 上下。
❸❹　錢穆，《理學六家詩鈔》自序。
❸❺　《文集》，卷 5，〈次擇之世賢道中〉，頁 17 上。

先生每愛誦屈原（紀元前 343–277？）〈楚辭〉，孔明（諸葛亮）〈出師表〉，淵明（陶潛，365–427）〈歸去來〉並詩，並杜子美（杜甫，712–770）數詩而已。」❸❻ 嘗歸婺源省墓，「時董琦侍朱子於鄉人之坐。酒酣，坐客以次歌頌。朱子獨歌〈離騷經〉一章，音吐鴻暢，坐客竦然。」❸❼ 南軒對於朱子之高歌，曾有書規勸，謂：「來者多云會聚之間，酒酣氣張，悲歌慷慨，如此等類，恐皆平時血氣之習，未能消磨者，不可作小病看。」❸❽ 南軒誤聽傳聞，以為朱子飲酒以至於亂。然朱子決不至於亂也。婺源有五通廟，鄉人以為最靈。鄉人迫朱子前往致敬。朱子不肯。是夜與鄉人乍飲，皆動臟腑終夜，鄉人以為是不謁廟之故。朱子曰：「某幸歸此，去祖墓甚近。若能為禍福，請即葬某於祖墓之旁甚便。」❸❾ 可見酒能動其腑臟而不能動其心也。

　　朱子少年曾止酒。答南軒云：「近日一種向外走作，心悅之而不能自已者，皆準止酒例，戒而絕之，似覺省事。」❹⓪ 晚年亦戒。卷三〈家釀〉注云「熹近戒酒」。詩言「鬚白」，故知晚年❹❶。然戒不是全戒，只是「為酒無量，不及亂」❹❷ 而已。

　　壽昌承朱子小醉，請求醉墨。朱子為作大字小字與之。朱子生平到處揮毫。現存真蹟，石刻、木刻散佈於浙江、江西、湖南、福建者為數甚多，拓本通行❹❸。朱子所書之最精者為《易》〈繫辭〉上

❸❻　《語類》，卷 107，第五十二條，頁 4252。

❸❼　葉公回，《朱子年譜》，卷中首，頁 5 下，總頁 64。

❸❽　《南軒先生文集》，卷 20，〈答朱元晦秘書〉第十一書，頁 11 上。

❸❾　《語類》，卷 3，第七十九條，頁 85。

❹⓪　《文集》，卷 31，〈答張敬夫〉第二十七書，頁 14 下。

❹❶　同上，卷 3，〈家釀〉，頁 15 下。

❹❷　《論語》，〈鄉黨〉第十，第八章。

下傳與〈說卦〉十四幅，每幅四行八字。必是乾道三年丁亥 (1167)
訪南軒於長沙時所書。原刻於湖南常德府學。錢大昕 (1728–1804)
評拓本云：「筆法險勁，精采四射，殊可喜也。」**❹❹**真蹟原存故宮，
後流失日本，現藏臺北故宮博物院。山西大同華嚴寺有石刻，北京
大學有拓本。書法最大者為「忠孝廉節」四字，高一六九厘米，寬
一二二厘米，亦為訪南軒時所書。現存石碑在長沙湖南大學中心，
亦即嶽麓書院中心之講堂。嵌左右壁，故又名忠孝廉節堂。此外武
夷山、福州鼓山等處墨蹟無數。其中有仿筆者，有顯非朱子手筆者。

　　朱子揮毫之外，曾繪張栻、呂祖謙等六先生像並為之贊。又繪
諸葛武侯（諸葛亮，181–234）於在廬山所築之臥龍菴中。亦曾模
尹和靖（尹焞，1071–1142）之父之遺像。〈行狀〉云：「文詞字畫，
騷人才士，疲精竭神，嘗患其難。至先生未嘗用意，而亦皆動中規
繩，可為世法。」**❹❺**門人李方子（1214 進士）亦云：「外至文章字
畫，亦皆高絕一世。蓋其包涵停蓄，溥博淵泉，故其出之者自若其
無窮也。」**❹❻**朱子所畫，必不限於肖像。惜畫蹟今已失傳。大概明
代尚存。陳繼儒 (1558–1639) 云：「朱紫陽（朱子）畫，深得吳道子
（792 卒）筆法。」**❹❼**蓋指其未嘗用意而動焉中矩也。

　　盛傳朱子六十一歲，對鏡自像，並作贊以自警。查慶元六年庚
申 (1200) 二月南城吳氏社倉為朱子寫真。朱子題其上曰：「蒼顏已

---

❹❸　詳見拙著《朱子新探索》，頁 684–726，〈朱子墨蹟〉條，與高令印，《朱
　　子事蹟考》，頁 161–300。

❹❹　《金石文跋尾》，卷 16，〈朱文公書〉，頁 12 下。

❹❺　《勉齋集》，卷 36，〈朱子行狀〉，頁 45 下。

❹❻　〈朱子事實〉，載戴銑，《朱子實紀》，卷 10，頁 18 上，總頁 513。

❹❼　《太平清話》，卷 3，頁 5 下。

是十年前，把鏡回看一悵然。」❹此詩歷代傳誦。其更為著名者，乃其〈書畫象自警〉贊。贊謂「從容乎禮法之場，沉潛乎仁義之府」云云❹。此贊無年月，亦不知所指之像為何。說者將朱子題詞「十年前」之語，上溯十年，為朱子六十一歲。又因「把鏡回看」之語，以為自像。再加自警贊，遂成六十一歲對鏡自像自警之傳說。現存石刻朱子自像，至少六塊，皆存福建。形容筆勢各有不同，皆稱對鏡自像。朱子既能畫人之像，則對鏡自像，亦屬可能。自像而自警，亦至自然。不過對鏡自像是否真有其事？其時是否六十一歲？何像為真？自警贊是否為此像而作？尚有待於專家之考究耳。

---

❹　《文集》，卷9，〈南城吳氏社倉書樓為余寫真〉，頁14下。

❹　同上，卷85，〈書畫象自警〉，頁11上。

第十二章　朱子之政績

同　安

紹興二十一年辛未 (1151)，朱子二十二歲。春銓試中等，即授以左迪郎並派為福建南部同安縣主簿。二十三年癸酉 (1153) 七月到任。同安縣屬泉州，在州西一百三十五里。宋制階官分左右。文臣為左，餘人為右。迪功郎乃文官三十七級之最低者。縣之長官高級者為縣令，次為縣丞。主簿為屬官，在令丞之下，掌出納官物，銷注簿書。凡縣不置丞者，則主簿並縣丞之事❶。同安縣此時似無縣令或縣丞，因朱子並未提及。而諸年譜傳記亦無言。惟朱子〈射圃記〉云「令丞以下」❷，實不可解。俸祿主簿有四等，由十二千至七千❸。迪功郎料錢一十二貫（一千文）。主簿廨皆老屋，獨西北隅一軒尚為亢爽，乃更名高士軒。黃榦 (1152–1221)〈朱子行狀〉云：「涖職勤敏，纖悉必親。」❹朱子自述云：「逐日點對僉押，以免吏人作弊。」又云：「每點追稅，必先期曉示。」❺又致友人書云：「每縣中有送來整理者，必了於一日之中。蓋不如此，則村民有宿食廢業之患，而市人富家得以持久困之，使不敢伸理。」❻

職兼縣學，故教育方面成就特多。選邑之秀民充弟子員，親加

---

❶　《宋史》，卷 167，〈職官〉七，頁 3978。

❷　《文集》，卷 77，〈射圃記〉，頁 2 上。

❸　《宋史》，卷 171，〈職官〉十一，頁 4108。

❹　《勉齋集》，卷 36，〈朱子行狀〉，頁 2 上。

❺　《語類》，卷 106，第一至二條，頁 193。

❻　《文集》，卷 43，〈答陳明仲〉第九書，頁 4 上。

督屬。敦請本縣徐應中與王賓兩進士赴學，待以賓客之禮。又請進士柯翰為直學，以為生徒率勵。屢出諭曉示諸生須於科舉之外，為理義養心之學。縣學補試出題三十二條，問經、子、禮制、科舉、學校、行政、瑞應、老莊等題。縣學原有四齋，今復其舊，更名「志道」、「據德」、「依仁」、「游藝」。

縣學無書。故二十五年乙亥 (1155) 正月檄請大都督府贈書，得九百八十五卷，建經史閣以藏之。經史閣上梁，為文以告先聖。其後又從學中官書一匭，得六種，凡一百九十一卷。又從民間募取二種，凡三十六卷。

朱子率縣學諸生行鄉飲禮，並為文以告先聖。以縣學釋奠舊例，只人吏行事，乃取歷代典禮，更相參考，畫成禮儀等圖，俾執事學生，朝夕觀覽，臨事無舛。又以縣無婚姻之禮，或至奔誘，乃申請知州禁止，並檢會婚儀，約束施行。

同年立故丞相蘇公祠於學宮。蘇公名頌，字子容 (1020–1101)。元祐 (1086–1093) 時為相。學術風節，為世所稱。本同安人，因宦始寓丹陽 （今安徽當塗縣）。朱子之時，忠義滎陽二坊故宅基地尚存。故就縣學空地造祠，以資激屬。

是年夏，縣有警。〈射圃記〉云：「令丞以下，部吏士分城以守，而曹侯❼與予備西北。……相與相城之隅，得隙地斥以為射圃。……屬其徒日射其間。其後盜雖已潰去，圃因不廢，間往射如初。」❽

二十六年丙子 (1156) 秋七月秩滿。代者不至，冬奉檄走旁郡，乃送老母與兩幼兒返崇安。旁郡指漳州，亦可能到泉州各縣。予謂此數月之間，或會前赴廣東揭陽，得與大慧禪師 (1089–1163) 在梅

---

❼　監鹽稅曹侯，名沇，字德廣。

❽　《文集》，卷 77，〈射圃記〉，頁 2 上下。

州或潮州相會❾。二十七年丁丑 (1157) 春還同安，而廨署已摧壓而
不可入。因假醫士陳良傑之館居焉，名其居為畏壘菴，六月十一為
之記。諸年譜云：「其去也，士思其教，民懷其惠，相與立祠於學
宮」。各朱子年譜云：「先生自同安歸，彌樂其道，其於仕進泊如
也。」以後二十年，靠祠祿為生，居家專意講學。二十九年己卯
(1159) 八月，以執政陳康伯 (1097–1165) 薦，召赴行在（杭州）。會
言路有沮之者，堅辭不往。三十二年壬午 (1162) 六月，孝宗即位，
詔求直言。因上封事，略言格致誠正，不可與金人和。隆興元年癸
未 (1163) 十一月，奏事垂拱殿。一奏致知格物。二奏復仇之義。三
奏言路壅塞之害。除（差）武學博士，待次（候職）。乾道元年乙酉
(1165) 至行在，促就職，以執政錢端禮 (1109–1177) 方主和議，不
合，乃請祠。復差南嶽廟。數年之間，屢召不出。安貧樂道，怡怡
如也。

南　康

　　淳熙五年戊戌 (1178)，朱子四十九歲。以丞相史浩 (1106–
1194) 及陳俊卿 (1113–1186) 過關力薦，八月差以宣教郎知南康軍兼
軍內勸農事。南康在江西，管星子、都昌、建昌三縣。宣教郎為文
官第二十六級。朱子兩辭及請祠。十二月省趣赴任。六年己亥
(1179) 正月又請祠。呂祖謙 (1137–1181) 與張栻 (1133–1180) 均勸其
出仕。乃於正月二十五日啟行。至江西鉛山候命，寓崇壽僧舍。二
月又請祠。陸子壽（陸九齡，1132–1188）來訪於觀音寺。三月省
復趣行。是月到任。

　　到任之初，即榜南康三事，每縣各一百道，委巡尉分下鄉村張

❾　詳拙著《朱子新探索》，頁 641–647，〈大慧禪師〉。

掛。一、凡士人父老僧道民人，有何興利除害計畫，悉具以陳。二、鄉人父老應歲時集會，講信修睦。三、本軍學校養士不過三十人，故鄉黨應推擇學子遣詣學宮❿。又牒楊教授毛司戶廣行調查古蹟，如曾否建立周濂溪（周敦頤，1017–1073）祠，有無陳忠肅公（陳瓘，1057–1122）遺跡等等。結果復修白鹿洞書院⓫，立濂溪祠於學宮，以二程（程顥，1032–1085；程頤，1033–1107）配。別為堂以祀陶靖節（陶潛，365–427）、屯田外郎劉凝之（劉煥，1000–1080）、子秘書丞劉道原（劉恕，1032–1076）、尚書李公擇（李常，1027–1097）、諫議大夫陳了翁（陳瓘）五賢。四公皆南康人。了翁則謫居於此。又修城西門外劉煥之墓，建小亭名「壯節」，屬友人黃銖大書以揭。又祭唐故孝子江西宜春縣丞熊子仁瞻在建昌縣仍存之墓。更捐俸錢十萬，作臥龍菴於廬山之陽五老峰下以紀念諸葛武侯（諸葛亮，181–234），手繪其像於堂中，並書武侯制表中「洪毅忠壯，忘身憂國。鞠躬盡力，死而後已」十六字於楣間。復又越數百步，面龍潭作「起亭」以龍淵之臥者可以起而天行矣。屬西原隱者崔嘉彥董其事⓬。都昌縣有晉太尉陶威公（名回，277–327）廟二所，請賜廟額以表忠義。因修茸軍學，申請以泗水侯孔鯉從祀孔廟，位在七十子之後，沂水侯孔伋之前。並申請禮部修訂釋奠祈報冠婚喪祭之禮，頒行各州縣⓭。每五六日一到軍學為諸生講說。

　　南康軍土瘠民稀，役煩稅重。各縣皆然，星子尤甚。官吏迭次增稅，子民不堪其苦。朱子具狀請減星子縣稅。既得減都昌縣木炭

---

❿　《文集》，卷99，〈知南康榜〉，頁1上–2下。

⓫　詳第九章。

⓬　《文集》，卷79，〈臥龍菴記〉，頁1上–2上。

⓭　同上，卷20，〈乞頒降禮書狀〉，〈乞增修禮書狀〉，頁28下–31下。

錢，又請減其他兩縣。淳熙七年庚子 (1180) 夏大旱，祈禱山川，蔬食踰月。至秋天計苗失收七八分以上。於是竭力措置。首諭小民靜待賑恤，勿輕流移。勸種蕎麥以接食。令主戶餘米平價出糶。借得官錢二萬四千餘貫，糶米一萬一千餘石。又以賞格勸諭富家得米一萬九千石，以備賑濟。每四十里置一場，共三十五場。各派使臣一員掌其事。凡合糶者皆濟半月，大人一斗五升，小兒七升半。以是饑民得活者，大人凡一十二萬七千六百七口，小兒九萬二百七十六口。然朱子過勞，因而得病❶。同時沿江修築石堤，蓋歷年失修，沙土填塞。重載舟船，不免排泊江外，以致公私損失極大。乃雇募人工修葺，使饑民就役，不致缺食。

　　因其大旱，主上詔求直言，朱子應詔上封事，是為庚子封事，長三千四百餘言。略謂軍內水旱頻仍，人民稅重。必須節省軍費，改革屯田，庶免窮困之民，流移漂蕩。皇上宜正君心，立綱紀。勿使一二人操縱。「莫大之禍，必至之憂，近在朝夕。顧獨陛下未之知耳。」❶上讀之大怒，諭宰相趙雄（壯年 1178）令分析。雄奏熹狂生，詞窮理短，罪之適成其名，莫若置而不問。參政周必大 (1126–1204) 亦力言之，乃止。《宋史》云：「上怒曰：『是以我為亡也。』」❶葉公回校訂《朱子年譜》(1431) 則云：「疏入，上初不以為忤。當筆者始欲疏駁，同列喻解乃已。」❶王懋竑 (1668–1741) 考據此事甚詳❶。王氏未見葉譜而結論不謀而合。朱子與江東陳帥

---

❶　同上，卷 16，〈繳納南康任滿合奏事件狀〉，頁 13 上 –14 上。

❶　同上，卷 11，〈庚子封事〉，頁 13 下。

❶　《宋史》，卷 429，頁 12754，〈朱熹傳〉。

❶　葉公回，《朱子年譜》，卷中尾，頁 4 下，總頁 120。

❶　王懋竑，《朱子年譜》，卷 2 下，頁 93 與〈考異〉，卷 2，頁 291。

（陳俊卿）云：「熹賤狂瞽之言，意謂必觸雷霆之怒。今聞已降付後省矣。是明主固優容之。」**⑲** 則葉譜所云，非無據也。

八年辛丑 (1181) 三月滿任，除江西提舉常平茶鹽公事，待次。即奉廩四事。一、星子縣稅太重，請予減輕。二、建昌縣稅戶張世亨、張邦獻、劉師興、都昌縣黃澄共認一萬九千石，賑濟饑民，請賜賞格。三、被災之郡，不得催理積欠。四、請賜白鹿洞書院扁額並御書石經及印本九經註疏《論語》、《孟子》等書**⑳**。閏三月二十七去郡東歸崇安。在任兩年，請祠者五，皆不允或不報（不答），自劾者二。一因嘗用劄子奏事，臺諫以此並非舊制。一因岸傷處催理舊欠過於嚴急。到任之初，建昌縣劉琉兄弟、都昌縣陳由仁兄弟，並係母親在堂，擅將家產私下分撥，以致訴訟。朱子移文曉諭該兄弟勿爭財產，依舊同居，奉侍母親**㉑**。將滿任時，有躍馬於市者，踏一小兒將死。朱子訊而禁之。次日杖之譙樓之下。劉清之 (1139–1195) 云：「此是人家子弟，何苦辱之？」朱子曰：「人命所係，豈可寬弛？」**㉒** 罷郡後與友人游廬山。四月十九抵家。七月除直秘閣，三辭，蓋以獻米賑濟之人，尚未得賞也。

浙　東

淳熙八年辛丑 (1181)，朱子五十二歲。八月，以宰相王淮 (1127–1190) 薦，改除提舉兩浙東路常平茶鹽公事。兩浙東路管紹興、慶元（原為明州）、瑞安三府，婺、台、衢、處四州。是時大

---

⑲　《文集》，卷 26，〈與江東陳帥〉，頁 14 上。

⑳　同上，卷 16，〈繳納南康任滿合奏事件狀〉，頁 10 下 –18 下。

㉑　同上，卷 99，〈曉諭兄弟爭財產事〉，頁 5 下 –6 下。

㉒　《語類》，卷 106，第七條，頁 4196。

饑。朱子即日單車就道。十月南康納粟人得賞，遂受職名。至九年
壬寅 (1182) 九月去任歸。在任不過十一個月，而成就甚多。計有下
列十二端：

一、奏事延和殿

十一月奏事，共上七劄。其一言水旱盜賊，皆因君子未用，小
人未去。二言便嬖之言日重，士大夫之勢日輕。人主必須循天理，
正大體。三請撥倉米三十餘萬石，以備濟糶。四請頒行社倉法於諸
路。五言紹興和買（以絹還欠政府之債）之弊。六請南康星子縣減
稅。七請賜白鹿洞書院經書扁額。第一、第二兩劄，親手書寫，以
防宣洩。上詳細詢問，悉以其請❷❸。

二、巡歷各州

淳熙九年壬寅 (1182) 正月巡歷紹興府、婺州、衢州。黃榦〈行
狀〉云：「每出皆乘單車，屏徒從。所歷雖廣而人不知。官吏憚其風
采，蒼黃驚懼。」❷❹葉公回《朱子年譜》並云：「一身所需，皆以貲
以行，秋毫不及州縣。」❷❺

❷❸　七劄載《文集》，卷 13，頁 6 上 –20 上。

❷❹　《勉齋集》，卷 36，〈朱子行狀〉，頁 13 下。

❷❺　葉公回，《朱子年譜》，卷中尾，頁 12 上，總頁 135。

三、救荒

　　浙東諸州，水旱相仍。紹興府之饑荒，昔所未有。所損皆七八分。人民賣田拆屋，鬻妻子，貨耕牛，無所不至。遂急以豐儲倉米三十萬石應副紹興府，以三萬石應副衢州。又得上賜錢三十萬貫，以九萬貫撥紹興府會稽、山陰兩縣。其餘並及其他。五縣以戶計之，亦一家不過日得二升，一口不過日得一二合而已。又得官會一十五萬貫，即時分撥應副台州等處。又得錢三十萬貫，分撥婺州、衢州、處州、台州等處。「到任以來，朝夕憂懼，精神耗竭，四肢緩弱，時復麻痺。」❷❻

四、捕蝗

　　紹興府會稽縣有蝗蟲入境，遂親行到田間看視。募人打撲，由縣府收買。兩日內已買到七石三斗有餘。一並焚埋。一面設醮祈禳。皇上感動，御筆回奏❷❼。

五、興水利

　　淳熙九年壬寅 (1182) 七月至台州，以黃巖縣如修水利，可無水旱之災，而台州可無饑饉之苦。乃撥一萬貫於黃巖，又撥一萬貫於明州定海縣，以興水利。

---

❷❻　《文集》，卷 16，〈乞借撥官會〉，頁 21 下。

❷❼　同上，卷 17，〈御筆回奏狀〉，頁 11 上。

六、立社倉

延和奏事請立社倉。蓋朱子曾於所居崇安縣五夫里設立社倉，一鄉四五十里之間，雖遇凶年，人不闕食。故請詔行諸路州縣。八年辛丑 (1181) 十二月奉旨頒行。台州、婺州有應時為之者。

七、賜白鹿洞書院經書敕額

延和奏事並請賜扁額與太上皇帝御書石經並版本九經註疏，有旨施行。

八、減稅

黃榦〈行狀〉云：「初奏紹興和買之弊，至是乞先與痛減歲額。……又乞免台州丁錢（人口稅）。」❷⓼葉氏《年譜》云：「至今台州小民，言及先生，無不以手加額。」❷⓽

九、奏請改良鹽酒服役制度

條請倣福建產鹽法行於明、越、台、溫沿海四州。乞取處州現在萬戶之法，行於各州郡。又請令人戶富戶寺觀均出義田，其不願者乃差役。所請多未實行，然朱子經久之計，可以見矣。

---

❷⓼　《勉齋集》，卷 36，〈朱子行狀〉，頁 14 上。

❷⓽　葉公回，《朱子年譜》，卷中尾，頁 13 下，總頁 138。

十、彈劾劣吏

出巡各州，聽取人民告訴，乃劾紹興府兵馬都監賈祐之救濟怠慢。紹興府密克勤偷盜官米。婺州金華縣上戶朱熙績反抗上司，不肯賑濟。衢州知州李嶧掩蔽荒災情況，反而督責財賦。衢州監酒庫張大聲與龍遊縣丞孫孜檢放旱傷不實，衢州江山縣知事王執中弛慢不職。台州寧海縣知事王辟綱不報人民流移。台州知州唐仲友(1136–1188) 促限催稅，貪污淫虐，偷造官錢，偽造官會等事。〈行狀〉云：「知台州唐仲友與時相王淮同里為姻家。遷江西提刑，未行。先生行部，訟者紛然。得其姦贓偽造楮幣等事，劾之。……下紹興府鞫之，獄具情得。」❸《宋史》本傳略述〈行狀〉。各年譜加詳，然大致與〈行狀〉無異。陸象山 (1139–1193) 且謂：「劾唐與正（仲友）一事，尤快眾人之心。」❸又謂：「吳洪（壯年 1175）章中乃為唐仲友雪屈，波及朱元晦。……此尤可笑。」❸朱子又謂仲友悅營妓嚴蕊，與之落籍，攜之以歸❸。此事〈行狀〉與各年譜均不提。周密 (1232–1298) 據天台傳說，則謂陳亮 (1143–1194) 嘗狎籍妓嚴蕊。因仲友不肯為其落籍，銜恨仲友，乃聳動朱子❸。並謂：「朱晦庵以使節行部至台，欲擿與正之罪，遂指其嘗與蕊為濫。繫獄月餘，蕊雖備受箠楚，而一語不及唐。」❸黃宗羲 (1610–1695)

❸　同❷，頁 15 下。
❸　《象山全集》，卷 7，〈與陳倅書〉，頁 5 下。
❸　同上。〈與勾熙載書〉，頁 1 上。
❸　《文集》，卷 18，〈按唐仲友第三狀〉，頁 20 上。
❸　《齊東野語》，卷 17，〈朱唐交奏本末〉，頁 226。

沿其說，謂：「同甫遊台，狎一妓，欲得之。屬說齋（仲友）以脫
籍。不遂，恨之。乃告晦翁曰：『渠謂公尚不識字，如何為監司？』
晦翁銜之。遂以內部有冤獄，乞再按台。既至，說齋出迎稍遲。晦
翁益以同甫之言為信。立索印。摭其罪具奏。說齋亦馳疏自辯。……
然予觀晦翁所以糾先生（仲友）者，忿急峻厲，如極惡大憝，而反
覆於官妓嚴蕊一事，謂其父子踰濫，則不免近於誣抑。」 ❸❻朱子劾
仲友前後六章。此事當時轟動遐邇，案情複雜，流言傳佈。台州父
老之言，未必可信。總之仲友案誠如陳亮本人所云：「台州之事，是
非毀譽往往相半，然其震動則一也。」 ❸❼仲友違法，聚訟紛紛，朱
子未必輕信塗說，不問證據也。

十一、獎勵賢行

奏請推賞婺州金華縣進士陳夔，婺州浦江縣進士鄭良裔，婺州
東陽縣進士賈大圭，處州縉雲縣進士詹玠獻米救濟，及請留婺州通
判趙善堅措置賑濟。

十二、廢秦檜祠

永嘉縣學有奏檜 (1091–1155) 祠，移文廢之。
淳熙九年壬寅 (1182) 經婺州金華縣，祭呂東萊（呂祖謙）之
墓。永康陳亮來訪於衢婺間，旬日而別。《宋史》本傳云：「有短熹

---

❸❺　同上，卷 20，〈台妓嚴蕊〉，頁 264。
❸❻　《宋元學案》，卷 60，〈說齋學案〉，頁 2 上。
❸❼　《陳亮集》，卷 20，〈癸卯秋致朱元晦秘書〉，頁 277。

者，謂其疏於為政。上謂王淮曰：『朱熹政事卻有可觀。』 **❸8** 」八月，以獎賑濟之勞，除直徽猷閣。朱子以劾仲友反被論訴，再辭。改除江南西路提點刑獄公事，又辭，蓋不願奪唐仲友新任也。九月十二日去任歸崇安。十月令與江東梁總兩易提舉刑獄之任。以祖鄉屬江東，小有田產，合該迴避辭。不允，又辭，十一月始受職名，仍辭新任，且乞奉祠。奏狀云：「伏念臣所劾贓吏黨與眾多，……加害於臣，不遺餘力。……惟有乞身就閑。……懇特賜改差嶽廟一次。」 **❸9** 是時鄭丙上疏，詆程氏之學，以沮朱子。監察御史陳賈又面對謂有所謂道學者，假名濟偽。願擯棄勿用，蓋指朱子。故朱子決意退隱。

十年癸卯 (1183) 正月差主管台州崇道觀。自是相繼奉雲臺鴻慶之祠者五年。由淳熙十年癸卯 (1183) 至十五年戊申 (1188)，即朱子五十四歲至六十歲，居家七年，講學著書，並辨浙江呂祖儉（1196 卒）等事功之談，陳亮王霸並用之說，與江西陸象山 (1139–1193) 頓悟之論。學徒日眾，乃築武夷精舍。先後成《易學啟蒙》、《孝經刊誤》與《小學》。

淳熙十四年丁未 (1187) 七月，除江南西路提點刑獄公事，待次。以疾辭，不允。十五年戊申 (1188) 正月有旨趣奏事，復以疾辭，又不允。三月啟行，途中兩辭並兩請祠。五月復趣入對。於是六月奏事延和殿。

是行也，有謂正心誠意，為上所厭聞，戒以勿言者。朱子曰：「吾生所學，只此四字，豈可回互而欺吾君乎？」及對，第一二劄言獄官當擇其人。第三四劄言經總制錢（加稅）之病民及江南西路

---

❸8 《宋史》，卷 429，頁 12756，〈朱熹傳〉。

❸9 《文集》，卷 22，〈辭免江東提刑奏狀三〉，頁 24 下 –25 上。

諸州科罰（刑罰）之弊。第五劄申天理人欲之旨，勸人主天理則敬以擴之，人欲則敬以克之。上聞之稱善。翌日除兵部郎官，以足疾請祠。詔依舊職江南西路提舉刑獄。〈行狀〉云：「除兵部郎，以足疾乞祠，未供職。本部侍郎林栗（1142 進士）前數日與先生論《易》、〈西銘〉不合。至是遣部吏抱印迫供職。先生以疾告。遂疏先生欺慢。時上意方嚮先生，欲易以他部郎。時相竟請授以前江南西路之命，仍舊職名。又令吏部給還政官，以後不曾陳乞磨勘（考驗成績）。蓋先生改秩，既出特恩，其後累任祠官，無績可考。以故不曾陳乞磨勘者，十有四年。」❹太常博士葉適 (1150–1223) 上疏與栗辨，謂：「其言無一實者。『謂之道學』一語，無實尤甚。往日王淮表裏臺諫，陰廢正人，正用此術。」❹結果栗出知泉州，而朱子亦除直寶文閣，主管西京嵩山崇福宮。七月磨勘，轉朝奉郎。是為文官之第二十二，比宣教郎高四級矣。八月辭朝奉郎官與直寶文閣職，皆不允，遂拜命。十月趣入對，十一月遂上封事，是為戊申 (1118) 封事。凡一萬二千餘言。大意謂天下之大本者，人主之心。今日之急務為輔翼太子，選任大臣，振舉綱維，變化風俗，愛養民力，修明軍政六者是也。「使大本誠正，急務誠脩，而治效不進，國勢不強，中原不復，仇虜不滅，則臣請伏鐵鉞之誅，以謝陛下。」❹疏入，疾漏下七刻。上已就寢。亟起秉燭讀之終篇。翌日除主管西太乙宮，兼崇政殿說書。

孝宗在位二十七年，朱子入對者三，封事者三。其初固以講學窮理，為治之大原。其後直指天理人欲之分。凡心術宮禁，極其忠

❹　《勉齋集》，卷 36，〈朱子行狀〉，頁 18 下 –19 上。

❹　《宋史》，卷 429，頁 12758，〈朱熹傳〉。

❹　《文集》，卷 11，〈戊申封事〉，頁 33 上。

誠。孝宗亦開懷容納。然朱子進言，皆痛詆近臣惡習。以故嫉之者
眾，而朱子不能一日安其身於朝廷之上。十六年己酉 (1189)，朱子
六十歲，正月除秘閣修撰，依舊主管崇福宮。朱子拜祠命而辭秘閣
修撰職名。二月孝宗內禪（退位傳子），光宗即位。四月復辭職名，
許之，詔依舊直寶文閣。閏五月轉朝散郎，升高一級，賜緋衣銀魚。
八月除江南東路轉運副使，辭。十一月改知漳州。再辭，不允，乃
拜命。

漳　州

紹熙元年庚戌 (1190)，朱子六十一歲，四月到任。漳州沿海，
在福建南部。民不知禮，至有居父母喪而不服衰絰者。首採古喪葬
之儀，以曉諭之。佛法魔宗，唱為邪說。男女聚僧廬為傳經會，晝
夜混雜。女以修道為名，私築菴宇，間有與人通姦者。悉禁之。城
市鄉村不得以禳災祈福為名，歛掠錢物。又延郡士八人入郡學，教
習諸軍弓射等事。奏除無名之賦七百萬，歲減經總制錢四百萬。奏
劾漳浦縣官從侍郎黃岌不及時交納軍糧，舉薦龍溪知縣翁德廣。刊
四經《四子》（四書）於郡。其釋奠禮儀數事，已奏請施行，而主其
事者，適移他官，遂格不下。朱子為同安主簿時，早知經界不行，
田稅不均，公私舊土，皆為豪戶冒佔。乃因議臣屢次提議，奏請先
行泉、漳、汀三州。半歲以後，十一月有旨先將漳州經界措置行，
而居要路者尚持異議。聞命已是正月。春日雨多，乃請十月方行打
量。

二年辛亥 (1191) 二月長子塾死。報至，乞祠歸家治喪。三月除
秘閣修撰，主管南京鴻慶宮。四月去郡，辭修撰職名。十月漳州進
士訟其擾人，經界之事遂終止。門人陳淳 (1159–1223) 記錄云：「先

生在臨漳（漳州）首尾僅及一朞。……雖有欣然慕而亦有諤然疑，譁然毀者。越半年後，心方肅然以定。僚屬屬志節。……四境狗偷之民，亦望風奔遁，改復生業。至是及期，正爾安息先生之化，而先生行矣。」❹歸次建陽，築室於考亭，不復歸崇安五夫里矣。九月除荊湖南路轉運副使。辭，不允。十二月復辭，以經界不行自劾。三年壬子 (1192) 二月，請補祠秩，許之。十二月除知靜江府廣南西路經略安撫使，辭。四年癸丑 (1193) 二月差主管南京鴻慶宮。十二月除知潭州荊湖南路安撫使，兩辭，不允。

潭　州

　　淳熙五年甲寅 (1194)，朱子六十五歲。五月至潭州（長沙）。在潭僅三月。首先諭降洞獠，並奏劾東南第八將武功郎陸景任不合資格，請予宮觀差遣，別選良材充職。〈行狀〉云：「申教令，嚴武備，戢姦吏，抑豪民。……為諜錄故死節五人為之立廟。」❹五人者，東晉與宋之潭人，戰賊而死者也。又考釋奠禮儀頒行於郡。祭張栻之祠與墓。修復嶽麓書院，增加員額。朱子日間公事甚勞，晚間尚與郡學諸生講論，又嘗到嶽麓書院講學。聞風而至者無數，與漳州後先輝映。歷代嶽麓書院影響弘大，至今不衰。《長沙縣志》云：「朱晦翁帥潭日，得趙丞相（趙汝愚，1140–1196）簡，已立嘉王為上，當首以經筵召公。晦翁藏簡袖中，竟入獄取大囚十八人，立斬之。才畢而登極赦至。翁恐赦至而大惡脫網也。」❹此事〈行狀〉、《年譜》、《宋史》均所不載。事之真否，無從而定。即有之，

❹　《語類》，卷 106，第三十六條，頁 4218。

❹　《勉齋集》，卷 36，〈朱子行狀〉，頁 28 上。

❹　《長沙縣志》，卷 36，〈拾遺〉，頁 6 上。

而沈繼祖誣朱子「匿藏敕書」**⑯**，則大謬矣。六月申乞放歸回里。
七月，光宗內禪，寧宗即位。以宰相趙汝愚薦，七月召赴行在奏事。

侍　講

寧宗久聞朱子之名，是以首召奏事。朱子八月由潭至行在。八
月除煥章閣待制，兼侍講，辭者至再，蓋聞近臣用事，丞相留正
(1129–1206) 被逐，出知建康。九月乞免煥章閣待制侍講而以元官職
（秘閣修撰，潭州荊湖南路安撫使）奏事。十月初四奏事行宮便殿。
首言災異之變，禍亂之機，在乎人主能否與大臣講求政理，必使發
號施令，無一不出於朝廷。繼言為學之要，莫大於窮理，而窮理必
在乎讀書。又言湖南應予減稅。面辭待制侍講，不允。翌日乞改作
說書差遣。初十御筆不允，乃拜命。即上議狀，謂孝宗山陵，應廣
招術士，博訪名山，不宜偏信臺史。葬者必坐北向南，蓋南陽而北
陰也。宜擇吉土，以奉衣冠之藏。疏上不報。

十月十四進講《大學》，以平日論著，敷陳開析，務積誠意以感
上心。遂奏乞除朔望旬休及過宮日外，早晚進講。差兼實錄院同修
撰。再辭，不允。寧宗即位賜恩轉朝請郎，為第二十級，並賜紫金
魚袋。奏乞看詳封事。十七日奉旨施行。又奏乞討論嫡孫承重之服，
請實行三年之喪，並請明詔禮官稽考禮律，指定其官吏軍民男女方
喪之禮。奏上，詔禮官討論，但未果行。瑞慶節奏乞免賀，則十九
日有旨施行。

二十三日講筵後留身面奏四事。一為有旨修葺舊日東宮為屋三
數百間。百姓饑餓之際，不宜大興土木。二為過宮之計，宜下詔自
責，減省輿衛。三為朝廷綱紀，勿使左右預朝政而委之二三大臣，

---

⑯　葉紹翁，《四朝聞見錄》，卷 4，〈慶元黨〉，頁 13 下。

勿徇己意。四為山陵之卜，務使壽皇（孝宗）之遺體得安於內。《宋史》本傳云：「疏入，不報。然上亦未有怒熹意也。」 ❼然卒未施行。

閏十月初一晚講。是日講至《大學》第二章「盤銘日新」。朱子講及數次。復以前所講者編次成帙以進。上亦開懷容納，且面諭所進冊子，宮中常讀之。今後更為點來。初三早講，初四晚講。會孝宗將祔廟（祭於祖廟）。禮官初請祧（入遠祖廟）宣祖而祔孝宗，繼請並祧僖宣二祖而奉太祖居第一室。宰相趙汝愚主此說，諸儒如樓鑰 (1137–1213)、陳傅良 (1137–1203) 等皆附和之。初七當集議。朱子度難以口爭，以辭病不赴而上奏狀，力爭僖祖不當祧，更不宜以祖宗之主，下藏於子孫之夾室。廟堂持之不以聞。初十入對。上曰：「僖祖乃國家始祖，自不當祧。」命朱子於榻前撰數語，俟徑批出施行。朱子不以內批為然，乞令群臣集議，而廟堂已即毀撤僖宣廟室，更創別廟以奉四祖矣。初八封婺源縣開國男，食邑三百戶。

寧宗之立，丞相趙汝愚密與禁中行役韓侂胄（1207 卒）謀之。侂胄為太皇太后外甥，居中用事。朱子在長沙已有所聞。今復約吏部侍郎彭龜年 (1142–1206) 共攻之。又屢以手書遣生徒密白趙丞相，以厚賞酬侂胄之勞，勿使干預朝政。侂胄使優人峨冠闊袖，以象朱子，戲於上前。乘間言朱子迂闊不可用。十九日晚講後，留身申請前奏四事，乞賜施行。四事之中，其一即為左右竊柄之失。既退，即降御批，謂朱子耆老，隆冬恐難立講，已除宮觀。宰相趙汝愚固諫。二十一日侂胄遣使封內批付下。吳獵 (1143–1213)、樓鑰等請留，均不報。他日工部侍郎問所以逐朱子之驟。上曰：「初除某經筵爾。今乃事事欲與聞。」 ❽朱子奏謝，遂行。朱子既去國，彭龜年

❼ 《宋史》，卷 429，頁 12765，〈朱熹傳〉。

攻侂胄，謂逐朱太急，因而被派出為護使客。由是侂胄益得志矣。

二十五日除寶文閣待制，與州郡差遣。辭。尋除知江陵府荊湖北路安撫使，亦辭，並乞追還待制職名。十一月十一經江西玉山縣。縣宰請為諸生講說。《文集》有〈玉山講義〉。二十日還建陽考亭。十二月詔依舊煥章閣待制，提舉南京鴻慶宮。朱子拜祠命，辭待制職名。弟子雲集，極一時之盛。築竹林精舍。

慶元元年乙卯 (1195)，六十六歲。磨勘轉朝奉大夫（第十九級）。大權既集於侂胄一身，趙汝愚以誣為不軌，逃湖南永州。太府寺丞呂祖儉以論救丞相，亦貶韶州。侂胄除去異己，猛攻道學為偽學。五月，朱子復辭職名並乞致仕，不允。朱子以尚帶從臣職名，義不容默。乃草封事萬言，極陳姦邪蔽主之禍。諸生恐賈禍，力為勸止。朱子不聽。蔡元定 (1135–1195) 入諫，請以蓍決之。遇「遯」之「家人」。朱子默然退，取奏蒿焚之，更號遯翁，並乞致仕。十一月再辭職名。十二月詔依舊秘閣修撰，提舉南京鴻慶宮。提舉為祠官之最高級。傅伯壽（1163 進士）告詞（差職之詞）有謂「大遯如慢，小遯如偽」，蓋指朱子屢次辭職也。是時攻擊「偽學」甚急。選人余嚞上疏乞斬朱子。胡紘（1163 進士）曾訪朱子於武夷。朱子待學子惟以粟飯。胡不悅，「此非人情。隻雞樽酒，山中未為乏也」。及為監察御史，劾趙汝愚引用朱子，又草疏攻擊朱子。會改太常少卿，以嚞授沈繼祖。繼祖以追論程頤得為察官。其疏誣朱子六罪，謂朱子不以白米供其母為不孝，屢召不起為不敬於君，孝宗葬地持異論為不忠於國，陽辭陰受為玩侮朝廷，私結黨徒，與佔建陽縣學。六罪之外，又謂其娶劉玶 (1122–1178) 之女，冀有其身後巨萬之財，又誘引尼姑二人以為寵妾，諸子盜牛，帥長沙匿藏赦書而斷徒刑者

----

❹❽　王懋竑，《朱子年譜》，卷 4 上，頁 212。

甚多，發掘崇安弓手父母之墳以葬其母，男女婚嫁，必擇富民。開門授徒，必引富家子弟。四方餽賂，歲以萬計。如是廉、恕、修身、齊家、治民五者，皆得其反。乃請將朱子落職罷祠❹。此即《宋史》本傳所謂十罪，蓋以整數言也。查朱子所娶，非劉珙之女而乃劉子翬 (1091–1149) 之女。朱子門人與女婿黃榦，貧窮至甚。門人有官職者只佔百分之二十八。朱子之窮，人所共知。繼祖全是偽造，以為可得富貴。然朝廷攻朱子空氣極濃。結果慶元二年丙辰 (1196) 十二月遂落職罷祠。三年丁巳 (1197) 正月拜命謝表。於是朱子政治生涯，於此結束。綜計同安、南康、浙東、漳州、潭州五任共七年三個月。歷高宗、孝宗、光宗、寧宗四朝。另在朝由紹熙五年甲寅 (1194) 奏事行宮便殿至閏十月十九批除宮觀，共四十六日。此即〈行狀〉所謂「五十年間，歷事四朝。仕於外者僅九考，立於朝者四十日」❺，蓋以整數言之。五年己未 (1199) 四月有旨令致仕。始用野服見客。明年 (1200) 三月卒，享壽七十一歲。

❹　奏文全載同❹。拙著同❾，頁 764–771，〈沈繼祖誣朱子六罪〉詳論之。

❺　《勉齋集》，卷 36，〈朱子行狀〉，頁 38 下。

第十三章　朱子與張南軒

　　張栻 (1133–1180)，字敬夫，又稱欽夫，自號南軒，朱子之莫逆交也。兩人首次相會，是在隆興元年癸未 (1163)。是年有旨召赴行在（杭州）。據《語類》，「上初召魏公（張浚，1096–1164，張栻之父），先召南軒來。某亦赴召至行在，語南軒云……。」❶是年朱子三十四歲，南軒三十一歲。翌年魏公沒。朱子赴喪，與南軒舟中得三日之款。三年後 (1167) 攜門人范念德訪南軒於潭州（長沙），留兩月。十一月六日與南軒暨門人林用中游南嶽衡山。中間胡實與范念德來會。十九日離南嶽，二十三日至樁州（株州），次日話別。山中朱張與林三人唱詠凡一百四十九首，輯為《南嶽唱酬集》。南軒當時講學於長沙嶽麓書院。

　　南軒之於朱子的，是切磋琢磨之益友。對朱子之稟氣、辭受、社倉、刊書、酒氣，均有所規諫。嘗致書云：「又慮元晦學行為人所尊敬。眼前多出己下。平時只是規箴他人。是他人不是，覺己是處多。他人亦憚元晦辨論之勁，排闢之嚴。從有所疑，不敢以請。……異日流弊，恐不可免。」❷又一書云：「觀所與廣仲（胡實，壯年1150）書，……言語未免有少和處。」❸《文集》存答胡廣仲六書，並無剛厲之氣❹。或南軒所見之書已佚。傷急不容耐之病，朱子亦自知其然❺。南軒之書續云：「其間有於氣稟偏處，似未能盡變於

---

❶　《語類》，卷 103，第五十條，頁 4146。

❷　《南軒先生文集》，卷 20，〈答朱元晦秘書〉第十一書，頁 11 上下，總頁659–660。

❸　同上，第十書，頁 8 下，總頁 654。

❹　《文集》，卷 42，頁 1 上 –10 上。

舊。……願以平常時以為細故者，作大病醫療。異時相見，當觀變化氣質之功。」❻

　　朱子出處甚嚴，辭者再三。南軒「向來有疑於兄辭受之間」，與伯恭（呂祖謙，1137–1181）均勸其一出，承當朝廷美意❼。乾道四年戊子 (1168) 建寧大饑。朱子與耆老建立社倉於五夫里，是為地方救濟之新紀元。南軒聞之，去書曰：「聞兄在鄉里因歲之歉，請於官得米而儲之。春散秋償。所取之息，不過以備耗失而已。一鄉之人賴焉。此固未害也。然或者，妄有散青苗之譏。兄聞之作，而曰王介甫（王安石，1021–1086）所行獨有散青苗一事是耳。奮然作〈社倉記〉以述此意。某以為此則過矣。夫介甫……強貸而規取其利，……其與元晦今日社會之意，義利相異者，固亦曉然。」❽南軒所聞，恐是傳言之誤。朱子〈五夫里社倉記〉明謂「常平義倉……皆藏於州縣。……深山長谷，力穡遠輸之民，則雖饑餓瀕死，而不能及也。又其為法太密，使吏之避事畏怯者，視民之殍而不肯發」❾，何利何害，朱子固已了然，固不特義利之分而已也。

　　又一傳聞之誤，乃朱子酒酣氣張，悲歌慷慨之報導。又朱子因窮而印書出售，南軒以為未安。兩事誠有之，然南軒未知其實情也❿。凡此箴規，均出於至誠，朱子亦以至誠接受。嘗以書告南軒云：「常苦求之太過，措詞煩猥。近乃覺其非。」⓫南軒死後有書寄

---

❺　同上，卷 31，〈答張敬夫〉第二十七書，頁 15 下。

❻　同❸。

❼　同❷，第二書，頁 2 上，總頁 641。

❽　同❷，第十一書，頁 9 下，總頁 656。

❾　《文集》，卷 77，〈五夫里社倉記〉，頁 24 下 –25 上。

❿　參看第十一章〈朱子之生活〉，頁 144、154。

⓫　《文集》，卷 31，〈答張敬夫〉第二十七書，頁 15 上。

伯恭云：「今日請祠，便是奉行敬夫遺戒第一義。」❷及伯恭死，則告劉子澄（劉清之，1139–1195）曰：「前時猶得敬夫伯恭時惠規益，得以警省。二友云亡，耳中絕不聞此等語。……今乃深有望於吾子澄。」❸嘗有書敬夫，謂：「大率觀書，但當虛心平氣，以徐觀義理之所在。」❹此乃以自勉，亦所以勉南軒也。

　　規勸以外，書札往復關及私事、印書、友朋過往者亦有之，然以之比較伯恭，少而又少。蓋長沙比金華較遠，而浙江又為首都所在，士人往來者多。然南軒亦講及其止酒決意，建築書樓，與其謝遣生徒之事❺。而於其子之肺病，朱子與伯恭之喪偶，尤致意焉❻。《文集》所載朱子與南軒書札，幾全是學術討論。只顧及某人嘗疑南軒學徒日眾，非中都官守所宜，而朱子則不以為慮，並勸南軒時祭應用俗禮而已❼。《語類》則有數事可紀者。朱子書閣上只扁南軒所書「藏書」二字❽。南軒廢俗節之祭。朱子問其「於端午節能不食粽乎？重陽能不飲茱萸酒乎？不祭而自享，於汝安乎？」❾南軒曾謂朱子之命官多祿少。朱子云：「平日辭官文字甚多。」⓴南軒自

---

❷　《文集》，卷34，〈答呂伯恭〉第八十四書，頁28下。

❸　同上，卷35，〈答劉子澄書〉第七書，頁17上。

❹　同❶，第二十書，頁9下。

❺　《南軒先生文集》，卷21，〈答朱元晦秘書〉第二十書，頁4下，總頁672；第二十四書，頁8上。總頁679；第三十一書，頁12上，總頁688。

❻　同上，卷23，第五十三書，頁8上，總頁728；第五十六書，頁12上，總頁735；卷24，第七十一書，頁11上，總頁757。

❼　《文集》，卷31，〈答張敬夫〉第十五書，頁4下；卷30，〈答張欽父〉第八書，頁27下。

❽　《語類》，卷107，第六十一條，頁4254。

❾　同上，卷90，第一三二條，頁3684。

魏公有事後在家，凡出入人事之類，必以兩轎同其弟出入❷❶。凡此均足以見兩者之親密處。

　　南軒既是朱子之知己，則其對於其友有贊有評，是意中事。朱子謂南軒文字極易成。嘗見其就腿上起草，頃刻便就❷❷。勸其改一文，則曰：「改亦只如是。不解更好了。」故其文字「不甚改。改後往往反不好」❷❸。然在朱子商議之下，其《論語說》則已改許多，《孟子說》則不曾商量❷❹。因其聰明過人，決斷太快，故看文字甚疏，以《麻衣易》為真道者之書，又以「端莊」二字題偽書東坡（蘇軾，1037–1101）之字❷❺。如說心之昭昭為已發，亦是太過，蓋昭昭乃心之體也。又如說無極而太極，言莫之為而為之，亦差，蓋太極只言極至，無所作為也❷❻。「他太聰敏，說過便了。」「更不問人曉會與否，且要說盡他箇。故他們人，敏底衹學得他說話。若資質不逮，依舊無著摸。」❷❼朱子又云：「敬夫議論，出得太早，多有差舛。」「其未發之云，乃初年議論。後覺其誤，即已改之。獨惜舊說已傳，學者或未之察耳。」❷❽又謂：「南軒見處高，如架屋相似。大

---

❷❶　同上，卷107，第七十條，頁4257。

❷❶　同上，卷103，第五十條，頁4149。

❷❷　同上，卷140，第五十四條，頁5350。

❷❸　同上，第九十四條，頁5358；卷139，第五十條，頁5313。

❷❹　同上，卷103，第四十五條，頁4143。

❷❺　同上，卷125，第六十二條，頁4811；卷140，第九十五條，頁5359。

❷❻　同上，卷62，第一三三條，頁2401；卷94，第十八條，頁3762。

❷❼　同上，卷44，第九十七條，頁1811；卷103，第三十五條，頁4140；參看第三十六條，頁4141。

❷❽　同上，卷95，第三十九條，頁3851；《文集》，卷56，〈答方賓王〉第五書，頁15上。

間架已就，只中間少裝折。」㉙謂其少日常工夫也。嘗有書敬夫，可算是總評。其言曰：「竊覷所存，大抵莊重。沉密氣象，有所未足。以故所發多暴露而少含蓄。此殆涵養本原之功未至而然。……近年所見為文，多無節奏條理。又多語學者以所未到之理，此皆是病。」㉚

朱子又以南軒與陸象山 (1139–1193) 相比，謂：「子靜（象山）卻雜些禪，又有術數，或說或不說。南軒卻平直恁地說，卻逢人便說。」㉛以張呂相提並論更多。「金溪（象山）學問真正是禪。欽夫、伯恭緣不曾看佛書，所以看他不破。只是某識得他。」㉜又謂二者皆令學者讀程頤 (1033–1107)《易傳》，往往皆無所得㉝。兩者比較，則「欽夫見識極高，卻不耐事。伯恭學耐事，卻有病」。又云：「南軒、伯恭之學皆疏略。南軒疏略，從高處去。伯恭疏略，從卑處去。」㉞雖是如許批評，然卒謂：「伯恭、敬夫二人，使至今不死，大段光明。」㉟

以上多點批判，均是小怨。大段光明，才是大德。於本人則謂：「敬夫愛予甚篤。」㊱於敬夫則謂：「欽夫之學，所以超脫自在，見得分明，不為言語所桎梏，只為合下入處親切。今日說話，雖未能絕無滲漏，終是本領。是當非吾輩所及。」㊲與諸生說，則曰：「南

㉙　同上，卷 93，第六十條，頁 3744。
㉚　《文集》，卷 25，〈答張敬夫〉第一書，頁 2 下。
㉛　《語類》，卷 124，第五十四條，頁 4777。
㉜　同上，第二十五條，頁 4782。
㉝　《文集》，卷 50，〈答鄭仲禮〉第一書，頁 23 下。
㉞　《語類》，卷 103，第三十二、三兩條，頁 4140。
㉟　同上，卷 31，第六十六條，頁 1279。
㊱　《文集》，卷 24，〈與曹晉叔書〉，頁 14 下。

軒見義勇為,他便是沒安排遮遮。要做便做。人說道他勇,便是勇。這便是不可及。」說罷嘆息數聲❸。此時南軒已去世十餘年矣。

南軒死,訃至罷宴哭之。為祭文者二。其一兩嘆曰:「嗚呼!敬夫遽棄予而死也?」其一曰:「兄之明……我之愚。……兄喬木……我衡茅。……兄高明……我狷狹。……我嘗謂兄……兄亦謂我……。」❸可若生前對話,情義綢繆。朱子祭文未有如是之動人者。既而為像贊,謂:「擴仁義之端,至於可以彌六合。謹善利之判,至於可以析秋毫。」❹五、六年後,更撰神道碑,曰:「蓋公為人坦蕩明白,表裏洞然。詣理既精,信道又篤。……公之教人,必使之先有以察乎義利之間,而後明理居敬以造其極。其剖析開明,傾倒切至,必竭兩端而後已。」❹友朋之中,朱子為之撰兩祭文,撰贊撰碑銘者,南軒一人而已。

祭文有云:「蓋繳紛往反者幾十餘年,末乃同歸而一致。」繳紛往反,不特關於《論語》、《孟子》、《中庸》與《易經》,而於周子(周敦頤,1017–1073)、二程(程顥 1032–1085,與程頤)、胡宏(1106–1161)等人之說,皆有異議❹。其中心思想,莫若中和之參究、《知言》之擬議與〈仁說〉之討論。茲略述之如下:

---

❸ 同❸,卷 40,〈答何叔京第十一書〉,頁 24 上。

❸ 《語類》,卷 108,第四十四條,頁 4271–4272。

❸ 《文集》,卷 87,祭張敬夫殿撰兩文,頁 8 下,9 下。

❹ 同上,卷 85,〈張敬夫畫像贊〉,頁 10 上。

❹ 同上,卷 89,〈右文殿修撰張公神道碑〉,頁 8 下。

❹ 詳拙著《朱子新探索》,頁 530–537。

一、中和之參究

　　朱子從李侗 (1093–1163) 得默坐澄心之教，觀未發以前氣象。
惟於心未安。南軒獨得五峰（胡宏）之傳，為湖湘學派領袖，主先
在已發處察識然後存養。乾道三年丁亥 (1167) 朱子特不遠千里而訪
之於長沙，以求究竟，與南軒論《中庸》中和之義三日夜而不能合。
朱子歸後與南軒四書，討論中和問題，即所謂中和舊說四書也。第
一書云：「蓋有渾然全體應物而不窮者，是乃天命流行，生生不已之
機。雖一日之間，萬起萬滅，而其寂然之本體，則未嘗不寂然也。
所謂未發，如是而已。……良心萌蘖，亦未嘗不因事而發見。學者
於是致察而操存之 ，則庶乎可以貫乎大本達道之全體而復其初
矣。」❹此書顯示朱子略受湖湘學派之影響，漸離李侗之默坐求中
而趨於湖湘學派之因事省察矣。然究非朱子所尋之答案。故日後自
注云：「此書非是。」第二書曰：「茲辱誨喻，乃知尚有認為兩物之
蔽。……自今觀之，只一念間已具此體用。發者方往，而未發者方
來，了無間斷隔截處。」❹張書不存，大抵以朱子分未發已發為兩
截。故朱子強調體用一源。如是更近於五峰之心性如一矣。及後思
之，益為不安。故自注云：「此書所論尤乖戾。」第三書曰：「而今
而後，乃知浩浩大化之中，一家自有一個安宅。正是自家安身立命，
主宰知覺處 。……而前此方往方來之說 ，正是手忙足亂 ，無著身
處。」❺此書比前書前進一步。蓋方往方來，乃隨逐氣化。而今始

---

❹　《文集》，卷 30，〈與張欽夫〉第三書，頁 19 上下。

❹　同上，第四書，頁 20 上。

❺　同上，卷 32，〈答張敬夫〉第三十三書，頁 4 上下。

有主宰也。第四書云：「蓋天下只是一個天機活物，流行發用，無間容息。……此所以體用精粗，動靜本末，洞然無一毫之間，而鳶飛魚躍，觸處朗然也。存者存此而已，養者養此而已。……從來是做多少安排，沒頓著處。今覺得如水到船浮，解維正柁，而沿洄上下，惟意所適矣。」❹ 今心為主宰，純粹自然。存養之功，乃從容自得。

　　南軒對此四書之反應，除尚有兩物之蔽外，已無可考。《南軒文集》則有兩書簡單說明。一書云：「中字之說甚密。……若只說作在裏面底道理，然則已發之後，中何嘗不在裏面乎？」另一書云，「中也者，所以狀性之體段，而不可便曰中者性之體。若曰性之體中而其用則和，斯可矣。」❹

　　彼此交換意見，當然互有影響。大概朱子轉移多而南軒堅持己見。朱子答林擇之（林用中）曰：「近得南軒書，諸說皆相然諾。但先察識後涵養之論，執之尚堅。」❹ 數年之後，朱子四十歲，有〈與湖南諸公論中和第一書〉，曰：「思慮未萌，事物未至之時，為喜怒哀樂之未發。當此之時，即是此心寂然不動之體，而天命之性當體具焉。以其無過不及，不偏不倚，故謂之中。及其感而遂通天下之故，則喜怒哀樂之性發焉，而心之用可見。以其無不中節，無所乖戾，故謂之和。……然未發之前，不可尋覓。已覺之後，不容安排。但平日莊敬涵養之功至，……無不中節矣。……故程子（程頤）……以敬為言。……曰：『涵養須是敬，進學則在致知。』」❹ 此書包括

---

❹　同上，第三十四書，頁 5 上下。

❹　同❷，第五書，頁 4 上下，總頁 645–646；第六書，頁 5 下，總頁 648。

❹　同❹，卷 43，〈答林擇之〉第三書，頁 18 上。

❹　同上，卷 64，〈與湖南諸公論中和第一書〉，頁 28 上 –29 上。程語出《遺書》，卷 18，頁 5 下。

前四書之優點，加以敬字為言，而組成有統系之中和論。於是涵養察識，用敬致知，遂為朱子之兩輪兩翼，三十年絲毫不變。因此有千餘言之長函與南軒申明涵養察識，同時並進之旨。「未發之前是敬也，固已主乎存養之實。已發之際是敬也，又常行於省察之間。……又如所謂學者先須察識端倪之發，然後可加存養之功，則熹於此不能無疑。蓋發處固當察識。但人自有未發時。此處便合存養。豈可必待發而後察，察而後存耶？……至如來教所謂要須察夫動以見靜之所存，靜以涵動之所本。動靜相須，體用不離，而後為無滲漏也。此數句卓然意語俱到，謹以書之座右。」❺ 南軒對此書深以為然，惟於其先察識後存養之論，仍堅持不變。論者或謂南軒常隨朱子腳跟轉，恐是過言。

二、《知言》之擬議

南軒學於五峰，獨得其傳。五峰著《知言》，朱子撰〈胡子知言疑義〉，逐段反駁，與呂祖謙與南軒討論。《知言》曰：「心也者，知天地宰萬物以成性者也。」朱子以胡氏混心性為一，故欲改其「以成性」為「統性情」。南軒云：「『統』字亦恐未安，欲作『而主性情』如何？」此說朱子未即接受。《知言》曰：「好惡，性也。小人好惡以己，君子好惡以道。」朱子評之曰：「此章即性無善惡之意。若果如此，則性但有好惡而無善惡之則矣。」南軒以「好惡性也，此一語無害。……今欲作好惡性也，天理之公也。君子循其性者也。小人則以人欲亂之而失其則矣」。朱子駁之曰：「直謂之性則不可。蓋好惡，物也。好善而惡惡，物之則也。……今欲語性，而舉物而

---

❺　同上，卷32，〈答張敬夫〉第四十八書，頁25上–26下。

遺則，恐未得為無害也。」《知言》曰：「人之為道，至大也，至善
也。」朱子疑之曰：「若性果無善惡，則何以能若是耶？」南軒釋其
誤會頗詳，謂：「專善而無惡者，性也。而其動則為情。……於是而
有惡焉。是豈性之本哉？其曰『惡亦不可不謂之性』 ❺ 者，蓋言其
流如此，而性之本然者亦未嘗不在也。」朱子指出明道（程顥）此
語乃說氣稟之性而非性之本然。其下數處，南軒或同意朱子，或謂
《知言》本語應刪去，無甚重要。通篇南軒較東萊（呂祖謙）議論
為多 ❺。據《語類》，南軒堅執其師「性善云者，歎美之辭，不與惡
對」 ❺ 之說。

三、〈仁說〉之討論

　　朱子與友輩商量〈仁說〉 ❺ 時期最長，而與南軒錯商最多。今
《文集》所存與南軒討論〈仁說〉之書四通，《南軒文集》所存二
通。致南軒第一書逐句解答 ❺。南軒原書不存，朱子引之。朱子〈仁
說〉首謂「天地以生物為心」，南軒以此語為未安。朱子堅辯天地只
以生物為事。此語未有病也。其後南軒復書云：「天地以生物為心之
語，平看雖不妨。然不若只云天地生物之心，人得之為人之心似完
全。」 ❺〈仁說〉未之改也。南軒以「不忍之心可以包（仁義禮智）

❺　《遺書》，卷一，頁 7 下，明道論性。
❺　〈胡子知言疑義〉，載《文集》，卷 73，頁 40 上 –47 下。附南軒東萊之
　　言。〈疑義〉所述胡宏之言，皆不復見胡宏《胡子知言》六卷。東萊南軒
　　所言，亦不見其兩人文集。
❺　《語類》，卷 103，第四十二條，頁 4142。胡宏語見〈胡子知言疑義〉。
❺　《文集》，卷 67，頁 20 上 –21 下。
❺　同上，卷 32，〈答張敬夫論仁說〉，頁 16 上 –18 下。

四者？」朱子則以不忍之心包四端（惻隱、羞惡、辭讓、是非之心）
猶元之可以包四德（元亨利貞）也。其後南軒云：「不忍之心雖可以
包四者，然據文勢對乾元坤元言，恐須只統言之則曰仁而可也。」❺⓻
南軒以「仁者則其體無不善」，朱子以此為「不知其為善之長」。南
軒以「對義禮智而言，其發見則為不忍之心」，朱子以此為未安。蓋
仁義禮智「根於心而未發，所謂理也」。南軒以「仁之為道，無一物
之不體」，朱子以此為「不知仁之無所不體」。南軒以「程子（程頤）
之所訶，正謂以愛名仁者」。此乃評〈仁說〉「程子之所訶，以愛之
發而名仁者也」之語。朱子答之曰：「程子曰：『仁，性也。愛，情
也。豈可便以愛為仁？』❺⓼此正謂不可認情為性耳。非謂仁之性不
發於愛之情，而愛之仁不本於仁之性也。」南軒以元之義不專於生。
朱子則以此語恐有大病。蓋元為義理根源也。南軒復書云：「前日所
謂元之義不專主於生物者，疑只云生物，說生生之義不盡。今詳所謂
生物者，亦無不盡矣。」❺⓽南軒以仁者無所不愛，但有差等。朱子以
差等乃義之事。「仁義雖不相離，然其用則各有所主而不可亂也。」

第二論仁之書⓺⓪乃朱子復南軒接朱子第一書後所來之書⓺⓵。南

---

❺⓺ 《南軒先生文集》，卷 21，〈答朱元晦秘書〉第二十一書，頁 5 下，總頁
674。

❺⓻ 同上，卷 20，第九書，頁 7 下，總頁 652。不忍人之心與四端均見《孟
子》〈公孫丑上〉，第六章。四德與乾元坤元均見《易經》，乾卦彖辭象傳，
坤卦象辭。

❺⓼ 《遺書》，卷 18，頁 1 上。

❺⓽ 同❺⓻。

⓺⓪ 《文集》，卷 32，〈又論仁說〉，頁 19 上下。

⓺⓵ 《南軒先生文集》，卷 21，〈答朱元晦秘書〉第二十一書，頁 5 上 –6 上，
總頁 674–675。

軒之書以公為仁之體。公天下而無物我之私，故愛無不溥。朱子則
謂：「仁乃性之德而愛之本。……若以公天下而無物我之私便為仁
體，則恐所謂公者，漠然無情，但如虛空木石。」第三書專論知覺
為仁❻。南軒曾有書說知覺為仁。此書不存。朱子覆之云：「仁本吾
心之德，又將誰使知而覺之耶？……然此亦只是智之發用處。但惟
仁者為能兼之。故謂仁者必有知覺則可，謂心有知覺謂之仁則不
可。」第四書與第二書意同，即謂公與物我一體皆非仁體❻。

　　以上辯論，南軒每為朱子所折服。辯論結果，〈仁說〉亦有所更
改。今以答南軒書與〈仁說〉比較，可知經南軒詰難而改正者。不
忍之心可包四者之語已不見〈仁說〉。〈仁說〉亦無討論《孟子》仁
無不愛之文，必是因南軒之批評而刪。然於天地生物之心一點，則
始終堅持。朱子自謂：「〈仁說〉只說前一截好。」❻諒因下截評物
我一體與知覺為仁兩說未曾釋明其所以非仁之故。朱子為〈仁說
圖〉❻，特標未發已發與體用，且「公」字兩見，或亦與南軒討論
之效也。

　　南軒亦作〈仁說〉❻，曾與朱子〈仁說〉相混。朱子〈仁說〉
題下附註云：「浙本誤以南軒先生〈仁說〉為先生〈仁說〉，而以先
生〈仁說〉為序。」實則人各一篇。兩者〈仁說〉大意相同。惟克
己、去蔽、知存，則南軒〈仁說〉比朱子〈仁說〉為詳而有力。朱
子以心之德愛之理為仁之兩面。南軒則只言愛之理而不言心之德。

❻　同❻，頁 20 上下。

❻　同上，頁 21 上下。拙著《朱學論集》，頁 51–54，討論四書較詳。

❻　《語類》，卷 105，第四十二條，頁 4182。

❻　同上，第四十三條，頁 4185。

❻　《南軒先生文集》，卷 18，頁 1 上 –2 上，總頁 591–592。

日本學者山崎美成 (1796–1856) 據《龍龕手鑑》解仁，謂「心之德，愛之理」原為佛語。經山口察常指出其誤。然山口又謂「愛之理」來自南軒，以其 《論語解》 云：「原人之性，其愛之理，乃仁也。」❻❼山口蓋未審《論語解》成於乾道九年癸巳 (1173)。其時〈仁說〉已定稿矣❻❽。

　　至於南軒本人何以又於朱子已著〈仁說〉之後，自著〈仁說〉，亦有可解。朱子〈仁說〉側重理論。雖言學者應汲汲於求仁，究於求仁之方，未有暢言。南軒則並言仁者之能推以至存義，存禮，存智。尤重要者，南軒以為仁莫要於克己，學者當以克己為道。朱子〈仁說〉雖引《論語》克己一次，順及而已，非要義也。朱子謂南軒以其〈仁說〉不如〈克齋記〉 ❻❾，即謂朱子忽略克己為仁之方，或亦為其自作〈仁說〉之一因，以補朱子之不足耳。且當〈仁說〉討論熱烈之際，學者如林熙之（林大春）、周介（周叔瑾）、楊仲思（楊道夫）等，均著〈仁說〉，各揚其說。南軒其中之一耳。

---

❻❼　《仁の研究》，頁 370–376。

❻❽　詳《朱學論集》，頁 43。

❻❾　《文集》，卷 77，頁 15 上 –16 上。

第十四章　朱子與呂東萊

呂祖謙 (1137–1181)，字伯恭，婺州金華縣人。以其先祖漢時封東萊侯於萊州府❶，故學者稱東萊先生。歷代名門望族。其祖本中 (1048–1145) 稱東萊先生，故又稱大東萊以別於祖謙之小東萊。呂家不特屢世顯官，官至尚書與經筵說書，又有中原文獻之傳。《宋元學案》有呂氏四學案❷，凡七世十有七人。祖謙之學，本之家庭。長而從林之奇 (1112–1176)、汪應辰 (1118–1176)、胡憲 (1086–1162) 游。其興趣精神，則是呂氏傳統。究心文獻，潛神歷史，不排異學，富有妥協之氣。特重禮樂農兵，經世致用，故帶功利色彩。然能避浙江功利派陳傅良 (1137–1203) 與陳亮 (1143–1194) 之偏而得其所長，遂為浙江史學開山之祖。學者雲集，某時近三百人❸。晚年會友之地曰麗澤書院，在金華城中❹。故《宋元學案》稱其門人為〈麗澤諸儒學案〉❺。據朱子，「伯恭說少時性氣粗暴。嫌飲食不如意，便打破家事（食器）。後因久病，只將一冊《論語》早晚閑看。忽然覺得意思一時平了，遂終身無暴怒。」❻朱子云：「『躬自厚而薄責於人，則遠怨矣。』❼呂丈舊時性極褊急。因病中讀《論語》，於此有省。後遂如此好。」❽朱子又謂其「不會說話，更不可曉。只通

❶　今山東掖縣。

❷　《宋元學案》，卷 23，31，36，51。

❸　《東萊呂太史文集》，別集，卷 9，〈與劉子澄書〉，頁 8 上。

❹　《宋史》，卷 434，〈呂祖謙傳〉，頁 12874。

❺　《宋元學案》，卷 73。

❻　《文集》，卷 54，〈答路德章〉第四書，頁 22 上。

❼　《論語》，〈衛靈公〉第五，第十四章。

❽　《語類》，卷 122，第八條，頁 4720。

寒暄也聽不得。自是他聲音難曉」❾。張南軒（張栻，1133–1180）
亦謂其衣冠不整，舉止草草❿。朱子又謂其「病中讀書，漏刻不去
手」⓫。

　　朱子、東萊與南軒三人為莫逆之交。每以張呂二人相提並論。
朱呂初次會面，約在紹興二十六年丙子 (1156)。當時東萊之父赴福
州任職，東萊隨行。同時朱子任同安縣主簿，以事至福州。故致伯
恭第一書云：「三山（福州）之別，闊焉累年。」⓬二十年後
(1175) 同敘於朱子之寒泉精舍，共輯《近思錄》。隨乃同出江西信州
與陸象山 (1139–1193) 兄弟作歷史上有名鵝湖寺之會。翌年三月朱
子如婺源⓭省先人之墓，路經衢州⓮，約東萊自金華來衢左右為「野
次之款」，卒相敘數日⓯。兩人書札往來甚密。《文集》存答呂伯恭
書一百零四通⓰，比任何人為多。《東萊呂太史文集》存與朱侍講書
六十七通⓱，超乎與別人之書總數之半。

　　兩人書札往復，自然以學術討論為多。然私事如請祠、出處、
刊書、友朋狀況之類者亦屬不少。鵝湖之會，朱陸不歡而散。與會
者自是不能忘懷。故朱呂書札屢屢言及陸氏兄弟。在朱子總以子靜
（陸象山）自信太過，恐難改易⓲。在呂則每言陸氏兄弟之優點，

---

❾　同上，卷 95，第一七七條，頁 3905。
❿　《南軒先生文集》，卷 25，〈答呂伯恭〉第二書，頁 4 上，總頁 765。
⓫　《文集》，卷 82，〈題伯恭所抹荊公目錄〉，頁 2 上。
⓬　同上，卷 33，〈答呂伯恭〉第一書，頁 1 上。
⓭　今江西婺源縣。
⓮　今浙江衢縣。
⓯　《文集》，卷 33，〈答呂伯恭〉第四十五、四十八書，頁 31 上、33 下。
⓰　同上，卷 25，三通；卷 33–35，一百通，續集；卷 5，一通。
⓱　《東萊呂太史文集》，別集，卷 7–8。

蓋志在調停也[19]。

　　從書札中，又可見朱子長男之教育，兩人家屬之關心，二者之互相勸規，與事功之合作。朱子長子名塾。紹興二十三年癸酉 (1153) 生。到二十一歲，朱子以其「懶惰之甚，讀書絕不成倫理」[20]，且塾「在家汨於俗務，不得專意。又父子之間，不欲晝夜督責，及無朋友聞見」[21]，乃遣之至金華受學於東萊。東萊欣然承當。安排食宿於其徒潘景憲 (1137–1193) 之家。三四年後，潘氏以長女妻之。塾赴金華時，朱子以書教其逐日劄記，取錄歸來。並不得怠慢，不得自擅出入與人往還，不得戲笑喧嘩，不得飲酒。到金華時如何拜謁東萊，一言一動，均詳為指導[22]。數年之間，懇請東萊嚴加鞭策之書札，凡七八通[23]。東萊亦加管束。「每日到某處則與叔度（潘景憲）兄弟偕來。不許過他齋舍。雖到某處，亦不許獨來。蓋城市間不得不如此過防。」[24]在此痛加鞭勒之下，程文功課，不無進步。至淳熙七年庚子 (1180) 乃挈婦兒歸五夫里預備應試。在此

[18]　《文集》，卷 34，〈答呂伯恭〉第五十六書，頁 4 下；第七十七書，頁 17 上；第八十一書，頁 23 下；第八十二書，頁 26 上；第九十書，頁 32 上；第九十二書，頁 33 上；第九十三書，頁 34 上。

[19]　《東萊呂太史文集》，別集，卷 8，〈與朱侍講〉第二十二書，頁 1 上；第五十四書，頁 11 下；第五十五書，頁 12 下；第六十二書，頁 15 上。

[20]　《文集》，卷 33，〈答呂伯恭〉第十八書，頁 12 上。

[21]　同上，續集，卷 8，〈與長子受之〉，頁 7 上。

[22]　同上，頁 6 上 –8 下。

[23]　同上，卷 33，〈答呂伯恭〉第二十書，頁 13 下；第二十二書，頁 14 下；第二十三書，頁 15 上；第二十七書，頁 18 上；第三十九書，頁 26 下；第四十二書，頁 30 上；卷 34，第六十七書，頁 10 上；第七十六書，頁 16 下。

[24]　《東萊呂太史文集》，別集，卷 7，〈與朱侍講〉第二十書，頁 16 下 –17 上。

六年期間，丁母憂還家一次，應鄉試兩次。此為第三次鄉試，亦卒
之落第。

　　朱子對於其本人與東萊之家屬，非常關心。塾之婚事，屢與東
萊函商 ㉕。欲為次男埜納婦，亦以告東萊 ㉖。叔母之喪，致書東萊
申其憂悴 ㉗。淳熙三年丙申 (1176) 其令人劉氏卒，致呂函謂「悲悼
不可為懷」。又云：「悲悼酸楚不能自堪。」 ㉘對東萊喪偶，既先屢
次問病，及其既逝，則驚愕之餘，勸東萊「約情就禮」、「尊體未盡
平復，深宜節折」 ㉙。東萊之父去世，朱子以貧窶之甚，不能致一
奠之禮，倍加悲痛 ㉚。東萊幼弟之喪，亦致哀悼 ㉛。東萊對令人劉
氏卜地，深致意焉 ㉜。彼此親密之情，於此可見。

　　兩者如是至交，故互相忠告。朱子謂：「伯恭不鄙下問，不敢不
盡愚。」 ㉝於是示以涵養進學之要與矯正氣質之偏，而東萊以為「深
中膏肓之疾，朝夕玩省不敢忘」 ㉞。同時東萊亦告朱子謂其「激揚

㉕　《文集》，卷 33，〈答呂伯恭〉第三十八書，頁 26 上；卷 34，第五十書，
　　頁 1 上；第五十一書，頁 1 下。
㉖　同上，第三十八書，頁 26 上。
㉗　同上，第十五書，頁 10 下。
㉘　同上，卷 34，〈答呂伯恭〉第五十二書，頁 2 上；第五十三書，頁 2 下。
㉙　同上，第六十九書，頁 11 下；第七十書，頁 13 下；卷 33，第九書，頁
　　8 上；卷 34，第七十六書，頁 16 上。
㉚　同上，卷 33，〈答呂伯恭〉第十三，十四書，頁 10 上。
㉛　同上，第三十九書，頁 26 上。
㉜　《東萊呂太史文集》，別集，卷 8，〈與朱侍講〉第三十三書，頁 5 下；第
　　三十五書，頁 6 上。
㉝　《文集》，卷 31，第十二書，頁 3 上。
㉞　同㉜，卷 7，第三書，頁 7 上；第七書，頁 10 下；卷 8，第三十七書，頁
　　6 下。

振厲，頗乏廣大溫潤氣象」 ㉟。實在兩者均有所偏。故朱子謂東萊曰：「大抵伯恭天資溫厚，故其論平恕委曲之意，而熹之質失之暴悍，故凡所論，皆有奮發直前之氣。竊以天理揆之，二者恐皆非中道。但熹之發，足以自撓而傷物，尤為可惡，而伯恭似亦不可專以所偏為至當也。」 ㊱朱子聞東萊訃後數日賦詩有云 「念我素心人」 ㊲，兩賢誠心交也。

　　事功之合作者，有《近思錄》、白鹿洞書院與社倉三項。均朱子一生奇偉事業，影響中國歷史社會極大，而東萊與有力焉。朱呂合輯之《近思錄》為我國第一本哲學選集，成為以後理學典型。白鹿洞書院亦是歷代書院之模範。朱子特請東萊為記，並致書詳細逐段討論，以顯出白鹿之歷史與教育意義㊳。乾道七年辛卯 (1171) 朱子創立社倉於五夫里，為我國民辦救濟事業之一里程碑。東萊見之，嘆為「《周官》委積之法，隋唐義廩之制」，將歸與金華士友經營之。然不久東萊去世，事遂不果。其徒潘景憲白其父出家穀以成金華社倉㊴。社倉之制遂由閩而擴大至浙，不可謂非東萊之功也。

　　私人方面，兩者誠是情投意合。學術方面，則在在不相為謀。朱子以《書經》難讀，呂氏則以無有不可解者。數年後乃承認之㊵。朱子謂東萊說《詩》太巧，過於纖細拘迫，看不破小序㊶。然其〈常

㉟　同上，第二書，頁 6 下。
㊱　《文集》，卷 33，〈答呂伯恭〉第七書，頁 6 下。
㊲　《文集》，卷 8，〈讀子厚步月詩〉，頁 1 下。
㊳　同上，卷 34，〈與東萊論白鹿洞書院〉，頁 21 上 –23 上。
㊴　同上，卷 79，〈婺州金華社倉記〉，頁 15 下 –17 上。
㊵　《語類》，卷 79，第十八，十九條，頁 3150；第一四〇條，頁 3170；《文集》，卷 83，〈題呂伯恭書說〉，頁 7 下。
㊶　《語類》，卷 81，第一〇六條，頁 3364；卷 122，第九條，頁 4720。

棣〉❷詩章謂聖人之言大小高下皆宜而左右前後不相悖，則說得極好❸。且其分《詩》之經傳，極有可取❹。東萊愛與學者說《左傳》。朱子嘗戒之曰：「《語》、《孟》、《六經》許多道理不說，恰限說這個。縱那上有些零碎道理，濟得甚事？」❺又答書云：「向見所與諸生說左氏之書，極為詳博。然遣詞命意，亦頗傷巧矣。」❻東萊以《知言》勝於《正蒙》，朱子則以《正蒙》規模大，《知言》小。後出者巧耳❼。東萊與南軒皆令學者專讀伊川（程頤，1033–1107）《易傳》。朱子以為學者往往皆無所得。且學者無疑，不自長意。蓋卦畫經文可疑，必但觀其理，乃有切於日用功夫也❽。朱子極力排斥蘇氏父子（蘇洵，1009–1066；長子軾，1037–1101；次子轍，1039–1112）。蘇軾著《易解》，朱子以為是「釋老之說」。蘇轍著《老子解》，朱子謂為「合吾儒於老子以為未足，又並釋氏而彌縫之」❾。東萊以其道非楊墨也，不必深與之辨❿。朱子復擯斥之，與東萊書謂：「伯恭尚欲左右之，豈其未之思耶？」⓫又與張敬夫

---

❷　《詩經》，《小雅‧鹿鳴之什‧常棣》。

❸　《語類》，卷 81，第九十七條，頁 3361。

❹　同上，卷 80，第一〇〇條，頁 3326。

❺　同上，卷 121，第七十五條，頁 4699–4700。參看卷 83，第二十二條，頁 3407。

❻　《文集》，卷 33，〈答呂伯恭〉第六書，頁 6 上。

❼　《語類》，卷 101，第一五三條，頁 4104。

❽　同上，卷 67，第二十一條，頁 2628。《文集》，卷 50，〈答鄭仲禮〉第一書，頁 23 下。

❾　《文集》，卷 72，〈蘇氏易解〉，頁 22 下；〈蘇黃門老子解〉，頁 23 下。

❿　《東萊呂太史文集》，別集，卷 7，〈與朱侍講〉第三書，頁 7 下。

⓫　《文集》，卷 33，〈答呂伯恭〉第五書，頁 5 上。

（張栻）云：「渠又為留意科舉文學之久，出入蘇氏父子波瀾新巧之外，更求新巧，壞了心路，遂一向不以蘇學為非，左遮右攔，陽擠陰助，此尤使人不滿意。」❷南軒為之調停，為書於朱子曰：「伯恭近來儘好說話。於蘇氏父子亦甚知其非。向來見渠亦非助蘇氏。但習熟元祐 (1086–1093) 間一等長厚之論，未肯誦言排之耳。」❸

　　妥協調和，乃呂氏家學之本色。故東萊於儒釋之辨，不甚痛說❹。朱子謂其「生怕說異端俗學之非。護蘇氏尤甚。以為爭校是非，不如斂藏持養」❺。東萊對於朱子專意外攘，「若立敵較勝負者，頗似未弘」❻。朱子則「疑於伯恭詞氣之間，恐其未免有陰主釋氏之意。但其德性深厚，能不發之於口耳」❼。此是兩者性格不同，朱子所謂皆非中道者也。

　　根本上兩人之出發點不同，故所見殊異。朱子重心性義理，呂氏少談。朱子以經為本，而東萊以史為先❽。朱子特重《論語》，東萊則不教人讀❾。朱子主為學乃能變化氣質，東萊主變化氣質乃可言學⓿。從朱子立場，「東萊博學多識則有之矣，守約恐未也。……

---

❷　同上，卷 31，〈與張敬夫〉第十三書，頁 4 上。

❸　《南軒先生文集》，卷 22，〈答朱元晦〉第三十五書，頁 3 下，總頁 696。

❹　《文集》，卷 25，〈答呂伯恭〉書，頁 15 上。

❺　同上，卷 39，〈答范伯崇〉第十一書，頁 45 下；卷 33，〈答呂伯恭〉第四書，頁 3 上。

❻　《東萊呂太史文集》，別集，卷 7，〈與朱侍講〉第二書，頁 6 下；第六書，頁 9 上。

❼　《文集》，卷 47，〈答呂子約〉第十九書，頁 22 上。

❽　《語類》，卷 122，第十條，頁 4720；第十四條，頁 4721；第十五條，頁 4722。

❾　同上，第六、七條，頁 4720–4721。

其弊盡在於巧」❻。又曰：「伯恭失之多，子靜失之寡。」❻又云：
「呂太巧杜撰，陸喜同己使氣。」❻至其向博雜用功，留意科舉，
講論鶻突，問答曲折，其餘事也❻。

　　論者或以兩人意見如是之背馳，品性又如是之相反，思想決無
交流之可能。是則又不然。兩者同輯《近思錄》，意見多有不同，然
互商甚勤，卒乃異途同歸。朱子兩篇重要文章，均與東萊、南軒書
札往還，各抒己見。一為〈胡子知言疑義〉❻，一為〈仁說〉❻。
皆與東萊通訊磋商。〈胡子知言疑義〉東萊所發表之意見見於本文。
關於〈仁說〉，亦屢次通問❻。朱子有書東萊云：「區區之論，所以
每不同於左右者，前後雖多，要其歸宿，只此毫釐之間。講而通之，
將必有日矣。」❻

　　通必有日，蓋朱呂同是道學碩儒。所異者小，所同者大。故雖
性格與觀點並不一致，而不害其合作與互相尊敬。《宋史》不以東萊
入〈道學傳〉而以之入〈儒林傳〉，此乃門戶之見，決非朱子之所

---

❻　同上，第五條，頁 4719。
❻　同上，第二條，頁 4719；第十九條，頁 4725。
❻　同上，第四條，頁 4719。
❻　同上，第三條，頁 4719。
❻　《文集》，卷 31，〈與張敬夫〉第十三書，頁 3 下，4 上；別集，卷 6，〈與
　　林擇之〉第十五書，頁 10 上。
❻　同上，卷 73，頁 40 下 –47 下。
❻　同上，卷 67，頁 20 上 –21 下。
❻　同上，卷 33，〈答呂伯恭〉第八書，頁 7 下；第十八書，頁 12 下；第二
　　十四書，頁 15 上；第二十七書，頁 18 上；第三十書，頁 20 下；同❸，
　　第十五書，頁 14 下；第十七書，頁 15 下；第十九書，頁 17 上。
❻　同上，第十二書，頁 9 下。

許。朱子嘗論東萊之立說云：「兼總眾說，巨細不遺。挈領提綱，首尾貫該。既是以息乎同異之爭，而其述作之體，雖融會通徹，渾然若出於一家之言，而一字之訓，一事之義，亦未嘗不謹其說之所自。及其斷以己意，雖或超然出於前人意慮之表，而謙讓退託，未嘗敢有輕議前人之心也。」⑲故朱子謂其「溫柔敦厚」⑳、「忠厚惻怛」㉑。東萊死，為位而哭，又遣奠於其家。其祭文首曰：「天降割於斯文，何其酷耶？往歲已奪吾敬夫，今者伯恭胡為又至於不淑耶？道學將誰使之振，君德將誰使之復，後生將誰使之誨，斯民將誰使之福耶？經說將誰使之絕，事記將誰使之續耶？若我之愚，則病將孰為之箴，而過將誰為之督耶？然則伯恭之亡，曷為而不使我失聲而驚呼，號天而慟哭耶？」㉒朱子祭文墓銘過百，祭張敬夫文之外，未有若是之動人者。繼又曰：「蓋其德宇寬洪，識量閎廓。既海納而川停，豈澄清而撓濁？夙涵濡於先訓，紹文獻於厥家，又隆師而親友，極探討之幽遐。所以稟之既厚而養之深，取之既博而成之粹。宜其所立之甚高，亦無求而不備。故其講學於家，則時雨之化。進位於朝，則鴻羽之儀。」㉓此非通靠恭維之語，而乃衷曲之言。門人潘叔度曾為東萊畫像。朱子贊曰：「推其有，足以尊主而芘民。出其餘，足以範俗而垂世。」㉔朱子尊之敬之，蓋有由矣。

---

⑲　《文集》，卷 76，〈呂氏家塾讀詩記後序〉，頁 6 上。

⑳　同上。

㉑　同上，續集，卷 5，〈與呂東萊〉書，頁 1 下。

㉒　同上，正集，卷 87，〈祭呂伯恭著作文〉，頁 12 下。

㉓　同上，頁 12 上。

㉔　同上，卷 85，〈呂伯恭畫像贊〉，頁 10 上。

第十五章　朱子與陸象山

　　陸象山，名九淵，號子靜，稱象山先生 (1139–1193)，江西撫州金谿縣人。乾道八年壬辰 (1172) 年三十四春試。呂東萊（呂祖謙，1137–1181）等為考官，大加嘆賞。賜同進士出身。名聲震行都。楊簡 (1141–1226) 等從游。次年 (1173) 其兄子壽（名九齡，1132–1180）訪呂東萊於浙江金華。呂氏致朱子書云：「子壽近過此相聚累日，亦甚有問道四方之意。」❶即欲結識朱子。翌年 (1174) 象山訪東萊於衢州，相聚五六日，大概亦申與朱子會面之意。朱子答呂伯恭（呂祖謙）書云：「陸子壽聞其名甚久，恨未識之。子澄（劉清之，1139–1195）云其議論頗宗無垢（張九成，1092–1159），不知今竟如何也。」❷又答東萊之弟子約（名祖儉，1196 卒）云：「近聞陸子靜言論風旨之一二，全是禪學，但變其名號耳。競相祖習，恐誤後生。恨不識之，不得深扣其說，因獻所疑也。然想其說方行，亦未必肯聽。」❸於是東萊妥為安排，淳熙二年乙未 (1175) 為鵝湖寺之會。是年三月二十一呂氏由金華起程，潘景愈陪行。四月一日抵朱子所居之五夫里，然後同赴寒泉精舍，共輯《近思錄》。完畢之後，與門人游武夷山，才赴江西信州鉛山之鵝湖寺。此會為學術史上一大事情，應詳述之。

　　鵝湖之集，《象山全集》有兩記載。一為象山自述，云：「呂伯恭為鵝湖之集，先兄復齋（子壽）謂某曰：『伯恭約元晦（朱子）為

---

❶　《東萊呂太史文集》，別集，卷 8，〈尺牘二〉，〈答朱侍講〉第二十四書，頁 2 下。

❷　《文集》，卷 33，〈答呂伯恭〉第二十六書，頁 17 上。

❸　同上，卷 47，〈答呂子約〉第十七書，頁 20 下 –21 上。

此集，正為學術異同。……方得一詩云：孩提知愛長知欽，古聖相傳只此心。大抵有基方築室，未聞無址忽成岑。留情傳註翻蓁塞，著意精微轉陸沉。珍重友朋相切琢，須知至樂在於今。』……及至鵝湖，伯恭首問先兄別後新功。先兄舉詩纔四句，元晦顧伯恭曰：『子壽早已上子靜船了也。』舉詩罷，遂致辯於先兄。某云：『途中某和得家兄此詩云：墟墓興哀宗廟欽，斯人千古不磨心。涓流滴到滄溟水，拳石崇成泰華岑。易簡工夫終久大，支離事業竟浮沉。』舉詩至此，元晦失色。至『欲知自下升高處，真偽先須辯只今』，元晦大不懌。於是各休息。翌日，二公商量數十折。議論來，莫不悉破其說。繼日凡致辯其說隨屈。伯恭甚有虛心相聽之意，竟為元晦所尼。」❹一為〈象山年譜〉淳熙二年乙未 (1175) 所記，云：「復齋與張欽夫（張栻，1133–1180）書云：『某春末會元晦於鉛山，語三日，然皆未能無疑。』按《呂成公（呂東萊）譜》：『乙未 (1175)四月訪朱文公（朱子）於信之鵝湖寺。陸子靜、子壽、劉子澄，及江浙諸友皆會，留止旬日。』鄒斌俊父錄云：『朱呂二公話及九卦之序，先生（象山）因亹亹言之。……二公大服。』朱亨通書……又云：『鵝湖之會，論及教人，元晦之意，欲令人泛觀博覽，而後歸之約。二陸之意，欲先發明人之本心，而後使之博覽。朱以陸之教人為太簡，陸以朱之教人為支離，此頗不合。先生更欲與元晦辯，以為堯舜之前，何書可讀？復齋止之。趙劉諸公拱聽而已。先發明之說，未可厚誣。元晦見二詩不平，似不能無我。』」❺此是一面之辭，《朱子語類》絕無敘述。茲略論之。

　　關於會議日期，朱子答王子合（王遇，1142–1211）書云：「前

---

❹　《象山全集》，卷 34，〈語錄上〉，頁 24 上下。

❺　同上，卷 36，〈年譜〉，頁 9 上下。

月送伯恭至鵝湖。……此月八日方分手而歸。」❻東萊答潘叔度（潘景憲，1137-1193）書亦云：「某從五月半後同朱文公出閩，下旬至鵝湖。諸公皆來，甚有講論之益。更三四日即各分手。」❼是則在鵝湖多者十日，少者六七日。陸譜云語三日，呂書云三四日，而朱呂已於五月末至鵝湖，則陸氏兄弟可能遲至六月四五日才到。或者此是約定之期，而朱呂先到，蓋陸氏住在江西，實是主人，斷不遲慢也。八日分手，亦因有寇將侵郡境，陸氏兄弟，聞警即歸❽。固不止不歡而散也。

參加人員，陸譜只提朱、呂、二陸、劉子澄、臨川趙守景明，與其兄景昭（趙焯）七人。予又考得朱栘、朱泰卿、鄒斌三人❾。朱呂在寒泉精舍編《近思錄》後，五月五日朱子作序，即赴鵝湖，順道游武夷山。武夷六曲響聲巖有五月二十一日朱子手書石刻，云：「何叔京（何鎬，1128-1175）、朱仲晦（朱子）、連嵩卿、蔡季通（蔡元定，1135-1198）、徐文臣、呂伯共（伯恭）、潘叔昌、范伯崇（范念德）、張（詹）元善。」何、連、蔡、徐、潘、范六人，或是陸譜所云江浙諸友。其中潘叔昌陪東萊赴寒泉，故必參加。余正叔、余方叔、陳克齋（陳文蔚）家近鵝湖，亦可與會❿。

討論主題為簡易與支離，正如象山之詩所云易簡工夫，支離事業。陸氏以朱子讀書解經為支離，而以直發本心為簡易。據象山〈年

---

❻　《文集》，卷49，〈答王子合〉第一書，頁1上。

❼　《東萊呂太史文集》，別集，卷10，〈尺牘四〉，〈答潘叔度〉第十四書，頁19上。

❽　《象山全集》，卷27，〈全州教授陸先生行狀〉，頁2下。

❾　《宋元學案》，卷77，〈槐堂諸儒學案〉，頁7上、11上。

❿　程兆熊，〈從鵝湖到鵝湖之會〉，《中央日報》，1977，4月20日，第五節。

譜〉年十三即已謂「夫子之言簡易，有子之言支離」⓫。從小以來，已作如是觀。及從京都歸家，講學槐堂，不復以言語文字為意，令學者求本心。故鵝湖會中，易簡與支離為爭論之焦點。鵝湖別後東萊答邢邦用（邢世材）書云：「講貫誦繹，乃百代為學通法。學者緣此支離泛濫，自是人病，非是法病。見此而欲盡廢之，正是因噎廢食。」⓬數月後朱子致張敬夫（張栻）書云：「子壽兄弟氣象甚好。其病卻在盡廢講學而專務踐履，卻於踐履之中要人提撕省察，悟得本心。此為病之大者。」⓭子壽淳熙七年庚子 (1180) 死，朱子以文祭之曰：「念昔鵝湖之下，實云識面之初。厭世學之支離，新易簡之規模。」⓮凡此皆可以證實支離易簡，讀書討論，為當時爭辯之中心問題。此是涵養方法之分歧，與兩人之根本思想無關。當然發明本心為頓悟，讀書講論為漸悟，於心之實體，所見不同。然象山以心即理，朱子以性即理，會議中並未言及也。

會議無一定時間，亦無秩序。顯是隨便談談。陸譜詳載象山論九卦之序，謂朱呂「二公大服」。今從《語類》與《文集》又可考得鵝湖之會中談及東萊解《書經》，子壽贈朱子以新篇，陸氏兄弟贊曹立之（曹建，1147–1183）之為人，與討論「乾」「坤」二卦之簡易⓯。

鵝湖會後三年朱子和子壽詩云：「德業流風夙所欽，別離三載更

⓫　《象山全集》，卷 36，〈年譜〉，頁 4 下。
⓬　《東萊呂太史文集》，別集，卷 10，〈尺牘四〉，答邢邦用書，頁 22 下。
⓭　《文集》，卷 31，〈答張敬夫〉第二十七書，頁 15 下 –16 上。
⓮　同上，卷 87，〈祭陸子壽教授文〉，頁 10 下。
⓯　詳見拙著《朱學論集》，〈朱陸鵝湖之會補述〉，頁 243–245。參看拙著《朱子新探索》，〈鵝湖之會〉條，頁 564–567。

關心。偶攜藜杖出寒谷，又枉籃輿度遠岑。舊學商量加邃密，新知培養轉深沉。只愁說到無言處，不信人間有古今。」❶學者多謂此詩作於淳熙六年己亥 (1179) 朱子赴南康任候命於鉛山子壽來訪之時。然詩明言三載，陸譜依之。王懋竑 (1668–1741) 力主鉛山作和之說，謂：「蓋鵝湖之會在乙未，鉛山之訪在己亥，中間隔丙申、丁酉、戊戌三年，故曰三載。」又謂：「又枉，若在鵝湖，則『又』字下不得也。」意謂「又」字指鉛山耳❶。然則候命於鉛山，是「偶」然耶？「又」字「偶」字均為行文之便，不必拘拘。王氏中間相隔三年之說，是強辯耳。朱子何不直言五載耶？且詩謂「無言處」與「不信古今」，乃是批評子壽。斷無子壽來訪反為諷之之理也。鵝湖會後，數年之間，朱子念念不忘。憶及子壽之詩而和之，是自然之事。至何以獨和子壽之詩而不和子靜之詩，則不可解。豈對子壽之反感不若對子靜之強歟？

　　鵝湖會後張栻以書問朱子：「陸子壽兄弟如何？肯相聽否？」❶朱子答云：「要其操持謹質，表裏不二，實有以過人者。惜乎其自信太過，規模窄狹，不復取人之善，將流於異學而不自知耳。」❶此函態度平穩，無忿激氣。淳熙五年戊戌 (1178) 朱子致呂伯恭書謂，「近得子壽兄弟書，卻自訟前日偏見之說。不知果如何？」❷次年子壽訪於鉛山，互談《論語》、《中庸》與小學學規三日。雖未能無

---

❶　《文集》，卷 4，頁 10 上；同❺，頁 8 下 –9 上。「鵝湖寺和陸子壽」應作「和鵝湖寺陸子壽」。

❶　《朱子年譜》，〈考異〉，卷 1，頁 285。

❶　《南軒先生文集》，卷 22，〈答朱元晦秘書〉第一書，頁 10 上，總頁 710。

❶　同❶。

❷　《文集》，卷 34，〈答呂伯恭〉第五十六書，頁 4 下。

疑，然意見漸趨一致 ❷。同時象山亦略為改變主張。呂東萊有書朱子云：「陸子靜近日聞其稍回。……渠兄弟在今士子中不易得。若整頓得周正，非細事也。」❷ 所謂稍回，大概指其最近主張讀書講學。朱子有書呂氏云：「子靜近得書。其徒曹立之者來訪，氣質儘佳，亦似知其師說之誤。持得子靜近答渠書與劉淳叟（劉堯夫，1175 進士）書，卻說人須是讀書講論。然則自覺其前說之誤矣。但不肯翻然說破今是昨非之意，依舊遮前掩後，巧為詞說。只此氣象，卻似不佳耳。」❷ 又一書云：「子壽學生又有興國萬人傑字正純者亦佳。見來此相聚，云子靜卻教人讀書講學。亦得江西朋友書亦云然。此亦皆濟事也。」❷ 故朱子曰：「渠兄弟今日豈易得？但子靜似猶有些舊來意思。聞其門人說子壽言其雖已轉步而未曾移身。然其勢久之亦必自轉。回思鵝湖講論時，是甚氣勢？又何止什去七八耶？」❷ 大抵子壽趨近朱子，子靜則尚有距離，然不再以讀書講學為蓁塞支離矣。同時朱子亦自認「近來自覺向時工夫，止是講論文義，以為積集義理，久當自有得力處。卻於日用功夫，全少點檢。諸朋友往往亦只如此做工夫，所以多不得力。今方深省而痛懲之，亦願與同志勉焉。幸老兄遍以告之也」❷。

　　由上所述，可知雙方漸棄偏見，調和之時機已熟。可惜子壽不

❷　《語類》，卷 124，第三、四條，頁 4753–4754；卷 7，第十二條，頁 262；同❺，頁 9 上。
❷　《東萊呂太史文集》，別集，卷 8，〈尺牘二〉，〈答朱侍講〉第五十四書，頁 11 上。
❷　《文集》，卷 34，〈答呂伯恭〉第七十七書，頁 17 上下。
❷　同上，第八十一書，頁 23 下。
❷　同上，第八十三書，頁 26 上下。
❷　同上，卷 44，〈答吳茂實〉第一書，頁 30 下。

久逝世，再無軟化象山之機會。苟子壽多生十載，或可免曹立之墓表之波瀾與太極之辯也。

　　曹立之淳熙十年癸卯 (1183) 卒，朱子為撰墓銘，詳述其從程迥（1163 進士）、陸氏兄弟，與朱子之經過，謂：「聞張敬夫講道湖湘，欲往見之，不能致。有告以沙隨程氏學古行高者，即往從之，得其指歸。既又聞陸氏兄弟獨以心之所得者為學。其說有非文字言語之所及者，則又往受其學，久而若有得焉。子壽蓋深許之，而立之未敢以自足也。……後至南康（從朱子），乃盡得其（張敬夫）遺文，以考其為學始終之致。於是喟然歎曰：『吾平生於學無所聞而不究其歸者，而今而後，乃有定論而不疑矣。』」❷⃝⁷朱子以為「據實直書」❷⃝⁸，而陸方學者皆不能平。朱子以曹表寄象山。象山復書只謂：「立之之墓表亦好，但敘履歷亦未有得實處。」❷⃝⁹言下雖無忿激之意，然不免以叛己從朱為不安。及後 (1184) 象山輪對五劄，朱子見之，與陸氏書謂為「向上一路，未曾撥轉處，未免使人疑著。想是蔥嶺帶來耳。如何如何？一笑」❸⃝⁰。朱子之為此言，並無惡意，然不免吹毛求疵，蓋輪對五劄，毫無禪宗西來之痕跡。朱子直言，亦是朱陸不和之一因。加以象山門人劉淳叟、包顯道（包揚）、傅夢泉輩，舉動奇怪，瞬目揚眉，益增朱子以陸學為禪之印象。於是朱陸兩門，日漸決裂。至淳熙十二年乙巳 (1185)，「因其徒來此，狂妄凶很，手足盡露。自此乃始顯然鳴鼓攻之，不復為前日之唯阿矣。」❸⃝¹

---

❷⃝⁷　同上，卷 90，〈曹立之墓表〉，頁 8 上。

❷⃝⁸　同上，續集，卷 4，〈答劉晦伯〉第七書，頁 2 上。

❷⃝⁹　《象山全集》，卷 7，〈與朱元晦〉書，頁 4 上。

❸⃝⁰　《文集》，卷 36，〈寄陸子靜〉第一書，頁 6 上。

❸⃝¹　同上，卷 50，〈答程正思〉第十六書，頁 30 上。

　　無極之辨，始自子美（陸九韶，壯年 1150）。彼以書示朱子諭太極〈西銘〉之失。子美去函已佚。朱子復書有三。第一書謂：「不言無極，則太極同於一物，而不足為萬化之根。不言太極，則無極淪於空寂，而不能為萬化之根。……〈西銘〉之說，……若以父母而言，則一物各一父母。若以『乾』『坤』而言，則萬物同一父母矣。」第二書於意義無所發明。只請子美勿以急迫之意求之。第三書則云：「謹如來教，不敢復有塵瀆。」❸❷兩者不快之情，可以想見。太極之辯，本可即此罷論。惟象山尚抱不平，自告奮勇，向朱子挑戰。淳熙十五年戊申 (1188) 與朱子書，長二千餘言，只辯〈太極圖說〉非周子（周敦頤，1017–1073）所作或是其學未成時所作，未及言無極太極之哲學涵義，只云中即太極。又謂朱子求勝不求益。措詞強烈❸❸。朱子復書亦不討論〈太極圖說〉之哲學而力辨孔子始言太極與周子始言無極。無極為無方所，無形狀。太極即至極，不可謂中。書長亦幾二千言，詞亦嚴厲❸❹。象山第二書有別幅，共二千五百餘言，謂朱子無方體無形狀等語得自禪宗。朱子每謂陸氏為禪，今則反戈相向矣。更謂朱子「文辭繳繞，氣象褊迫，其致辨處，類皆遷就牽合。……揣量模寫之工，依放假借之似。其條畫足以自信，其習熟足以自安」。堅持太極即中之說。別幅辨道器，謂器由於道，非以其形，不得為道也❸❺。朱子答書文長二千言，別紙亦五百餘字。仍主器之理為道。中心之辯，則在極字非中。「今以竃淺之心，挾忿懟之氣，……先立一說，務要突過。……各尊所聞，各行

❸❷　同上，卷 36，〈答陸子美〉一、二、三書，頁 3 下 –6 上。
❸❸　《象山全集》，卷 2，〈與朱元晦〉第一書，頁 4 下 –7 下。
❸❹　《文集》，卷 36，〈寄陸子靜〉第五書，頁 7 下 –10 下。
❸❺　同❸❸，第二書，頁 7 下 –11 下。

所知亦可矣。無復可望於必同也。」❸❻兩者之辯，顯是意見多而理論少。象山答書不滿三百字。告以拜荊門之命並謂朱子無望必同之語甚非所望❸❼。太極之辯，至此而止。以後尚往來書札數通，慰問私情。敬重之態，不因學術不同而絲毫減少也。

　　象山紹熙三年壬子 (1192) 十二月十四卒，陽曆為一一九三年正月十八。朱子率門人往寺中哭之。既罷，良久，曰：「可惜死了告子。」❸❽《象山全集》與王懋竑《朱子年譜》均不載此事。《語類》原註謂：「此說得之文卿（竇從周）。」王懋竑謂：「此事不見於從周錄，恐傳聞之誤。《閑闢錄》云：『哭之者故舊之私情，譏之者斯文之公議。』此語固然。然謂其學同於告子而辨之則可，謂可惜死了告子，則語太輕，必非朱子語矣。」❸❾錢穆亦謂：「語非記錄者所親聞，可信否不可知。」❹❶王錢二氏似以朱子此言為不善，欲為之洗刷。朱子率門人哭象山之死，從周諒必在場，未必是傳聞之誤。朱子與呂子約（呂祖儉，1196 卒）格格不相入。子約死，朱子曰：「子約竟齎著許多鶻突道理去矣。」❹❶此是朱子發言坦白，毫不忌諱。其優點在此，其弱點亦在此。其比象山於告子與謂子約鶻突同科，非惡意也。至其以告子為比，則一因皆不知有氣質之雜，二因皆不教人讀書，三因皆有義外之說，四因皆只守內而不管外面。《語類》討論象山與告子同處頗詳，宜細考之❹❷。

❸❻　《文集》，卷 36，〈寄陸子靜〉第二書，頁 10 下 –16 下。

❸❼　《象山全集》，卷 2，〈與朱元晦〉第三書，頁 11 下。

❸❽　《語類》，卷 124，第四十八條，頁 4772。

❸❾　《朱子年譜》，〈考異〉，卷 3，頁 309。

❹❶　《朱子新學案》，第三冊，頁 356。

❹❶　《語類》，卷 122，第三十七條，頁 4731。

❹❷　同上，卷 52，第二十八條，頁 1959–1960；卷 124，第二十八條，頁

　　鵝湖對抗，實是中國學術史上一大不幸之事。朱子事前已先有成見，指象山之學為禪，而象山兄弟赴會沿途即正面攻擊。以後雖稍為和緩，然鴻溝已成。鵝湖後再會，只得一次，總共相見不出兩星期，無緣澄清學術之衝突。於是朱陸兩門對壘，遂歷數百年之久。

　　陸子對朱子之批評，不若朱子評陸之烈，然亦加抨擊。《象山全集》載：「或謂先生（象山）之學是道德性命，形而上者，晦翁之學是名物度數，形而下者。學者當兼二先生之學。先生云：『足下如此說晦翁，晦翁未伏。晦翁之學，自謂一貫，但其見道不明，終不足以一貫耳。』」❹此處未明言不見道之故。《全集》又一記錄云：「一夕步月喟然而歎。包敏道（包遜）侍，問曰：『先生何歎？』曰：『朱元晦泰山喬嶽，可惜學不見道，枉費精神，遂自擔閣。奈何？』包曰：『勢既如此，莫若各自著書以待天下後世之自擇。』忽正色厲聲曰：『敏道敏道！恁地沒長進，乃作這般見解？且道天地間有個朱元晦陸子靜，便添得些子？無了後，便減得些子？』」❹❹亦謂朱子不見道。大概以著書無益，以朱子著書為揣量模寫，依放假借。從象山直指本心而言，當然以文字為障礙。朱子曾撰〈喜晴〉詩云：「川源紅綠一時新，暮雨朝晴更可人。書冊埋頭何日了，不如拋卻去尋春。」象山聞之色喜曰：「元晦至此有覺矣，可喜也。」❹❺殆即指此。

　　1960；第三十七條，頁 4766；第三十八條，頁 4768。參看拙著《朱子新探索》，〈可惜死了告子〉條，頁 591–596。

❹　《象山全集》，卷 34，〈語錄上〉，頁 18 下。

❹❹　同上，頁 14 下。

❹❺　同上，卷 36，〈年譜〉，頁 20 上。此詩不見《朱子文集》。《文集》，卷 1，頁 15 下，〈喜晴〉詩五言，與此七言大異。

　　或諫象山不必與朱子辯。象山曰：「女曾知否？建安亦無朱晦翁，青田亦無陸子靜。」❹建安即朱子里居崇安縣之所在，青田在象山家居金谿縣之東。意謂真理超乎個人。所可注意者，此處與上引並舉朱陸之名，豈視朱子為平等耶？然另一記錄，則顯然以朱子為次一等。門徒謂朱子但在氣象上理會。象山曰：「我這裏也說氣象，但不是就外面說。」❹蓋言其本人發明本心，朱子則捕風捉影而已。其謂朱子心病難醫❹，想是指此。

　　朱子答項平父（項安世，1175 進士）云：「今子靜所說專是專德性事，而熹平日所論，卻是問學上多了。所以為彼學者多持守可觀，而看得義理全不子細，又別說一種杜撰道理遮蓋，不肯放下。而熹自覺雖於義理上不敢亂說，卻於緊要為己為人上多不得力。今當反身用力，去短集長，庶幾不墮一邊耳。」❹象山聞之曰：「觀此則是元晦欲去兩短，合兩長。然吾以為不可。既不知尊德性，焉有所謂道問學？」❺象山既以留情傳註為支離，自然以道問學為尊德性之大障礙。朱子之道，則尊德性與道問學，有如兩輪兩翼，相輔而行。惟象山絕不妥協，不肯去短集長。其謂朱子「執己之意甚固，而視人之言甚忽，求勝不求益」❺，誠足以自道也。至如謂朱子蔽固，謂朱子說話不討落著，謂朱子糊塗沒理會❺，非要點也。

---

❹　同上，卷 34，〈語錄上〉，頁 4 上。

❹　同上，頁 22 下。

❹　同上，卷 35，〈語錄下〉，頁 26 下。

❹　《文集》，卷 54，〈答項平父〉第二書，頁 5 下 –6 上。

❺　《象山全集》，卷 34，〈語錄上〉，頁 5 上；卷 36，〈年譜〉，頁 11 下。

❺　同上，卷 2，〈與朱元晦〉第一書，頁 7 下。

❺　同上，卷 34，〈語錄上〉，頁 14 上；卷 35，〈語錄下〉，頁 19 上；卷 15，〈與陶贊仲〉第二書，頁 2 上。

　　朱子之於陸氏，可謂絕不留情。《語類》只有兩處贊揚之語，曰：「性質（註陸子美），精神（註子靜）。」❸此為楊若海所錄，不知何時。然來自《語類》之〈饒錄〉，當在晚年。《語類》又云：「因說陸子靜，謂江南未有人如他八字著腳。」❹此為陳文蔚所錄，亦在晚年。《象山全集》亦有兩項記載，實是贊語。據《全集》：「周伯熊（1190 進士）來學先生，問學何經？對曰：『讀《禮記》。』『曾用工於九容乎？』曰：『未也。』『且用功於此。』後往問學於晦庵。晦庵曰：『僊里近陸先生。曾見之否？』曰：『亦嘗請教。』具述所言。晦庵曰：『公來問某，某亦不過如此說。』」❺又云：「有學者因無極之辯，貽書詆先生（象山）者，晦庵復其書云：『南渡以來，八字著腳，理會著實工夫者，惟某與陸子靜二人而已。某實敬其為人，老兄未可以輕議之也。』」❻

　　另有兩處先贊後評者，如上引謂子壽兄弟操持謹質但其自信太過❼。又謂：「陸子靜天資甚麼高明，卻是不道中庸，後其學便誤人。」❽其他數處，則是毀過於譽矣❾。此外專事抨擊者多端，謂其「不下窮理工夫」，謂其「欲速好徑」❿，謂其「先立一說」，謂

---

❸　《語類》，卷 124，第一條，頁 4753。

❹　同上，第六條，頁 4754。

❺　《象山全集》，卷 36，〈年譜〉，頁 8 上。

❻　同上，頁 21 上。

❼　同❸。

❽　《語類》，卷 64，第一四一條，頁 2520。

❾　參看同上，卷 122，第四條，頁 4719；第三十九條，頁 4731；卷 124，第三十三條，頁 4764。

❿　《文集》，卷 56，〈答趙子欽〉第四書，頁 2 下；卷 53，〈答胡季隨〉第九書，頁 22 上。

其「遮前掩後，巧為詞說」，謂其「多說如此即只是意見，如此即只是議論」❻。謂其「失之寡」，謂其「不立文字」❻，幾無美點可言。「不立文字」乃禪宗之成語，朱子畢生以象山為禪。一則曰「子靜一味是禪」，再則曰「陸子靜分明是禪」，三則曰「只是禪」，四則曰「本是禪學」❻；又謂「金溪學問真正是禪」、「胸中無奈許多禪何」、「只說一個心」、「卻要理會內，不管外面」、「說話常是兩頭明，中間暗，……是他那不說破處」❻，固不只不立文字而已也。至其教人「不著言語」、「萬理皆空」、「當下便是」❻，皆與禪學無異。無怪天下皆說象山是禪❻。其實象山排佛，用力之處不下朱子。「嘗以義利二字判儒釋」，謂：「儒為大中，釋為大偏。」❻又謂：「釋氏立教，本欲脫離生死，惟主於成其私耳。」、「我（儒）說一貫，彼（釋）亦說一貫。只是不然。天秩、天敘、天命、天討，皆是實理。彼豈有此？」、「佛老高一世人，只是道偏不是」、「禪家話頭、不說破之類，後世之謬。」❻然彼自認「儒釋之辨，某平時亦少所論

❻ 同上，卷36，〈寄陸子靜〉第六書，頁15下；卷34，〈答呂伯恭〉第七十七、九十三書，頁17下，34上。
❻ 《語類》，卷122，第四條，頁4719；卷124，第二十九條，頁4763。
❻ 《文集》，卷35，〈答劉子澄〉第十一書，頁21上；《語類》，卷123，第二十二條，頁4750；卷124，第四十二、四十四條，頁4769–4770。
❻ 《語類》，卷124，第二十五條，頁4762；第六十三條，頁4719；第五十四條，頁4776，第二十七條，頁4763；卷104，第三十八條，頁4165。
❻ 同上，第十四條，頁4757；第三十七條，頁4766；第五十二條，頁4774。參看拙著《朱子新探索》，〈論象山之性格〉條，頁572–580。
❻ 《象山全集》，卷34，〈語錄上〉，頁22下。
❻ 同上，卷2，〈與王順伯〉第一、二書，頁1下，4上。
❻ 同上，卷35，〈語錄上〉，頁24上，26上下。

者」❻❾。且其所論者，限於義私與話頭。其本人思想與禪宗太近，此朱子所以不斷排斥，再接再厲也。

鵝湖之不和如彼，兩者互擊又如此，於是學者每謂朱陸水火不融。其實在學術上相持不下，而未嘗減輕其私情之互相尊敬也。鵝湖會後朱子即致書象山云：「所恨匆匆別去。彼此之懷，皆若有未既者。然警切之誨，佩服不敢忘也。」❼❶由衷之言，斷非表面應酬可比。朱子固無貽書之必要也。兩年後 (1177)，象山繼母卒，象山兄弟以函致朱子問喪禮。據朱子答葉味道（1220 進士）書云：「所喻既祔之後，主不當復於寢，此恐不然。向見陸子靜居母喪時，力主此說。其兄子壽疑之。皆以書來見問。……當時嘗痛闢之。……其後子壽書來，乃伏其謬，而有他日負荊之語。」❼❶兩者意見仍是冰炭，然必有敬慕之意，方請教也。

淳熙七年庚子 (1180) 朱子知南康軍，六月有書致呂伯恭云：「子壽兄弟得書。子靜約秋涼來遊廬阜。」❼❷又一書云：「子壽兄弟久不得書。子靜欲來，想以旱故，未必能動。且夕或遣人候之也。」❼❸九月子壽卒，即非火色，象山亦須取消廬山之游。然既約游，則感情必篤矣。子壽死後，子靜請呂伯恭撰墓誌銘而請朱子書之。朱子致呂氏書云：「子靜書云已求銘於門下，又屬熹書之。此不敢辭。」❼❹陸氏母死，已向朱子問禮，今其兄死，又請朱子書銘，決

---

❻❾　同上，卷 2，〈與王順伯〉第二書，頁 3 上。

❼❶　同上，卷 36，〈年譜〉，頁 9 下。此書不見《文集》。

❼❶　《文集》，卷 58，〈答葉味道〉第一書，頁 28 上。

❼❷　同上，卷 34，〈答呂伯恭〉第八十三書，頁 26 上。

❼❸　同上，第八十五書，頁 29 下。

❼❹　同上，第九十書，頁 32 上。

非普通友誼可比。

翌年 (1181) 二月，象山訪朱子於南康。《象山全集》記載此事甚詳，錄之如下：

> 時元晦為南康守，與先生泛舟樂曰：「自有宇宙以來，已有此溪山，還有此佳客否？」乃請先生登白鹿洞書院講席。先生講君子喻於義，小人喻於利一章⓻，畢乃離席。言曰：「熹當與諸生共守，以無忘陸先生之訓。」再三云：「熹在此不曾說到這裏，負愧何言？」乃復請先生書其說。先生書講義。尋以講義刻於石。先生云：「講義述於當時，發明精神不盡。」當時說得來痛快，至有流涕者。元晦深感動。天氣微冷而汗出揮扇⓼。

此為歷史上膾炙人口之演講。二月而揮扇，或是誇張。然感人流涕，大有可能。《語類》載朱子云：「陸氏會說，其精神亦能感發人。」又云：「近世所見會說話，說得響，令人感動者，無如陸子靜。」⓽是年冬，朱子奏事延和殿。象山有書云：「元晦聞已起行入奏事。江西可謂德星聚也。」⓾

朱子南康浙東之政，頗得象山稱許。象山與尤延之（尤袤，1127-1194）書云：「朱元晦在南康已得太嚴之聲。元晦之政亦誠有

⓻　《論語》，〈里仁〉第四，第十六章。

⓼　《象山全集》，卷 36，〈年譜〉，頁 10 下。參看拙著《朱子新探索》，〈鵝湖與白鹿〉條，頁 566–571。

⓽　《語類》，卷 124，第三十三條，頁 4764；卷 95，第一七七條，頁 3905。

⓾　《象山全集》，卷 9，〈與王謙仲〉第一書，頁 1 上。

病，然恐不能泛然以嚴病之，使罰當其罪，刑故無小，遽可以嚴而非之乎？……元晦浙東救旱之政，比者屢得浙中親舊書及道途所傳，頗知梗概，浙人殊賴。自劾一節，尤為適宜。其誕慢以僥寵祿者，當少阻矣。」❼淳熙十年癸卯 (1183) 九月去浙東任歸崇安，有書致象山云：「歸來臂痛，病中絕學捐書，卻覺得身心收管，似有稍進處。向來汎濫，真不濟事。恨未得款曲承教，盡布此懷也。」❽此書只見《象山全集》，其用意在暗示朱子自覺道問學與汎濫之非。然朱子對象山私情之厚，溢於言表。

　　淳熙十四年丁未 (1187)，朱子除（差）江南西路提點刑獄公事。象山貽書曰：「朝廷以旱暵之故，復屈長者以使節。倘肯俯就，江西之民，一何幸也？冬初許氏子來，始得五月八日書，且聞令小娘竟不起。諒惟傷悼。前月來又得五月二日書，開慰之劇。某不消，禍釁之深，仲兄子儀中夏一疾不起。前月末甫得襄事。七月末喪一幼穉三歲，乃擬為先教授兄後者。比又喪一姪孫女。姪壻張輔之抱病累月，亦以先兄襄事之後長往。痛哉！禍故重仍，未有甚於此者。觸緒悲摧，殆所不堪。某舊有血疾，二三年寖劇。近又轉而成痔，良以為苦，數日方少瘳矣。」❾此書極有意義，因全書與學術無關。上半富有同情之感，下半只語門人性情。翌年朱子奏事延和殿，象山亦為書曰：「鄉閭已赴闕奏事。何日對敭？伏想大擴素蘊，為明主忠言，動悟淵衷，以幸天下。恨未得即聞緒餘，沃此傾渴。外間傳聞留中講讀，未知信否？誠得如此，豈勝慶幸？」❿續言象山勝境

❼　同上，卷 36，〈年譜〉，頁 12 上。

❽　同上，頁 11 下。

❾　同上，卷 13，〈與朱元晦〉第一書，頁 7 上下。

❿　同上，卷 2，〈與朱元晦〉第一書，頁 5 上。

與築精舍之經過。以下即為太極之辨，長二千言。可見學術則針鋒相對，私情則互相敬重，且以厄運相告，乃是誠意之舉。

淳熙十六年己酉 (1189) 八月，朱子除江南東路轉運副使，朱子辭。象山勸之云：「外臺之除，豈所以處耆德？殆新政起賢之兆耳。……願尊兄勉致醫藥，俯慰輿情。縱筋力未強，但力疾臥護，則精神折衝者，亦不細矣。」❸此亦良友心腹之言。苟對朱子無好感，此函大可不必也。

陸譜紹熙三年壬子 (1192) 載四月朱子來書云：「去歲辱惠書慰問，即附狀致謝。其後聞千騎西去，相望益遠，無從致問，……歸來建陽，失於計度，作一小屋，期年不成。勞苦百端，欲罷不可。……近著幸示一二，有委併及。」❹此亦純為私人致候言語。非如論學書簡，橫攻直擊也。由是觀之，兩人學術不肯苟同，但私人感情，則絕無因此絲毫減削。兩者性情剛直，故學術堅持如此，而私情表示亦如此。

學術分歧，始終為博約之辨。朱子云：「今江西諸人之學，只是要約，更不務博。本來雖有些好感，臨事盡是鑿空杜撰。」❺象山則以朱子為支離。朱子未嘗不知本人支離。與象山書云：「所幸邇來日用功夫，頗覺有力，無復向來支離之病。」❻在象山，簡約繫乎本心之實現。在朱子，博觀在於讀書窮理。朱子側重讀書，自無待言。然象山亦未嘗不教人讀書。嘗謂：「人謂某不教人讀書，……何

---

❸ 同❶，第二書，頁 7 下。

❹ 同上，卷 36，〈年譜〉，頁 23 下。此書不見《文集》。參看拙著《朱子新探索》，〈朱陸關係之私情方面〉條，頁 581–587。

❺ 《語類》，卷 120，第一一四條，頁 4658。

❻ 《文集》，卷 36，〈寄陸子靜〉第二書，頁 6 下。

嘗不讀書來？只是比他人讀得別些了。」❽又謂：「某何嘗不教人讀書？不知此後煞有甚事？」❽象山〈語錄〉讀書者甚多，如讀六經先看古註，「束書不觀，游談無根」、「後生看經書須著看注疏」，教後生精讀古書文，又教後生讀《漢書》〈食貨志〉與《周官》〈考工記〉❽。其長兄每四更一點起時，只見其在看書或檢書❾。其讀書之特別處在「不必窮索。平易讀之，識其可識者，久將自明」，須將「大綱提掇來，細細理會去」、「須當明物理，揣事情，論事勢」，須「求血脈」❾。其方法與朱子無異。然理論則大不相同。朱子以讀書為明理之必要條件，陸氏則視為次要。其所謂註疏乃是古註，以朱子之傳註為蓁塞，為支離。故其徒有讀書充塞仁義之說❾。象山主張本心自明，「只在於今」。朱子則須格物窮理。象山非不言格物，然其格物乃是在身上理會❾，不是即物以求其理之當然。經羅欽順指出，「象山亦嘗言致思，亦嘗言格物，亦嘗言窮理。未必不以為無背於聖門之訓。殊不知言雖是而所指則非。……皆指心而言也」❾。象山屢屢言先立大本。其自述云：「近有議吾者云：『除了先立乎其大者一句，全無伎倆。』吾聞之曰：『誠然。』」❾於是博約之問題，

---

❽　《象山全集》，卷35，〈語錄下〉，頁11下。

❽　同上，頁28下。

❽　同上，卷34，〈語錄上〉，頁10下，頁18上；卷35，〈語錄下〉，頁1下，25下。

❾　同上，卷35，頁23下。

❾　同上，頁28下，3上，9上，10上。參看❺，頁12下。

❾　《語類》，卷124，第十七條，頁4758。

❾　《象山全集》，卷34，〈語錄上〉，頁7下；卷35，〈語錄下〉頁8上下。

❾　《困知記》，卷2，頁19上。

❾　《象山全集》，卷34，〈語錄上〉，頁5上。「立大」出《孟子·告子上》，

遂變成尊德性道問學之爭論。

　　黃宗羲 (1610–1695) 謂：「先生（象山）之學，以尊德性為宗。謂先立乎其大，而後大之所以與我者，不為小者所奪。……紫陽（朱子）之學，則以道問學為主，謂格物窮理，乃吾人入聖之階梯。」其子百家（壯年 1695）沿之，謂：「陸主乎尊德性，謂先立乎其大，則反身自得，百川會歸矣。朱主乎道問學，謂物理既窮，則吾知自致，滃霧消融矣。」❾❻ 以後學者每以尊德性道問學為朱陸之異。象山之不反對道問學，已見於前。朱子亦非忽略尊德性者。朱子一生信服中庸之道，尊德性與道問學，有如兩輪兩翼，缺一不可。誠如王懋竑所云，自乾道六年庚寅 (1170) 拈出程頤 (1033–1107)「涵養須用敬，進學則在致知」❾❼ 之言，二十五年，無絲毫髮異❾❽。

　　或曰，象山以尊德性為本，道問學為末。然朱子亦有類此之語。其言曰：「此學以尊德性求放心為本。」❾❾ 蓋尊德性是一個「坯子」（三重山），「有這坯子，學問之功方有措處」❿⓿。「不尊德性則懈怠弛慢矣。學問從何而來」❿❶、「能尊德性，便能道問學，所謂本得而末自順也」❿❷。不過朱子的確側重道問學，自己承認，「說尊德性一邊輕了，今覺見未是」❿❸。然朱子願意去短集長，象山則否。不特

──────────

第十五章。

❾❻　《宋元學案》，卷 58，〈象山學案〉，頁 2 上，3 下。語出《中庸》，第二十七章。參看拙著《朱子新探索》，〈尊德性而道問學〉條，頁 280–287。

❾❼　《遺書》，卷 18，頁 5 下。

❾❽　《朱子年譜》，〈考異〉，卷 1，頁 269。

❾❾　《文集》，卷 47，〈答呂子約〉第二十四書，頁 24 上。

❿⓿　《語類》，卷 64，第一四九條，頁 2522。

❿❶　同上，第一三二條，頁 2517。

❿❷　同上，第一五二條，頁 2523。

其自信太過使然，亦因其思想與朱子有根本不同處。象山之尊德性
為存心立心。此心古聖相傳，不由外鑠。朱子非不知存心立心，然
必須用敬，所謂「涵養須用敬」也。

　　象山不喜言敬。彼以「存養是主人，檢斂是奴僕」⓾。必要「內
無所累，外無所累。自然自在，……自然輕清，自然靈」⓯。象山
門徒述象山之言曰：「目能視，耳能聽，鼻能知香臭，口能知味，心
能思，手足能運動。如何更要甚存誠持敬，硬要將一物去治一
物？」⓰能能之語，借用禪宗。波羅提對天竺某國王「如何是佛」
之問曰：「在眼曰見，在耳曰聞，在鼻齅香，在口談論，在手執捉，
在足運奔。遍現俱該法界，收攝在一微塵。識者知是佛性，不識喚
作精魂。」⓱作用是性為禪宗要旨。朱子以為即是告子生之謂性而
痛斥之，曰：「且如手執捉，若執刀胡亂殺人，亦可為性乎？」⓲人
性本善，然有氣稟之雜，故必加陶養之功，方能為善。朱子評象山
曰：「陸子靜之學，看他千般萬般病，只在不知有氣稟之雜，把許多
竈惡底氣，都把做心之妙理，合當恁地自然做將去。……看子靜書，
只見他許多竈暴底意思可畏。其徒都是這樣。才說得幾句，理無大
無小，無父無兄。只我胸中流出底是天理，全不著些工夫。看來這
錯處，只在不知有氣稟之性。」⓳象山曾言「學能變化氣質」⓾。

⓱　同⓾。

⓴　《象山全集》，卷 35，〈語錄下〉，頁 14 上。

⓯　同上，頁 26 下。

⓰　《語類》，卷 116，第三十三條，頁 4461。

⓱　《景德傳燈錄》，卷 3，頁 5 上。

⓲　《語類》，卷 126，第五十九條，頁 4841。

⓳　同上，第三十八條，頁 4765。

⓾　《象山全集》，卷 35，〈語錄下〉，頁 22 下。

然氣質是性。彼重心不重性，故氣質落在第二義。

天理在朱子哲學系統中，佔有重要地位。朱子云：「有個天理，便有個人欲。蓋緣這個天理須有個安頓處。才安頓得不恰好，便有人欲出來。」⑪換言之，「善者便是天理，惡者便是人欲」⑫。朱子好言人心道心，然不可分而為二。「蓋心一也。自其天理備具，隨處發見而言，則謂之道心。自其有所營為謀慮而言，則謂之人心。夫營為謀慮，非皆不善也。便謂之私欲者，蓋只一毫髮不從天理上自然發出，便是私欲。」⑬然象山不同意此說，謂：「天理人欲之言，亦自不是至論。……人心為人欲，道心為天理，此說非是。心一也。人安有二心？」又云：「天理人欲之分論極有病。」⑭從象山之心即理基本理論而言，心即道心，理即天理，並無與之對立。惟無對立，故此心呈現，此道此理即當下呈現。其方法相當於禪宗之頓悟。在朱子則須涵養用敬，隨步漸進，相當於禪之漸悟。此是方法問題，可與博約、尊德性道問學同日而語。然方法已進入心性範圍矣。

象山主心即理，朱子主性即理，心統性情。以朱子觀之，心具眾理而不就是理。心乃氣之靈，性是理，故心性不可混而為一。在象山則心與理合一。宇宙之心，即一己之心。宇宙內事，即己分內事。單以理言，朱陸並無衝突。惟象山堅持心理為一，談心即不需談性。嘗云：「今之學者，讀書只是解字，更不求血脈。且如情性心

⑪　《語類》，卷 13，第十五條，頁 355。
⑫　《文集》，卷 62，〈答傅誠子〉，頁 20 下。參看拙著《朱子新探索》，〈朱子論天理人欲〉條，頁 255–267。
⑬　同上，卷 32，〈問張敬夫〉第三十七書，頁 7 上。
⑭　《象山全集》，卷 34，〈語錄上〉，頁 1 下；卷 35，〈語錄下〉，頁 31 下。參看同卷，頁 23 上。

才，都只是一般物事，言偶不同耳。……若必欲說到時，則在天者為性，在人者為心。此蓋隨吾友（李伯敏）而言，其實不須如此。」⑮朱子門人謂陸子靜不喜人說性。朱子曰：「怕只是自理會不曾分曉，怕人問難。又長大了，不肯與人商量做。一截截斷了。然學而不論性，不知所學何事？」⑯象山非不理會，而實有其哲學根據也。其所謂心理如一，乃本於孟子性善之說，以為惻隱、羞惡、辭讓、是非之心，人皆有之。四者為仁義禮智之端，即是四端⑰。故象山云：「近來論學者言擴而充之，須於四端上逐一充。焉有此理？孟子當來只是發出人有是四端，以明人性之善，不可自暴自棄。苟此心之存，則此自明，當惻隱處自惻隱，當羞惡，當辭遜，是非在前，自能辨之。」⑱朱陸相持不下。至今哲學界仍未歸一。實在以心為理或以性為理，均是主見。黃宗羲云：「二先生同植綱常，同扶名教，同宗孔孟。即使意見終於不合，亦不過仁者見仁，知者見知。」百家亦云：「二先生之立教不同。然如詔入室者，雖東西異戶，及至室中，則一也。」⑲心即理與性即理，命題確實不同。然兩者於萬物一理，天人合一，性本善，希賢希聖，人皆可以為堯舜，義利之辨，正心誠意，修齊治平，則朱陸無以異也。

---

⑮　同上，卷 35，頁 10 上下。

⑯　《語類》，卷 124，第二十六條，頁 4762。

⑰　《孟子》，〈公孫丑〉第二上，第六章。

⑱　《象山全集》，卷 34，〈語錄上〉，頁 1 下 –2 上。

⑲　《宋元學案》，卷 58，〈象山學案〉，頁 3 下。

第十六章　朱子與陳亮

陳亮，字同父（同甫），號龍川 (1143–1194)，婺州永康人。《宋史》云：「生而目光有芒。為人才氣超邁。喜談兵。議論風生，下筆數千言立就。……隆興 (1163–1164) 初，與金人約合。……獨亮持不可。婺州方以解頭薦，因上〈中興五論〉，奏入不報。已而退修於家，學者多歸之。益力學著書者十年。」❶亮天資異常，俯視一世。然屢試不就，上奏不報，於是落魄醉酒。貧甚，父沒，貸錢以葬。年五十一，乃中狀元，虛榮之心始達。其學首推王通 (584–617)，以為孟子後第一人，甚喜其《中說》通變之謂道之論。黃百家（壯年1695）述之曰：「永嘉之學，薛（薛季宣，1125–1173）、鄭（鄭伯熊，1128 生）俱出自程子（程頤，1033–1107）。是時陳同甫又崛興於永康，無所承接。然其為學，俱以讀書經濟為事。嗤黜空疏、隨人牙後談性命者，以為灰埃。亦遂為世所忌，以為此近於功利，俱目之為浙學。」❷其時朱、張（張栻，1133–1180）、呂（呂祖謙，1137–1181）、陸（陸象山，1139–1193）皆談性命而闢功利，同父斥之曰：「以端慤靜深為體，以徐用緩語為用。……為士者恥言行義而日盡心知性，居官者恥言政事書判而日學道愛人，相蒙相欺以盡廢天下之實，則亦終於百事不理而已。」❸

同父好為大言，以故知交甚少，惟呂祖謙與之相契，年二十與呂同應試，年二十七同在太學，兩人通訊頻頻。同父一書云：「亮本欲從科舉冒一官。既不可得，方欲放開營生，又恐他時收拾不上。

---

❶　《宋史》，卷 436，頁 12929，〈陳亮傳〉。
❷　《宋元學案》，卷 56，〈龍川學案〉，頁 2 上。
❸　《陳亮集》，卷 15，〈送吳允成運幹序〉，頁 179。

方欲出耕於空曠之野，又恐無後退一著。方欲首書冊以終餘年，又自度不能為三日新婦矣。方欲盃酒叫呼以自別於士君子之外，又自覺老醜不應拍。每念及此，或推案大呼，或悲淚填臆，或髮上衝冠，或拊掌大笑。……海內知我者，惟兄一人。」❹可謂誠敬備至。伯恭（呂祖謙）一書云：「比亦聞有意外少撓，要是自反進德之階。來諭不忘惕屬。政所望者更願益加培養為幸。」❺伯恭心氣和平，其進言忠告同父之婉轉如此。惟對同父之推崇王通，極不贊成。有書致同父云，〈文中子序〉「其間頗有抑揚過當處。如云『荀揚（揚雄，紀元前53–18）不足勝。』，又云『孔孟之皇皇，蓋迫於此矣』，又云『續經之作，孔氏之志也。世胡足以知之哉？』此類恐更須斟酌。」❻同父接此函後已改「不足勝」為「非其倫」，並刪去孔孟皇皇之句。伯恭為朱陸鵝湖之會之後，曾有書同父稱「元晦（朱子）英邁剛明而工夫就實入細，殊未可量」❼。淳熙八年 (1181) 伯恭至永康，訪同父於壽山石洞，相與講其所學。是年朱子除（差）提舉江南西路常平茶鹽公事，又致書同父云：「朱元晦以召命益峻，秋涼欲上道，且云至衢少留，引疾俟命。……甚欲一見也。」致朱子書，亦謂同父有意來訪❽。不幸秋七月伯恭卒。苟延命數載，或可免朱陳之辨。

　　是年八月朱子改除提舉浙東常平茶鹽公事。童振福《陳亮年譜》

❹　同上，卷19，〈與伯恭正字〉第二書，頁261。

❺　《東萊呂太史別集》，卷10，〈與陳同甫〉第二十書，頁9上。

❻　同上，第六書，頁4上。〈類次文中子引〉載《陳亮集》，卷13，頁168–170。

❼　同上，頁6上。

❽　同上，頁4上。致朱書見同上，卷8，〈與朱侍講〉第四十八書，頁10上。

謂：「即日就道，至永康，訪先生，互究所學。」❾此事未知真否。王懋竑 (1668–1741)《朱子年譜》不載。童譜有誤，如謂淳熙十一年 (1184) 同父「過紹興，訪朱熹於武夷精舍中」❿。甲辰 (1184) 同父致朱子書只謂「比過紹興，方見〈精舍雜詠〉」而已。同父從來未到武夷，武夷精舍亦非在紹興也。據王譜，九年 (1182) 正月，朱子巡歷紹興府婺州衢州，同父來訪於衢婺間，旬日而別。朱子歸官舍後有書（朱書一）致同父云：「數日山間從遊甚樂。……山間之行，不容復踐。老兄與君舉（陳傳良，1137–1203）能一來此間相聚為幸。官舍無人，得以從容。殊勝在道間關置車中，不得終日相語也。……《戰國策》、《論衡》一書，並自注〈田說〉二小帙，並往觀之如何也。所定《文中子》，千萬攜來。」⓫兩人相會，只此一次。會面時必談及可能再會於剡溪與同父之類次《文中子》。

　　同父復書（陳書一）云：「世途日狹，所賴以強人意者，惟秘書（朱子）一人而已。平生有坐料人物世事之癖，今而後知其不可也。……頑悖為眾所共棄，而嗜好之異，乃有甚於伯恭者耶？……山婦過目始免身，以初四日巳時得一男，卻幸母子完全。」⓬

　　是年夏又致一書（陳書二）云：「不獲聽博約之誨，又復三月。……甚思一走門牆，解此煩憤。」附寄雜論五篇，請朱子評閱。又述衢婺旱災。順及《論語》孔子才難之嘆，申言「聖人不以萬難而廢天下之政，亦不以任重而責天下之常才」⓭。必是會面之時曾

❾　童振福，《陳亮年譜》，頁 38。

❿　同上，頁 43。

⓫　《朱子文集》，卷 36，〈答陳同甫〉第一書，頁 16 下 –17 上。

⓬　《陳亮集》，卷 20，〈壬寅答朱元晦秘書〉，頁 273。

⓭　同上，壬寅夏書，頁 274–276。

討論《論語》，且談及博約問題。此為鵝湖爭持之焦點。此次並無正面對擊，故不至不歡而散。

朱子復書（朱書二）云：「君舉竟未有來期，老兄想亦畏暑，未必遽能枉顧。勢須秋涼乃可為期。……新論奇偉不常，其所創見。驚魂未定，未敢遽下語。俟再得餘篇，乃敢請益耳。」 ⓮察此書之意，實不欲與同父筆戰。然謂「不常」，又云「驚魂」，則不同意至為明顯。

淳熙九年 (1182) 七月，奏劾唐仲友 (1136–1188)，涉及同父。周密 (1232–1298) 據台州故家傳說，謂同父嘗狎籍妓，囑唐為脫籍。唐語妓，謂須能忍饑受凍乃可。妓乃不歸同父。同父憤而走告朱子，謂唐言朱子尚不識字，何以作監司？朱子至台，唐出迎稍緩，朱子遂摭唐罪具奏云⓯。此是流言，未必可信。大抵唐曾托同父疏通，至是乃疑其譖己。翌年 (1183) 朱子已歸武夷。四月築成武夷精舍，四方士友來者甚眾。同父夏間為書（陳書三），先說因築屋事未能到訪，繼言劾唐仲友事謂：「台州之事，是非毀譽往往相半，然其為震動則一也。……風不動則不入，蛇不動則不行，龍不動則不能變化。今之君子極以安坐感動者，是真腐儒之談也。」蓋欲鼓動朱子出仕而勿為同父心目中坐談性命之腐儒也。函末稍露憤氣，謂：「但當時有人欲在中附託。亮既為人之客，只應相勸，不應相助。治人合在秘書自決之。……亮平生不曾會說人是非，唐與正（唐仲友），乃見疑相譖。……且更就南邊營葺小園，架數處亭子。……秋初得潘叔昌（潘景愈，壯年 1175）柬，言秘書疑某見怪。某非多事者，秘書又作此言，亮真無所望於今世矣。」⓰九月撰〈水調歌頭〉為朱子

⓮　同⓫，第二書，頁 17 上下。

⓯　《齊東野語》，卷 17，〈朱唐交奏本末〉，頁 226。

賀壽。

　　朱子復書（朱書三），於叔昌所云，有所解釋。續言武夷九曲小屋三數間，可以游息。有數小詩乏人抄寫，嗣後當寄來求教。隨謂：「去年十論大義，亦恐援溺之意太多，無以存不親授之防耳。後生輩未知三綱五常之正道，遽聞此說，其害將有不可勝救者。願明者之反之也。」⓱此為朱子最初批評同父，然尚未中其要害。下函則直指其持論之非。辯論從之而起。

　　淳熙十一年 (1184) 春，同父鄉人讌會，置胡椒末於羹中，以為敬禮。同坐者歸而暴死。同父被誣下大理獄，五月下旬乃釋，朱子致書（朱書四）云：「比忽聞有意外之禍，甚為驚歎。方念未有相為致力處。又聞已遂辨白而歸，深以為喜。……然凡百亦宜痛自收歛。此事合說多時，不當至今日。遲頓不及事，固為可罪。然觀老兄平時自處於法度之外，不樂聞儒生禮法之論。雖朋友之賢如伯恭者亦以法度之外相處，不敢進其逆耳之論。每有規諷，必宛轉回互，巧為之說，然後敢發。……然平日之所積，似亦不為無以集眾尤而信讒口者矣。老兄高明剛決，非吝於改過者。願以愚言思之，絀去義利雙行，王霸並用之說，而從事於懲忿窒慾，遷善改過之事。……益光大而高明矣。」⓲

　　朱子布其腹心，為忠告之言。若在南軒（張栻）或東萊（呂祖謙），則必欣然接受，奮勇改過。畢竟同父非南軒與東萊之比。素來滿肚牢騷，一旦暴發。於是復書（陳書四）二千五百餘言。首敘出獄經過與過紹興得見〈精舍雜詠〉，隨述與伯恭之友好，謂：「亮二

⓰　同⓬，癸卯秋書，頁 277–278。

⓱　同⓫，第三書，頁 17 下 –18 上。

⓲　同⓫，第四書，頁 19 上下。

十歲時，與伯恭同試漕臺，所爭不過五六歲，……伯恭遂以道德為一世師表，而亮陸沉殘破。……伯恭晚歲亦念其憔悴可憐，欲扶拭而俎豆之。……蓋亦無所不盡。箴切誨戒，書尺具存。……而來諭謂伯恭相處於法度之外，欲有所言，必委曲而後敢及，則當出於其徒之口耳。……凡亮今日之坐謗者，皆其虛影也。……研窮義理之精微，辯析古今之同異，原心於秒忽，較禮於分寸。以積累為功，以涵養為正，睟面盎背，則亮於諸儒有愧焉。至於堂堂之陣，正正之旗，風雨雲雷交發而並至，龍蛇虎豹變見而出沒，推倒一世之智勇，開拓萬古之心胸，如世俗所謂竈塊大臠，飽有餘而文不足者，自謂差有一日之長。而來教乃有義利雙行、王霸並用之說，則前後布列區區，宜其皆未見悉也。……然謂三代以道治天下，漢唐以智力把持天下，其說固已不能使人心服。而近世諸儒遂謂三代專以天理行，漢唐專以人欲行，其間有與天理暗合者，是以能長久。信斯言也，千五百年之間，天地亦是架漏過時，而人心亦是牽補度日，萬物何以阜蕃而道何以常存乎？故亮以為漢唐之君本領非不洪大開廓，故能以其國與天地並立，而人物賴以生息。惟其時有轉移，故其間不無滲漏。……諸儒自處者曰義曰王，漢唐做得成者曰利曰霸。一頭自如此說，一頭自如彼做。說得雖甚好，做得亦不惡。如此卻是義利雙行，王霸並用。如亮之說，卻是直上直下，只有一個頭顱做得成耳。向來十論大抵敷廣此意。……故後所謂有才而無德，有智勇而無仁義者，皆出於儒者之口。才德雙行，智勇仁義交出而並見者，豈非諸儒有以引之乎？故亮以為學者，學為成人，而儒者亦一門戶中之大者耳。……向時祭伯恭文，蓋亦發其與伯恭相處之實而悼存亡不盡之意耳。後生小子遂以某為假伯恭以自高，癡人面前真是不得說夢。亮非假人以自高也。」 ❶⑨

此書詳述其本人之厄運，伯恭之知己，為學之成就，與祭伯恭文之用意。惟中心點則針對朱子勸其絀去義利雙行、王霸並用之說，謂三代非專以道治天下，以天理行，漢唐亦非專以智力把持天下，以人欲行。三代與漢唐只有程度之差而非黑白分明。蓋道則常存，時則有轉移。三代漢唐之分不是義利或王霸之分。在同父之意，成人乃建功立業而非坐談性命之醇儒。

是年，朱子有兩書。一書（朱書五）❷❹甚短，只慰問同父出獄後狀況，純是友情之表示。大概朱子忙於建築武夷精舍，亦不欲與同父多生糾紛。但望同父能轉禍為福。與呂子約（呂祖儉，1196卒）書云：「同父事解後得書，亦甚呶呶。前此蓋已作書慰勞之，勸其因此一洗舊轍，斂就繩墨。若能相信，失馬卻未必不為福耳。此事向來朋友畏其辯博，不究其是非而信奉其說，遂無一言及於儆戒切磋之意，所以使渠至此。蓋有不得不任其責者。子約既敬之，於此恐不可不盡情也。」❷❶然在浙東所聞，不悅於心。答友人書云：「頃歲入浙，從士大游，數月之間，凡所聞者無非枉尺直尋，苟容偷合之論，心竊駭之。」❷❷朱子勇意衛道，視浙學為異端，雖不若象山之禪學，而功利主義亦不可容。今接同父來書，忍無可忍，乃復書力辨。

朱子書（朱書六）長一千三百言，痛論義利雙行、王霸並用之非。先謝不遠千里專人惠帶書與新詞香果裘材。於社交方面態度似

❶❾　同❶❷，甲辰秋書，頁 278–282。成人語出《論語》，〈憲問篇第十四〉，第十三章。
❷❹　同❶❶，第五書，頁 19 下 –20 上。
❷❶　同❶❶，卷 47，答呂子約第二十四書，頁 25 下。
❷❷　同❶❶，卷 38，答耿直之，頁 30 上。

乎冷淡。贈品只云意不可忘，新詞則謂太不著題，而對於同父之涵養，則盡誠以警誡之，曰：「細讀來書似未免有不平之氣。區區竊獨妄意，此殆平日才太高，氣太銳，論太險，跡太露之過。是以困於所長，忽於所短，雖復更歷變故，顛沛至此，而猶未知所以反求之端也。」至於漢唐之天理人欲與道之常存，則曰：「嘗謂天理人欲二字不必求之於古今王霸之跡，但反之於吾心義利邪正之間。……老兄視漢高帝唐太宗之所為而察其心，果出於義耶？出於利耶？出於邪耶？正耶？若高帝則私意分數猶未甚熾，然已不可謂之無。太宗之心則吾恐其無一念之不出於人欲也。……若以其能建立國家，傳世久遠，便謂其得天理之正，此正是以成敗論是非，但取其獲禽之多而不羞其詭遇之不出於正也。千五百年之間，正坐如此，所以只是架漏牽補，過了時日。其間雖或不無小康，而堯舜三王周公孔子所傳之道，未嘗一日得行於天下之間也。若論道之常存，卻又初非人所能預。只是此個自是亙古亙今常在不滅之物，雖千五百年被人作壞，終殄滅他不得耳。漢唐所謂賢君何嘗有一分氣力扶助得他耶？」朱子謂成人不止需知勇而亦「文之以禮樂」❷❸。同父請寫寺觀大字。朱子轉為寫一銘文，「或恐萬一有助於積累涵養，睟面盎背之功耳」❷❹。對於同父仍有浪子回頭之望。大概惜其才氣非常，迷途未遠，非若象山之無望必同也。

　　同父復書四千四百餘言（陳書五），首言「一出數日，便為兇徒聚數十人而欲殺之」，次言「今年不免聚二三十小秀才，以數書為行尸」，隨敘園亭之佈置。請朱子作兩吟，「其一為和平之音，其一為悲歌慷慨之音，使坐此屋而歌以自適，亦如常對晤也」。並請書六大

❷❸　見❶❾，引《論語》。
❷❹　同❶❶，第六書，頁 20 上 –22 上。

字以光妻父之墓並三小亭六大字。朋友多教同父勿多撓朱子，惟同父以理之所在，不容不言，是以長篇大論，申其功利之說。

其言曰：「夫心之用有不盡而無常泯，法之文有不備而無常廢。人之所以與天地並立而為三者，非天地常獨運而人為有息也。人不立則天地不能以獨運，捨天地則無以為道矣。夫『不為堯存，不為桀亡』❷⁵者，非謂其捨人而為道也。若謂道之存亡非人之所能與，則捨人而可以為道，而釋氏之言不誣矣。……天地而可架漏過時，則塊然一物也。人心而可牽補度日，則半生半活之蟲也。道於何處而常不息哉？惟聖為能盡倫。自餘於倫有不盡而非盡欺人以為倫也。惟王為能盡制，自餘於制有不盡而非盡罔世以為制也。」其重點在道因人而見，道不能以自行，而人之目的在功效，「豈有持弓矢審固而甘心於空返者乎？……高祖太宗本君子之射也，惟御者之不純乎正，故其射一出一入，而終歸於禁暴戢亂，愛人利物而不可掩者，其本領宏大開廓故也。」 其論成人之道則曰：「人主只是要做個人。……亮不肖，於今世儒者無能為役，其不足論甚矣。然亦自要做個人。……正欲攬金銀銅鐵鎔作一器，要以適用為主耳。亦非專為漢唐分疏也。正欲明天地常運而人為常不息，要不可以架漏牽補度時日耳。……人只是這個人，氣只是這個氣，才只是這個才。譬之金銀銅鐵只是金銀銅鐵，鍊有多少則器有精粗。豈其於本質之外，換出一般，以為絕世之美器哉？」此論不特重申其義利雙行、王霸並用之旨，而對朱子氣質之說，全然拋棄，否認本然之性與氣質之性之二重性說，亦即反對天理人欲之分，而不以本然之性為善氣質之性為善惡混。因而與朱子思想相背而馳。不過書中已大減不平之氣。書末言及友輩數人，並贈柑子與大栗乾。「百穴中西望武夷，如

❷⁵　《荀子》，〈天論第十七〉，頁1上。

欲飛動，而祠祿之滿，又恐祕書復被牽出。一見定何時？」❷❻思懷
之情甚篤，不以意見不合而傷其友感也。

　　淳熙十二年 (1185) 朱子亦復兩書。一書在是年之春 (朱書七)，
只是通候，然仍有所規箴❷❼。第二書（朱書八）則謂來書「從橫奇
偉，神怪百出，不可正視。……來教云云，其說雖多，然其大概，
不過推尊漢唐，以為與三代不異。貶抑三代，以為與漢唐不殊。而
其所以為說者，則不過以為古今異宜，聖賢之事，不可盡以為法。
但有救時之志，除亂之功，則其所為雖不盡合義理，亦自不妨為一
世英雄。然又不肯說此不是義理，故又須說天地人並立為三，不應
天地獨運，而人為有息。今既天地常存，即是漢唐之世，只消如此，
已能做得到人底事業，而天地有所賴以至今。其前後反覆，雖縷縷
多端，要皆以證成此說而已」。此處固無論三代是否全然合乎義理，
漢唐是否全然不合義理。同父既以功利為準，則合義理與否，自不
成問題。是以不能謂同父為反覆，只可謂同父「但取其獲禽之多而
不羞其詭遇之不出於正」耳。根本上朱陳之衝突，乃義理與功利之
衝突。朱子不免對牛彈琴而已。

　　朱書續云：「來書『心無常泯，法無常廢』一段，乃一書之關
鍵。……蓋有是人則有是心，有是心則有是法，固無常泯常廢之理。
但謂之無常泯，即是有時而泯矣。謂之無常廢，即是有時而廢矣。
盡天理人欲之並行，其或斷或續，固宜如此。至若論其本然之妙，
則惟有天理而無人欲。是以聖人之教人，必欲其盡去人欲而復全天
理也。若心則欲其常不泯而不恃其不常泯也，法則欲其常不廢而不
恃其不常廢也。所謂『人心惟危，道心惟微，惟精惟一，允執厥

❷❻　同❶❷，乙巳春書之一，頁 283–288。
❷❼　同❶❶，第七書，頁 22 上下。

中』❷者，堯舜禹相傳之密旨也。夫人自有生而梏於形體之私，則固不能無人心矣。然而必有得乎天地之正，則又不能無道心矣。日用之間，二者並行，迭為勝負，而一身之是非得失，天下之治亂安危，莫不係焉。是以欲其擇之精而不使人心得以雜乎道心，欲其守之一而不使天理得以流於人欲，則凡其所行無一事之不得其中，而於天下國家無所處而不當。夫豈任人心之自危而以有時而泯者為當然，任道心之自微而幸其須臾之不常泯也哉？」此處人心道心，前所未言。然不外天理人欲，別無新見。然謂人心有時而泯，法有時而廢，則是合理之觀察。同父謂心之用有不盡，法之文有不備，不是義理欠缺或是心泯法廢，而是事功之大成小成。到底仍是義理與功利之別。

　　朱書又云：「惟聖盡倫，惟王盡制，固非常人所及。然立心之本，當以盡者為法，而不當以不盡者為準。……漢唐之君雖或不能無暗合之時，而其全體卻只在利欲上。……且如（高祖）約法三章固善矣，而卒不能除（殺）三族之令，一時功臣無不夷滅❷。（太宗）除亂之志固善矣，而不免竊取宮人私侍其父，其他亂倫逆理之事，往往皆身犯之❸。蓋舉其始終而言，其合於義理者常少，而其不合者常多。合於義理者常小，而不合者常大。」朱子以漢高祖唐太宗只在利欲，勿論是否與史實相符，其側重動機，顯而易見。所謂天理人欲，人心道心，皆指動機而言。同父則全計效果。二者亦如水火。朱子以同父所謂攬金銀銅鐵為一器而主於適用為其立心之本於功利，是則「不唯壞卻金銀，而銅鐵亦不得盡其銅鐵之用」。最

---

❷　《書經》，〈大禹謨〉，第十五節。

❷　三章見《漢書》，卷 1 上，三族見卷 1 下，高帝紀上下。

❸　宮人事載《唐書》，卷 1，高祖本紀；其他見卷 2，太宗本紀。

後乃謂：「若猶以為未然，即不若姑置是事，而且求諸身，不必徒為譊譊，無益於道。」 ❸❶ 顯是厭倦，但仍規勸。

　　同父復書（陳書六）承認攪金銀銅鐵為一器為措辭之失，又謂朱子心法則欲其常不泯廢而不恃其不常泯廢與立心當以盡者為法為名言。惟謂：「某大概以為三代做得盡者也，漢唐做不到盡者也。……惟其做得盡，故當其盛時，三光全而寒暑平，無一物之不得其生，無一人之不遂其性。惟其做不到盡，雖其盛時，三光明矣而不保其長存，寒暑運矣而不保其常平，物得其生而亦有時而夭閼者，人遂其性亦有時而乖戾者。本末感應，只是一理。」且謂：「心有時而泯可也，而謂千五百年常泯可乎？法有時而廢可也，而謂千五百年常廢可乎？至於『全體只在利欲上』之語，竊恐待漢唐之君太淺狹，而世之君子有不厭於心者矣。」所謂盡與不盡，仍是程度之差，而不是義理與功利之差，是以怪朱子只日獲禽之多而不日隨種而收。蓋同父不問獲禽之正不正，而只問收穫之多少。同父言「功用與心不相應」，又引王通。此為前書所未及，可謂新見。但其所謂用心，仍是收穫之心而不是仁義禮智之心。畢竟此書無新論據，亦無新爭論之點。書末重提「許作〈抱膝吟〉，須如前書得兩篇可長諷詠者為佳」 ❸❷。

　　朱子復書（朱書九）措詞嚴厲，以同父來書為「許多閒議論」。「此等議論，正是推波助瀾，縱風止燎。」挽詩與〈抱膝吟〉均請免撰。不免有討厭同父之意。但謂：「亙古亙今只是一體。順之者成，逆之者敗。……但論其盡與不盡，而不論其所以盡與不盡，卻將聖人事業去就利欲場中比並較量。……今乃欲追點功利之鐵，以

❸❶　同❶❶，第八書，頁 22 下 –26 下。
❸❷　同❶❷，乙巳春書之二，頁 289–291。

成道義之金，不惟費卻閒心力，無補於既往，正恐礙卻正知見，有害於方來也。」不論其所以盡與不盡，正是同父不問動機，故將聖人與漢唐英雄比併。陳朱之不同，到底是義理與功利之異。天理與人欲，道心與人心，動機與效果，仁與智，德與才之別，皆在於此，無怪朱子以王通之說為「非知道之言。……此皆卑漏之說」❸❸矣。

　　同父復書（陳書七）過千字，絕無新意，誠是閒議論。只謂「秘書以為三代以前都無利欲，都無要富貴底人。今《詩》、《書》載得如此淨潔，只此是正大本子。亮以為才有人心，便有許多不淨潔」，可以稍改正朱子之偏。書之結語云：「亮本不敢望有合，且欲因此一發，以待後來云云。」❸❹陳朱之辨，於此結束，以後再無王霸義利之爭。故朱子復書（朱書十）甚短，只百字有餘，勸同父「但當窮理修身，學取聖賢事業」❸❺，繼續規勉。

　　淳熙十三年 (1186) 同父遣人贈雪梨甜榴四十顆，蜀織一縑，蘇牋一頁，新詞一闋，為朱子賀壽。函中（陳書八）備言敬仰朱子之至，云「獨歸心於門下」。又云：「亮所以為縷縷者，不欲更添一條路，所以開拓大中，張皇幽眇而助秘書之正學也。」❸❻其真誠之不可掩如此。書末仍請撰〈抱膝吟〉。

　　朱子復書（朱書十一）謝其厚貺，惟謂：「坐受此過當之禮，雖兄不以為譴，而實非愚昧所敢安也。自此幸損此禮。」又云：「世俗是非毀譽何足挂齒牙間？細讀來書，似於此未能無小芥蒂也。……承欲為武夷之游，甚慰所望。……若得來春命駕，當往為數日款

---

❸❸　同⓫，第九書，頁 26 下 –28 下。

❸❹　同⓬，乙巳秋書，頁 291–294。

❸❺　同⓫，第十書，頁 28 下。

❸❻　同⓬，丙午秋書，頁 294–296。

也。」❸❼情意尚好，絕無爭辨傷痕。

以後陳氏文集無書，惟《朱子文集》尚有五通。一書不知年月，有云：「今書所喻過分不止之說，亦區區所未喻。」❸❽可知淳熙十三年以後，尚有書致朱子。朱子之書復云：「但願老兄毋出於先聖規矩準繩之外，而用心於四端之微。」戊申 (1188) 一書云：「更過五七日便是六十歲人」，又云「來教所云」❸❾，則同父十三年以後來書不只一次。同年又一書云：「承許見訪於蘭溪，甚幸，但恐無說話處。……或先得手筆數行，略論大意，使未相見間預得紬繹而面請其曲折。」❹❶則同父仍望與朱子再會，惟朱子似有難色。紹熙二年 (1191) 朱子長子卒。三年朱子致書同父，謝其奠文奠禮，並詳其長子品格與為學之志，請同父為文以誌不朽。是年同父出獄，故書中有云：「自聞意外之患既解而益急。……今歲彼此況味乃如此，又益以悼嘆也。」❹❶南軒、東萊已死，同父始終好意，故朱子痛悼之餘，舉以告同父也。

朱子是年有書致尤延之（尤袤，1127–1194）云：「陳同父近得書大言如昨。亦力勸之，令其稍就歛退。若未見信，即後日之患，猶或有甚於此者，甚可念也。」❹❷又致呂子約書云：「同父為況如何？頗亦謀所以善後之計否？……此卻是個改過遷善底時節幾會。」❹❸

❸❼　同❶❶，第十一書，頁 29 上。
❸❽　同❶❶，第十二書，頁 30 下。
❸❾　同❶❶，卷 28，〈答陳同甫〉第一書，頁 2 上。
❹❶　同上，第二書，頁 3 上下。
❹❶　同❶❶，續集，卷 7，〈答陳同父〉，頁 7 下 –8 下。《陳亮集》漏載。
❹❷　同❶❶，卷 37，〈答尤延之〉，頁 24 上。
❹❸　同❶❶，卷 48，〈答呂子約〉第三十四書，頁 4 下 –5 上。

　　紹熙四年 (1193) 同父中狀元。朱子為書致賀，繼謂：「專使之來，伏奉手誨。且有新詞厚幣佳實之貺，感紉不忘之意。……過為之禮，祇益悲愴。自此告略去之也。」最後言：「〈抱膝〉之約，非敢食言。正為前此所論未定，不容草草下語。須俟他時相逢，彈指無言可說，方敢通個消息。但恐彼時又不須更作這般閒言語耳。」⓬

　　朱子雖與同父停止書面爭辯，而對之尚不斷批評。各年譜謂淳熙十一年 (1184) 朱子辨浙學之非，乃指其在浙東所聞所見，以其舍經尊史，舍窮理盡性而談世變，舍治心修身而喜事功，歸而力斥其謬。非只一年之事，實乃終生如此。浙東永嘉之陳傅良與葉適 (1150–1223)，永康之陳亮，連其好友金華之呂祖謙，均在排擊之列，其中以同父排斥最烈。答程正思（程端蒙，1143–1191）云：「答陳同父書，不知曾細看否？人皆以為此不足深辨，此未察時學之弊者也。區區之意，豈為一人發哉？」⓭《朱子語類》卷一二三論同父八條。除一條外，皆筆戰以後之事。謂其「心地不清和」、「一生被史壞了」、「同父在利欲膠漆盆中」、「陳同父議論卻乖，乃不知正」、「陳同父學已行到江西，浙人信向已多。家家談王伯。……不說孔只說文中子（王通）。可畏可畏」⓮。門人問文中子，朱子答曰：「近日陳同父便是這般說話。他便忌程先生（程頤）說帝王以道治天下，後世只是以智力把持天下。」⓯與黃直卿（黃榦，1152–1221）書亦云：「婺州近日一種議論愈可惡。大抵名宗呂氏（呂祖謙）而實主同父。」⓰然亦有贊揚同父之語。門人問陳亮可用否？

⓬　同⓫，第十三書，頁 31 上 –32 下。
⓭　同⓫，卷 50，〈答程正思〉第十五書，頁 29 下。
⓮　《朱子語類》，卷 123，第十五至十八，第二十一條，頁 4748–4750。
⓯　同上，卷 137，第五十條，頁 5251。

朱子應之曰：「朝廷賞罰明，此等人皆可用。」❹又云：「陳同父課
藁中有一段論此（教國子）稍佳。」❺與友人書亦云：「西漢文章，
向來語人，人多不解。惟陳同父聞之不疑。要是渠識得文字體製意
度耳。」❺

　　同父一生拜服朱子。嘗曰：「朱元晦，人中之龍也。」❺又云：
「晚得從新安朱元晦游，見其論古今聖賢之用心，平易簡直，欲盡
擺後世講師相授，流俗相傳既已入於人心而未易解之說，以徑趨聖
賢心地而發揮其妙，以與一世人共之。……余為之感慨於天地之大
義，而抱大不滿於秦漢以來諸君子，思欲解其沉痼，以從新安（朱
子）之志而未能也。」❺又云：「新安朱熹元晦講之武夷，而強立不
反，其說遂以行而不可遏止。齒牙所至，噓枯吹生。天下之學士大
夫賢不肖，往往繫其意之所向背，雖心誠不樂而亦陽相應和。若余
非不願附，而第其品級，不能高也。余亦自咎其有所不講而未敢
怨。」❺遙望武夷，屢思拜訪，惜未能如願也。

　　諸家評論朱陳之辨，意見不一。永嘉學派巨擘陳傅良之言曰：
「功到成處，便是有德，事到濟處，便是有理，此老兄（同父）之
說也。如此則三代聖賢枉作工夫。功有適成，何必有德？事有偶濟，
何必有理？此朱文之說也。如此則漢祖唐宗賢於盜賊不遠。」❺蓋

❹　同⓫，續集，卷1，〈答黃直卿〉第二十六書，頁7下。
❹　同⓰，卷132，第六十四條，頁5100。
❺　同⓰，卷109，第二條，頁4282。
❺　同⓫，卷54，〈答孫季和〉，頁3上。
❺　同❸，卷19，〈與林叔和侍郎〉，頁264。
❺　同❸，卷16，〈跋朱晦庵送寫照郭秀才後〉，頁202–203。
❺　同❸，卷26，〈錢叔因墓碣銘〉，頁420。
❺　《止齋文集》，卷36，〈答陳同甫〉第一書，頁2。

謂二家之說，各有所偏也。另一健將葉適同情同父，謂：「同甫既修
皇帝王霸之學，上下二千餘年，考其合散，發其秘藏。見聖賢之精
微，常流行於事物。儒者失其指，故不足以開物成務。其說皆今人
所未講。朱公元晦意有不與，而不能奪也。」❺❻ 李贄 (1527–1602)
不喜朱子，故論同父曰：「雖與文公（朱子）游，文公不知也。⋯⋯
堂堂朱夫子，反以章句繩亮，竈豪目亮。悲夫！士唯患不竈豪耳。
有竈有豪，而後真精細出矣，不然皆假也。」❺❼李贄謂朱子以章句
繩同父，非不知爭論之點在利與義，諱言之耳。黃宗羲 (1610–
1695) 比較平允。其言曰：「朱子以事功卑龍川，龍川正不諱言事
功，所以終不能服龍川之心。不知三代以上之事功，與漢唐之事功，
迥然不同。漢唐極盛之時，海內刑兵之氣，必不能免。即免刑兵，
而禮樂之風，不能渾同。勝殘去殺，三代之事功也。漢唐而有此乎？
其所謂功有適成事有偶濟者，亦只漢祖唐宗一身一家之事功耳。統
天下而言之，固未見其成且濟也。以是而論，則言漢祖唐宗不遠於
僕區，亦未始不可。」❺❽黃氏站在朱子立場，近人錢穆則為同父辯
護，謂：「縱使說漢祖唐宗全是些私心，究竟也不能說漢唐兩代人
物，全都閉著眼，都在給漢祖唐宗牽著鼻子走，全是利欲私心，奴
才氣息。那時一切制度，便全沒有天理，或仍是偶而與天理相暗合。
所以陳亮這番話，依然有他的特見。」❺❾諸家皆注重史實而忽略朱
陳爭論之主題，豈義理與功利，絕無和合之餘地耶？

❺❻　同❸，頁 469。
❺❼　《藏書》，卷 16，〈名臣傳〉，頁 288。
❺❽　同❷，卷 56，〈龍川學案〉，頁 7 上下。
❺❾　《宋明理學概述》，頁 153。

第十七章　道統與後繼

　　道統之說，上溯孟子。韓愈 (768–824) 重申其緒。宋儒皆沿其說，或於堯舜禹湯文武周公孔子之後，增加荀子、董仲舒（約前176–前104）、揚雄（前53–18）、王通 (584–617)、韓愈諸人。惟程頤 (1033–1107) 則繼承韓愈之說，謂孟子沒後世無傳焉，而加以其兄程顥 (1033–1085)「得不傳之學於遺經」❶，至朱子時遂有李元綱（壯年1772）之〈傳道正統圖〉，由堯舜禹湯文武周公孔子經顏子曾子而子思而孟子以至二程❷。

　　朱子或未見此圖，然此是當時一般傳說，可無疑義。朱子不特堅信此傳統，且從而重建之，加以新因素。在其〈中庸章句序〉中首用「道統」連詞，又以偽古文《尚書》之〈大禹謨〉「人心惟危，道心惟微。惟精惟一，允執厥中」十六字為道統真傳。且因其需要太極觀念以解決理氣關係問題，上溯畫八卦之伏羲，並堅持二程得周子（周敦頤，1017–1073）〈太極圖說〉之傳，是以加上伏羲周子，而同時不採邵雍 (1011–1077) 與其師李侗 (1093–1163) 入道統之內，誠是大膽❸。至其本人之承受道統，亦有微意。〈大學章句序〉云：「河南程氏兩夫子出，而有以接孟氏之傳。……雖以熹之不敏，亦幸私淑而有聞焉。」晚年築竹林精舍，其〈告先聖文〉亦曰：「熹以凡陋，少蒙義方，中靡常師，晚逢有道。」❹是其以繼承道統自

---

❶　《伊川文集》，卷7，〈明道先生墓表〉，頁7下。

❷　《百川學海》，頁1001。

❸　詳拙著《朱學論集》，頁13–18，〈道統觀念之完成〉；拙著《朱子新探索》，頁429–435，〈新道統〉。

❹　《文集》，卷86，〈滄洲精舍告先聖文〉，頁12上。

任，意甚鮮明。雖其晚年屢嘆繼傳此道無人，而以深衣傳授其徒黃榦 (1152–1221) 之說實不可靠❺，但其門人皆視朱子為道統之真傳。黃榦於其〈聖賢道統傳授總敘說〉，敘述堯舜以至孟子、周子、二程之後，即曰：「先師文公之學，見之四書，而其要則尤以《大學》為入道之序。……此又先師得其統於程者也。」❻其所撰〈朱文公祠記〉云：「周程張（張載，1020–1077）子之道，文公朱先生繼之。此道統之傳，歷萬世而可考也。」❼其所撰〈朱子行狀〉亦云：「竊聞道之正統，待人而後傳。……周程張子繼其絕，至先生而始著。」❽同門陳淳 (1159–1223) 同一口氣。其言曰：「於是濂溪（周子）先生與河南二程先生，卓然以先知先覺之資，相繼而出。……朱文公即其微言遺旨，益精明而瑩白之。」❾同門李方子（1214 進士）亦云：「先生身任道統。」❿如是門人眾口一詞，絕無異議。

　　此道統歷代遵守，由南宋經元明以至清代，如日中天。歐陽元 (1238–1357) 以許衡 (1209–1281)「上接周公孔子曾思孟軻以來數君子之道統」⓫。數君子者，指周程朱。明儒薛瑄 (1389–1464) 所謂許氏「繼程朱之正傳」⓬是也。薛瑄又云：「至宋二程朱子，既有以接孟氏之傳。」⓭胡居仁 (1434–1484) 則曰：「程子遂擴而大之，朱

❺　參看第九章，〈諸生、精舍與書院〉，頁 105–117。

❻　《勉齋集》，卷 2，頁 20 下。

❼　同上，卷 19，〈徽州朱文公祠記〉，頁 19 下。

❽　同上，卷 36，頁 48 下。

❾　《北溪大全集》，卷 15，〈師友淵源〉，頁 3 下。

❿　〈朱子事實〉，載戴銑，《朱子實紀》，卷 10，頁 17 下。

⓫　許衡，《許文正公遺書》，卷末，〈神道碑〉，頁 6 上。

⓬　《薛敬軒集》，卷 5，〈重修許魯齋先生祠堂記〉，頁 17 上。

⓭　同上，卷六，〈陵川縣廟學重修記〉，頁 23 下。

子又集而全之。」❹康熙帝命李光地 (1642–1718) 編修《朱子全書》
(1714) 與《性理精義》(1715)，御製序有謂「朱子集大成而緒千百
年絕傳之學」❺。李氏進表則曰：「朱子得四子之師承。」❻如是宋
元明清一貫流傳，已成公論。清代顏元 (1635–1704) 冀圖打倒道統，
宣稱「願持道統者……以誤天下後世可也」❼。戴震 (1724–1777)
攻宋儒尤烈，謂：「宋已來，孔孟之言，盡失其職。」❽然即令明朝
王學遍天下，亦未推倒朱子權威，顏戴更無論矣。朱子之學，歷元
明清，皆有雄勃之勢。

　　孫奇逢 (1584–1675) 云：「往聞程門弟子多賢，朱門似為少
讓。」❾程門弟子謝良佐（1050– 約 1120）、楊時 (1053–1135)、尹
焞 (1071–1142)、游酢 (1053–1123) 稱程門四先生，各有建樹，影響
北宋思想甚大。朱子乃是楊時之四傳。理學在二程為一新世界。其
徒各走各路，別闢新境。在朱門則盛極難繼，只得守成。同門以黃
榦為最得師傳有體有用之大儒，尊為領袖。朱學之傳，亦賴其力。
黃百家（壯年 1695）云：「黃勉齋榦得朱子之正統，其門人一傳於
金華何北山基 (1188–1268)，以遞傳於王魯齋柏 (1197–1274)、金仁
山履祥 (1232–1303)、許白雲謙 (1270–1337)。又於江右傳饒雙峰魯
（壯年 1256）。其後遂吳草廬澄 (1249–1333)，上接朱子之經學。可
謂盛矣。」❿

---

❹　《胡敬齋集》，卷 1，〈復江謙書〉，頁 17 下。
❺　《朱子全書》序，頁 6 下。
❻　《性理精義》進表，頁 1 下。
❼　《存學編》，卷 1，〈明親〉，頁 9 上。
❽　《戴東原集》，卷 8，〈答彭進士允初書〉，頁 17。
❾　《理學宗傳》，卷 17，〈朱門弟子〉，頁 21 下。
❿　《宋元學案》，卷 83，〈雙峰學案〉，頁 1 下。

　　何基特重《四書集註》，謂《四書》當以《集註》為主，而以《語錄》輔翼之。王柏作〈研幾〉七十餘圖，又作〈敬齋箴圖〉。其教以《大學》為先，然不贊同朱子之補傳。金履祥著《論孟考證》，發朱子所未發。許謙重理一分殊，謂理不患其不一，所難者分殊耳。此旨朱子得自其師李侗，亦即黃榦體用兼全之意。蓋體者一也，用者殊也。故黃宗羲 (1610–1695) 曰：「此五世之血脈也。」❷❶五世指朱子、黃榦、何基、金履祥與許謙。誠如黃氏指出，「當仁山白雲之時，浙河皆慈湖（楊簡，1141–1226）一派。求為本體，便為究竟。更不理會萬物。不知本體未嘗離物以為本體也。」❷❷楊簡為陸象山 (1139–1193) 門人之最表表者。最低限度，浙河一帶象山心學佔優勝，而北山四子，雖篤守朱子，無所發明，然挽回狂瀾，於朱子之學術史上，具有深大之意義。饒魯之學，亦以致知力行為本，正是朱子兩輪兩翼之精神。

　　四子之學盛於浙江金華。饒魯之學盛於江右（江西）。元朝統一全國之後，自然同為散播天下。是為元代程朱之學來源之一。另一來源則為趙復（約 1206–1299）。趙復德安（今湖北漢陽縣）人。竇默 (1196–1280) 避元兵逃至德安。縣守以程朱性理之書與❷❸。黃榦曾知德安府，對於程朱之學之傳播湖北，必有力焉。端平二年乙未 (1235) 元師取德安。姚樞 (1203–1280) 在軍前。凡儒道釋醫卜占一藝者，悉攜之歸燕京（北京）。趙復亦被囚。歸燕京後以所讀程朱之書筆記示姚，並以所學教授。從之者百餘人。嘉禧二年戊戌 (1238) 姚樞與楊惟中 (1206–1260) 建太極書院，立周子祠，以二程、

<hr>

❷❶　同上，卷 82，〈北山四先生學案〉，頁 20 下。

❷❷　同上。

❷❸　《元史》，卷 158，〈竇默傳〉，頁 22。

張載、程氏兩門人，與朱子六君子為配。選取遺書八千餘卷，延趙
復講授其中。趙復為〈傳道圖〉，以明道統之由伏羲而至朱子。又撰
〈師友圖〉，以寓私淑朱子之志。其後姚樞退隱輝州（今河南輝縣）
蘇門山，作家廟，別為室奉孔子及宋儒六君子像。印《小學》、《論
語或問》、《孟子或問》，與《朱子家禮》。許衡居魏州（今河北魏
縣）。訪蘇門山，手鈔《伊川易傳》、《論語集註》、《大學中庸章句》
以歸。謂其徒曰：「曩所授受皆非，今始聞進學之序。」❷❹許衡以
外，郝經 (1223–1275) 與劉因 (1249–1293) 亦從姚樞得程朱性理諸
書。故《元史》曰：「北方知有程朱之學，自復始焉。」❷❺趙復之
前，北方已有評論程朱者，惟趙復入燕以後，程朱之學方成體系也。

　　元代表彰朱子之學，以許衡為最著。衡字仲平，河內（今河南
沁陽縣）人，學者稱魯齋先生，謚文正。位至國子祭酒。蒙古政權
之儒化與朱子之學之大行，衡之力也。生平酷嗜朱子，非程朱之書
不讀。其學以朱子之學為師。凡指示學者，一以朱子為言。立身修
己，立朝事君，亦以朱子為依歸。臨終發嘆，歌朱子所撰歌而後逝。

　　許衡特重朱子之《小學》與朱子所集之《四書》。在國學以《小
學》教人為先。蓋以《小學》為入德之門。故其教由《小學》而《四
書》而後乃進於其他經書。嘗致書其子師可曰：「《小學》、《四書》，
吾敬信如神明。自汝孩提，便令講習，望於此有得。他書雖不治無
憾也。」❷❻又謂：「《小學》、《四書》，次第本末甚備。有王者起，必
須取法。」❷❼許衡少言太極，專重下學之功。著有《小學大義》、

---

❷❹　同上，〈姚樞傳〉，頁 1 下。

❷❺　同上，卷 189，〈趙復傳〉，頁 2 下。

❷❻　《許文正公遺書》，卷 9，〈與子師可書〉，頁 6 下。

❷❼　同上，卷 2，〈語錄上〉，頁 8 上。

《大學直解》、《大學要略》、《中庸直解》、《大學詩解》、《中庸說》
與《孟子標題》。後三者均佚。或因其教蒙人子弟，故以實用為先。
許衡稱大儒，又掌國學。元初名卿大夫，皆出其門。因其表揚《四
書》，《四書》之學遂佈行天下。至皇慶二年癸丑 (1313) 科舉遂以
《四書章句集註》為主。結果乃有明代永樂十二年甲午 (1414) 之
《四書大全》與《性理大全》等書與清代康熙五十四年乙未 (1715)
之《性理精義》。歐陽元謂天以道統屬許衡，非虛言也❷❽。《新元史》
敘述元初儒學淵源云：「自趙復至中原，北方學者，始讀朱子之書。
許衡、蕭㪍 (1241–1318) 講學，為大師，皆誦法朱子者也。金履祥
私淑於朱子門人，許謙又受業於履祥，朱子之學得履祥與謙而益尊。
迨南北混一，衡為國子祭酒。謙雖屢徵不起，為朝廷所敬禮。承學
之士，聞而興起。《四書集註章句》及《近思錄》、《小學》通行於海
內矣。延祐開科 (1314)，遂以朱子之書為取士之規程。終元之世，
莫之改易焉。」❷❾

　　明代思想自然以王學為主。王學並非無風起浪。明初儒者大有
為其伏線者。《明史》〈儒林傳〉云：「原夫明初諸儒皆朱子門人之支
流餘裔，師承有自，矩矱秩然。曹端 (1376–1434)、胡居仁 (1434–
1484) 篤踐履，謹繩墨。守儒先之正傳，無敢改錯。學術之分，則
自陳獻章 (1428–1500)、王守仁（王陽明，1472–1529）始。」❸⓪黃
宗羲亦云：「有明學術，白沙（陳獻章）開其端，至姚江（王陽明）
而始大明。蓋從前習熟先儒之成說，未嘗反身理會，推見至隱。所

❷❽　同上，卷末，〈神道碑〉，頁 12 上。
❷❾　《新元史》，卷 234，〈儒林傳〉引言，科舉皇慶二年詔開，延祐元年施
　　　行。
❸⓪　《明史》，卷 282，〈儒林傳〉，頁 1 下。

謂此亦一述朱耳，彼亦一述朱耳。」**㉛** 二者均謂王學突然而起，與
朱子之學無關，而不知明初諸儒並非完全堅守朱學傳統，而實有新
方向足為王學之先導者。從曹端、薛瑄 (1389–1464)、吳與弼
(1392–1469)、胡居仁四人之思想，可以見之。

曹端，字正夫，號月川，河南之澠池人。其中心思想在敬與心。
黃宗羲云：「先生以力行為主，守之甚確。……蓋立基於敬，體驗於
無欲。其言『事事都於心上做工夫，是入孔門之大路』**㉜**，誠哉所
謂有本之學也。」**㉝** 彼云：「人之所以可與天地參為三才者，惟在此
心。」「人能恭敬，則心便開明。」「學者當自謹言語，以操存此
心。」**㉞** 又謂：「一誠足以消萬偽，一敬足以儆千邪。所謂『先立乎
其大者』**㉟**，莫切於此。」**㊱** 其側重在心，至為明顯。劉宗周
(1578–1645) 論之曰：「先生之學，不由師傳。……反而求之吾心，
即心是極，即心之動靜是陰陽，即心之日用酬酢是五行變合，而一
以事心為入道之路。」**㊲** 可謂知之深矣。

薛瑄，字德溫，號敬軒，山西河津縣人。亦如曹端，篤守程朱
傳統。嘗手鈔《性理大全》。其《讀書錄》大概為性理群書之義疏，
重複雜出，未見精彩。黃宗羲謂其「惆悵無華，恪守宋人矩矱」**㊳**，
不為過也。然黃氏與《明史》均謂其學以復性為宗**㊴**。其本人亦謂：

㉛　《明儒學案》，卷 10，〈姚江學案〉，頁 1 上。
㉜　《曹月川先生遺書》，〈錄萃〉，頁 1 上。
㉝　《明儒學案》，卷 44，〈諸儒學案上，二〉，頁 1 下。
㉞　同㉜，頁 8 下，5 上。
㉟　《孟子》，〈告子〉第六上，第十五章。
㊱　同㉜，頁 2 上。
㊲　《明儒學案》，〈師說〉，頁 1 下。
㊳　同上，卷 7，〈河東學案〉，頁 1 上。

「為學只是要知性，復性而已。」❹復性之說，並非新創。然此是明代思想之新方向，其特殊意義，未可忽視也。

　　薛瑄亦重敬，故號敬軒。《讀書錄》曰：「人不主敬，則此心一息之間，馳騖出入，莫知所止也。」「千古為學要法，無過於敬。敬則心有主，而諸事可為。」「心為鏡，故為磨鏡。鏡才磨，則塵垢去而光彩發。必才敬，則人欲消而天理明。」「常主敬，則心便存。心存則應事不錯。」❹如是云云，不外複述朱子口吻。然在朱子則敬為修養之一元，在薛瑄則敬為修養之主體。故雖無新意，而強調則迥然不同。謂之為朱子學之新發展，未嘗不可。

　　吳與弼，字子傅，號康齋，江西崇仁人。黃宗羲云：「康齋倡道小陂（與弼里居），一稟宋人成說。言心則以知覺而與理為二。言工夫則靜時存養，動時省察。故必敬義夾持，明誠兩進，而後為學問之全功。」❹是以一切玄遠之言，絕口不道，亦不事著述。劉宗周評之曰：「先生之學，刻苦奮勵，多從五更枕上，汗流淚下得來。……憤樂相生，可謂獨得聖人之心精者。至於學之之道，大要在涵養性情，而以克己安貧為實地。」❹弼親自耕鋤，棄舉子業，恬靜淡澹，曠然自足。但胡居仁、陳獻章，與婁諒 (1422-1491) 皆出其門。獻章為陽明之先驅，婁諒導陽明於正學。然則與弼於王學之發展，其貢獻為何如也？

　　與弼之中心思想有二，即敬與存養是也。其言曰：「大抵聖賢授

---

❸　同上，卷 10，〈姚江學案〉，頁 3 上；《明史》，卷 282，〈薛瑄傳〉，頁 5 上。
❹　《讀書錄》，卷 5，頁 3 下。
❹　同上，頁 13 下 –15 上。
❹　《明儒學案》，卷 1，〈崇仁學案〉，頁 1 上。
❹　同上，〈師說〉，頁 1 下 –2 上。

受緊要，惟在一敬字。人能衣冠整肅，言動端嚴，以禮自持，則此心自然收歛。雖不讀書，亦漸有長進。但讀書明理以涵養之，則尤佳耳。」❹❹又云：「人須整理心下，使教瑩淨，常惺惺地方好。此敬以直內工夫也。嗟夫，不敬則不直，不直便昏昏倒了。萬事從此墮，可不懼哉？」❹❺實在其思想並非精微，惟其樂道安貧，薰沐實深。《四庫全書總目提要》云：「與弼之學，實能兼採朱陸之長，而刻苦自立。其及門弟子陳獻章得其靜觀涵養，遂開白沙（獻章里居）之宗。胡居仁得其篤志力行，遂啟餘干（居仁里居）之學。有明一代，兩派遞傳，皆自與弼倡之。其功未可以盡沒。」❹❻

　　胡居仁，字叔心，學者稱敬齋先生，江西餘干人。謝絕仕進，安貧以講學為樂。黃宗羲稱其「一生得力於敬，故其持守可觀」❹❼。《明史》亦稱：「其學以主忠信為先，以求放心為要。操而勿失，莫大乎敬，因以敬名其齋。」❹❽由此可見敬為其修養之主要條件。居仁云：「心具眾理，所患者紛亂放逸惰慢，故須主敬。」❹❾又云：「敬則心專一，專一則精明，故聰明生。敬則內直，內直則無私，故無己不克。」❺❾在其《居業錄》卷二「學問工夫」中，用敬為先，讀書窮理次之。此與朱子用敬致知雙輪並進不同。從此亦可見其側重心之修養矣。

　　以上四儒均於格物方面不生興趣。因而理氣關係，亦少言及。

❹❹　《吳康齋集》，卷 8，〈與友人書〉，頁 25 下。
❹❺　同上，卷 11，〈日錄〉，頁 16 上。
❹❻　《四庫全書總目提要》，頁 3644。
❹❼　《明儒學案》，卷 2，〈崇仁學案二〉，頁 1 下。
❹❽　《明史》，卷 282，〈吳居仁傳〉，頁 6 下。
❹❾　《居業錄》，卷 1，頁 4 上。
❺❾　同上，卷 2，頁 12 上。

太極陰陽更加少言。曹端著〈太極圖說辯戾〉，謂：「理之乘氣，猶人之乘馬。馬之一出一入，而人亦與之一出一入，以喻氣之一動一靜，而理亦與之一動一靜。若然則人為死人，而不足以為萬物之靈。理為死理，而不足以為萬化之原。理何足尚？而人何足貴哉？今使諸人乘馬，則其出入行止疾徐，一由乎人馭之何如耳。活理亦然。」❺¹黃宗羲評之曰：「先生之辨，雖為明晰，然詳以理馭氣，仍為二之氣，必待馭於理，則氣為死物。抑知理氣之名，由人而造。自其浮沉升降者而言則謂之氣。自其浮沉升降不失其則者而言則謂之理。蓋一物而兩名，非兩物而一體也。」❺²曹端所云，針對朱子之語病。然在朱子哲學中，理無意度，無死活之可言。若謂活人乘馬，則朱子最重心為主宰，正如曹端所云，由人馭之如何耳。無論如何，太極不是曹端之主題。四儒之學，仍是敬，亦即心之修養。

　　此內向之趨勢，不無導致王學興起之作用。黃宗羲謂「有明學術白沙開其端，至姚江（陽明）而始大明」❺³，似謂陳獻章為王學之始，與明初諸儒無涉。然從上所論，則明初程朱學派一面繼承朱子傳統，一面另走方向。此方向至白沙而益強，至姚江而始光大。學者每以王學為心學，程朱之學為理學。如此分別，最易致誤會。蓋朱王同言心，同言理。縱然朱子以性為理，陽明以心為理。朱子格物，陽明格心。然此只是兄弟鬩於牆，而非仇敵之對抗也。陽明嘗謂「吾之心與晦庵之心，未嘗異也」❺⁴，又謂「平生於朱子之說，

❺¹　《曹月川先生遺書》，卷 1，〈太極圖說述解〉，頁 3 下。

❺²　《明儒學案》，卷 44，〈諸儒學案〉，頁 1 下 –2 上。

❺³　同❸¹。

❺⁴　《傳習錄》上，第九十八「朋友觀書」條（《王文成公全書》，卷 1，頁 45 上）。

如神明蓍龜」❺，且謂「僕於晦庵亦有罔極之恩」❻。其《傳習錄》
共引朱子二十次，每次針鋒相對，無可否認。然《傳習錄》要點有
三。一為至善是心之本體，一為獨知乃是良知，一為心外無理。三
者皆引朱子之言以扶護其說。❼劉宗周〈陽明傳信錄〉評論陽明，
不曰「此語自是印過程朱」，則曰「則與朱子之說無異」。不曰「依
舊只是程朱之見」，則曰「先生心宗教法，居然只是宋儒衣缽，但先
生提得頭腦清楚耳」❽。宗周為陽明忠臣，尚為此論，則陽明有得
於朱子明矣。謂陽明為朱子之後繼固不可，謂其全無承前接後之痕
跡亦不可。

　　降及清代，學者咸以樸學為盛，置朱子學派於不顧。錢穆之《中
國近三百年學術史》竟然不提。梁啟超之《清代學術概論》只順及
陸世儀 (1611–1672)、張履祥 (1611–1674)、陸隴其 (1630–1693) 諸
人之名，謂其「硜硜自守，所學遂不克光大」❾。在其《中國近三
百年學術史》，另設一章，討論程朱學派，亦論上舉三人與王懋竑
(1668–1741)。惟謂程朱學派於學術上無發明，肯用力而能力平
常❿。似是有清一代，全是考據世界。考據即樸學，亦稱漢學，以
與宋學對峙，尤以乾隆以後為最。然從數方面觀察，足見朱子之學

---

❺　同上，中，〈答羅整庵少宰書〉（《全書》，卷 2，頁 63 下）。

❻　同上，附〈朱子晚年定論序〉。

❼　同上，上，第二「愛問知止」條（《全書》，卷 1，頁 3 上）；下，第 317
「先生曰先儒」條（《全書》，卷 3，頁 50 上）；上，第三十二「虛靈」條
（《全書》，卷 1，頁 24 下）。

❽　《劉子全書遺編》，卷 11，〈傳信錄一〉，頁 2 下，4 下；卷 13，〈傳信錄
三〉，頁 4 下 –5 上。

❾　《清代學術概論》，頁 110。

❿　《中國近三百年學術史》，頁 97、100。

之後繼，在清代實有其人，不可沒也。

一為朱子學之延續。唐鑑 (1778–1861) 著《清學案小識》，以陸隴其、張履祥、陸世儀、張伯行 (1652–1725) 四人為〈傳道學案〉，在〈翼道〉、〈守道〉、〈經學〉、〈心宗〉之先。傳道四儒皆以居敬窮理為主。此是宗法朱子，別無新義。然努力薪傳，其功非小。張伯行印行《正誼堂全書》，於朱子學之傳播，貢獻至大。

二為《朱子全書》與《性理精義》之編纂。康熙五十一年壬辰 (1712) 已以朱子配享孔廟，在孔門十哲之次，為歷史上莫大之榮耀。又命李光地 (1642–1718) 編《朱子全書》，選錄《語類》及《文集》若干條，以朱子一生之微言大義，皆備於此，故名全書。康熙五十三年甲午 (1714) 表進。翌年又諭敕李氏編《性理精義》。書題雖云性理，包括北宋理學諸說。然所選錄幾以朱子為主。兩書不特提高朱子地位，其思想亦從而傳達全國合❻。論者或謂兩書之輯，無非意在鞏固政權，使道統與政統而為一。滿人入主中國，在初誠為思想之控制。然至康熙五十年代，中國士人之反抗，已屬消沉。其願意效忠清廷者，早於康熙十七年戊午 (1678) 博學鴻儒科投入圈套。其不願者，退而隱逸著作。故清廷實無統制士人之必要。實際上康熙皇帝酷愛朱子。嘗謂：「讀書五十載，只認得朱子一生所作何事。」❻❷李光地亦為朱子崇拜者。唐鑑云，光地「心朱子之心，學朱子之學」❻❸。康熙帝與李光地之動機，純然敬仰朱子而非政治作用也。

---

❻　參看拙著〈性理精義與十七世紀之程朱學派〉，載《朱學論集》，頁 385–420。

❻❷　《朱子全書》御製序。

❻❸　《清學案小識》，頁 172，〈安溪李先生〉。

　　三為《近思錄》之註解。淳熙二年乙未 (1175) 朱子與呂祖謙 (1137–1181) 共輯北宋四子之言為《近思錄》,是為我國第一本哲學選集。《近思錄》不止是周子、二程與張載之精華,同時亦實為朱子哲學之輪廓。南宋與元,均有註釋,明代則甚寥寥。惟清代註釋不下十一種,其數超乎前四百年之上。依《近思錄》卷目而採錄宋明理學家嘉言為《近思錄》之後繼者,清代以前八種,清代共十三種。大都專選朱子之語,至十九世紀而不衰。朱子之學之流傳,可謂長且遠矣❹。

---

❹　詳見拙著《朱學論集》,頁 123–180,〈朱子之近思錄〉,與拙著《朱子新探索》,頁 389–396,〈論近思錄〉。

第十八章　朱子與佛教

朱子十一歲受學於家庭。其父曾從楊時 (1053–1135) 門人羅從彥 (1072–1135) 游，得程頤 (1033–1107) 之學。故自小即聞孔孟之道。惟十四歲移居五夫里從學三師。三師之中，薰染最深者為劉子翬 (1101–1147)。子翬早年嘗為佛老之學。後雖撰〈聖傳論〉，以見尊崇儒學之志。而常與道士僧人交游。且五夫里佛寺林立，佛法盛行。朱子年十五六，一日在病翁（子翬）處會一僧，與之語。年十九赴試，引用其意，遂得舉。一說謂此僧為大慧禪師 (1089–1163)，一說謂為道謙。二說以道謙為優❶。沒論如何，朱子早年留心於禪，無可否認。

朱子曾讀《大慧語錄》，《文集》有據。答許生云：「世俗有所謂《大慧語錄》者，其說甚詳。試取一觀，則其來歷見矣。」❷在病翁處會大慧事，則絕無可能。張浚 (1096–1164) 〈大慧普覺禪師塔銘〉云：「隆興元年癸未 (1163) 八月十日大慧禪師宗杲，示寂於（杭州）徑山明月堂。皇帝聞之嗟惜。詔以明月堂為妙喜菴，賜諡普覺，塔曰寶光。……師諱宗杲，（安徽）宣州寧國人，姓奚氏。年十七為浮圖。不欲居鄉里，從經論師。即出行四方。……學者雲集。復避亂走湖南，轉江右（江西）入閩，築菴長樂洋嶼。時從之者才五十有三人。未五十日，得法者十三輩。……浚造朝，遂以臨安（杭州）徑山延之。道法之盛冠於一時，……凡二千餘眾。所交皆俊艾。當時名卿如侍郎張公子韶（張九成，1092–1159）為莫逆交，而師亦竟以此遇禍。蓋當軸者恐其議己惡之也。毀衣焚牒，屏居衡州。凡

---

❶　詳上第三章〈朱子之師〉，頁 28–29。

❷　《文集》，卷 60，〈答許生〉，頁 5 上。

十年徙梅州 （今廣東梅縣）。 梅州瘴癘寂寞之地， 其徒裹糧從
之。……又五年，太上皇帝特恩放還。明年復僧服。……又二年移
徑山。……師壽七十有五。」❸

　　張銘不指明年月。根據大慧年譜，則彼於紹興四年甲寅 (1134)
三月至福建長樂。七年丁巳 (1137) 丞相張浚延至徑山。十一年辛酉
(1141) 張九成登山說法。秦檜 (1091–1155) 秉國，議者謂張譏朝廷，
因及大慧，命貶衡陽。七月至貶所。二十年庚午 (1150) 命移梅州。
二十六年丙子 (1156) 離梅返浙。二十八年戊寅 (1158) 遷住徑山。

　　根據張銘年期，友枝龍太郎以朱子在病翁處會大慧為不可能，
蓋朱子年十五六，大慧方在貶謫中也。在友枝教授之意，或者大慧
北歸途中，經泉州同安與朱子會，蓋此時朱子任同安主簿也。十五
六所會之僧，決非大慧而乃是道謙云❹。友枝教授與道謙會之決論
誠是，惟在泉州會大慧之說，礙難成立。因據〈年譜〉，大慧赴梅與
北歸，皆取陸路。由梅州北上，經福建西邊之汀州❺而入江西返浙，
不由水路經泉州也。

　　朱子有一回憶，足證其本人與大慧相會。朱子云：「如杲老說不
可說不可思之類；他說到那險處時，又卻不說破，卻又將那虛處說
起來，如某說克己，便是說外障。如他說，是說裏障。他所以嫌某
時，只緣是某促著他緊處。別人不曉禪，便被他謾。某卻曉得禪，
所以被某看破了。」❻由此回憶，兩人相會，絕無可疑。若謂大慧

❸　　〈大慧善覺禪師語錄〉，載《大正新脩大藏經》，第四十七冊，頁 836-
　　　837。

❹　　《朱子の思想形成》，頁 44–45。

❺　　故治今福建長汀縣。

❻　　《語類》，卷 41，第五十九條，頁 1687。

在衡陽時期，來福建探訪法嗣，因到五夫里，與朱子會。然據〈年譜〉，「自到衡陽，一向謝絕賓客。四方書問，一切闊略。」〈年譜〉亦無由衡陽訪閩之記載。唯一可能是在同安期間在潮州或梅州相會。朱子曾游潮州，《文集》有據❼。朱子仕同安，正是大慧貶梅州之時。潮梅二州比鄰。朱子在此與大慧會，是意中事。

至於十五六時會道謙，亦有鐵證。其從道謙處「下工夫」，已見前引致羅博文書❽。又據《雲臥紀談》，彼「後歸建陽，結茅於仙洲山。聞其風者悅而歸之。如……朱刑元晦以書牘問道，時至山中」❾。朱子除（差）江南西路提點刑獄公事，乃在淳熙九年壬寅(1182)。稱朱提刑，只用日後官銜，而非是時參謁道謙也。《佛法金湯編》載朱子致道謙書云：「向蒙妙喜（大慧）開示，應是。從前記持文字，心識計校，不得置絲毫許在胸中，但以狗子話❿，時時提撕，願受一語，驚所不逮。」⓫《雲臥紀談》載道謙答書曰：「十二時中，有事時，隨事應變。無事時，便回頭，向這一念子上提撕，狗子還有性也無？趙州（從諗禪師，778–897）云：無。將這話頭，只管提撕，不要思量，不要穿鑿，不要生知見，不要強承當。如合眼趯黃河，莫問趯得過趯不過。盡十二分氣力，打一趯。若真個趯得，這一趯便百了千當也。若趯未過，但管趯。莫論得失，莫顧危亡。勇猛向前，更休擬議。若遲疑動念，便沒交涉也。」⓬《佛法

---

❼　《文集》，卷2，〈銷寇〉、〈山丹〉，頁17上。

❽　詳上第三章，頁29。

❾　《雲臥紀談》，卷下，頁18上。

❿　《五燈會元》，卷4，頁66上，趙州和尚從諗禪師謂狗亦有佛性。

⓫　《佛法金湯編》，卷15，〈朱熹〉條，頁4842。

⓬　同❾。

金湯編》又載道謙沒，朱子有祭文云：「師出仙洲，我寓潭上。一嶺
間之，但有瞻仰。丙寅 (1146) 之秋，師來拱辰（巖名），乃獲從容。
笑談日親。……未及一年，師以謗去。我以行役，不得安住。往還
之間，見師者三。見必款留，朝夕咨參。」❸上引三文均不載《文
集》。胡適謂朱子兩文均引自元僧熙仲之《釋氏資鑑》❹，道謙覆函
可疑，惟朱子祭文可信云❺。

　　道謙生前屢見，沒後又常游其所築之密菴。《文集》有游密菴詩
六首，游記一篇❻。對於菴之內事，亦甚留心。嘗與呂祖謙 (1137–
1181) 書云：「此菴所入亦薄，非復謙老之時矣。」又一書云：「淨
昇者益無禮。……或別遣一僧來追收淨昇之帖。」❼然此皆是乘興
而游。留心菴事，亦與佛學無關。蓋此時已見李侗 (1093–1163)，棄
佛歸儒矣。據其自述云：「後赴同安任，時年二十四五矣。始見李先
生，與他說。李先生只說（禪）不是。某卻疑李先生理會此未得，
再三質問。李先生為人簡重，卻不會說。只教看聖賢言語。某遂將
那禪來權倚閣起。意中道禪亦自在，且將聖人書來讀。讀來讀去，
一日復一日。覺得聖賢言語，漸漸有味。卻回頭看釋氏之說，漸漸
破綻，罅漏百出。」❽又云：「蓋出入於釋老者十餘年。近歲以來，
獲親有道，始知所向之大方。」❾又一書亦云：「釋氏之說，蓋當師

❸　同❶。
❹　《釋氏資鑑》，卷 11，頁 118。
❺　《胡適手稿》，第七集，卷 3，頁 592。
❻　《文集》，卷 6，頁 5 上 –6 上；卷 8，頁 3 下；卷 84，頁 30 上。
❼　同上，卷 33，〈答呂伯恭〉第十七書，頁 12 上；卷 34，第五十八書，頁
　　5 上下。
❽　《語類》，卷 104，第三十八條，頁 4166。
❾　《文集》，卷 38，〈答江元適〉第一書，頁 34 下。

其人，尊其道，求之切至矣。然未能有得。其後以先生君子（李侗）之教，校乎先後緩急之序，於是暫置其說，而從事於吾學。」**❷⓿**

　　紹興三十年庚辰 (1160)，朱子三十一歲，再見李侗於延平（今之南平），寓西林院。《文集》〈再題西林可師達觀軒〉序云：「紹興庚辰 (1160) 冬，予來謁隴西先生（李侗），退而寓於西林惟可師之舍，以朝夕往來受教焉。閱數月而後去。……予嘗為之詩，以示可師。」又云：「壬午 (1162) 春，復拜先生於建安而從以來，又舍於此者幾月。師不予厭也。且欲予書其本末置壁間。因取舊詩讀之。……於是手書授之。」**❷❶** 觀此則其與西林法師，必甚相得。

　　此後常與僧人往來。《文集》所載朱子生平所過佛寺之尚知其名者不下二十。衡山有方廣寺、福嚴寺、上封寺、雲峰寺。信州有鵝湖寺。廬山有折桂院、楞伽院、萬杉寺、歸宗寺、石乳寺、落星寺、羅漢寺、天池寺、東林寺、西林寺。雲谷有雲際寺。建陽有景福僧舍。此外有襄山寺、靈山寺、山石佛院、白雲寺、梵天寺與佛頂寺。或住宿，或吟詩，或觀賞碑帖，或刻石，或置酒，或集會。此等處如與僧徒接觸，則是偶然。其社交者，有雲谷瑞泉菴主、仰上人、石林胡僧、東峰道人溥公、益公道人、志南上人、宗慧與宗歸，皆限於游觀與吟詠。其交換思想者只益公道人與雪峰一僧，亦皆無關宏旨**❷❷**。

　　淳熙十四年丁未 (1187) 偕門徒數人與僧端友游福州鼓山湧泉寺謁主持嗣公（直菴和尚），不遇。題辭以記其事，石刻尚存**❷❸**。亦

---

❷⓿　同上，卷 30，〈答汪尚書〉第二書，頁 3 下。

❷❶　同上，卷 2，〈再題〉，頁 11 上。

❷❷　皆詳《朱子新探索》，頁 633–635，〈朱子與僧人〉。

❷❸　同上，頁 707，〈福州鼓山紀游〉。

如惟可法師為良好感情之表示者。據《崇安縣志》，圓悟禪師居五夫里開善院。示寂之日，朱子哭之以詩❷。此說如果可信，則是感情之至厚者。此說蓋據《枯崖漫錄》。此錄又謂肯庵圓悟禪師「居武夷山餘十年。……嘗授儒學於晦庵朱文公」❷。以佛者而教朱子以儒學，未可盡信。

與僧人往來之外，又讀佛經。查《語類》與《文集》所舉者有《四十二章經》、《大般若經》、《華嚴經》、《法華經》、《楞嚴經》、《圓覺經》、《金剛經》、《光明經》、《心經》、《維摩經》、《肇論》、《華嚴大旨》、《華嚴合論》、《景德傳燈錄》共十四種，並有概述之「佛經」、「佛書」、「佛經疏」、「藏經」、「釋氏教典」、「禪家語錄」等等。種數雖少，亦足以代表華嚴、天台、淨土、三論、唯識、禪宗諸派。朱子所讀，必比其他理學家為多。有可證其確曾過目者，如云《楞嚴經》前後只是說咒，《法華經》開口便說恆河沙數，《圓覺經》只有前兩三卷好，後面便只是無說是也。

朱子品評佛經，可分兩面。一為義理之批評，一為佛典之考據。批評亦毀亦譽，然大體以佛學為邪說。視《楞嚴經》「做得極好」，但又謂「全無意味」；《四十二章經》「所言甚鄙俚」，但「其說卻自平實」；《華嚴大旨》亦毀譽參半，謂「見不透。……也是好」；《圓覺經》「增益附會」；《華嚴合論》「鄙陋無稽」；謂《金剛經》「大意只在須菩提」。正解無誤，惟誤記《楞嚴經》輪迴之說，以為可笑。又問《傳燈錄》中許多祖師，能有幾何做到堯舜文武周孔事業？只《肇論》動靜如一之義，欣然接受❷。

---

❷ 《崇安縣志》，卷 8，〈釋〉。參看《崇安縣新志》，卷 20，〈釋教〉，頁 5 下，總頁 520。

❷ 《枯崖漫錄》，卷中，頁 81 下。

考據方面，堅持一說云：「佛教初入中國，只是脩行說話，如《四十二章經》是也。」❷又云：「初來只有《四十二章經》。至晉宋間乃談義，皆是剽竊老莊，取《列子》為多。其後達磨（約 460–534 在華）來又說禪。」❷如謂：「《楞嚴》所謂『自聞』，即《莊子》之意❷，而《圓覺》所謂『四大各離，今者妄身當在何處』即《列子》所謂『精神入其門，骨骸反其根，我尚何存』者也。」❸又謂《維摩經》是南北朝時人作。此種誤解，誠是可惜。然此不外當時理學家情況。彼等恐錯誤更多。

有如讀佛經，朱子引用佛語，亦比任何宋儒為多。予從《文集》、《語類》搜查，得六十一言，必定尚有遺漏❸。《文集》所用佛語，幾乎限於書札。他如公文、雜著、誌銘等等，可謂之全然不見。《語類》討論天命、性情、格物、四書、五經等處，亦絕無而僅有。所引之言，以禪語為多。目的全在批評，並非借重以闡明儒家思想也。「體用一源，顯微無間」一詞，王陽明 (1472–1529)《傳習錄》日本註家皆謂出自清涼大師澄觀（約 760–838）之《華嚴經註》，然莫能詳其出處❸。《文集》、《語類》引用此語多次，謂為程頤之言❸。十一世紀以後，儒者佛者均常用之。故唐順之 (1507–1560)

---

❷　以上皆詳《朱子新探索》，頁 648–652，〈朱子與佛經〉。
❷　《語類》，卷 126，第一一四條，頁 4864。
❷　同上，第一二六條，頁 4869。又第三條，頁 4819。
❷　《楞嚴經》，卷 3；《莊子》，〈駢拇篇第八〉，頁 10 上。
❸　《文集》，別集，卷 8。〈釋氏論上〉，頁 3 上；《圓覺經》，卷 1，頁 914；《列子》，〈天瑞篇第一〉，頁 4 上。
❸　俱見《朱子新探索》，頁 657–663，〈朱子所引之佛語〉。
❸　詳《王陽明傳習錄詳註集評》，頁 129 之❺。
❸　《易傳》序。

曰：「儒者曰體用一源，佛者曰體用一源。儒者曰顯微無間，佛者曰顯微無間，孰從而辨之？」❸❹

　　朱子志在闡揚聖學，故向《四書章句集註》與《四書或問》處用工。至若揭露佛教之弊，乃是餘事。固無專著，亦乏長篇大論。只有六篇短文，略述大意，一為〈雜學辨〉，一為〈讀大紀〉，一為〈觀心說〉，一為〈釋氏論〉。〈雜學辨〉包括三篇，即〈蘇氏易解〉、〈張無垢中庸解〉與〈呂氏大學解〉。〈雜學辨〉成於乾道二年丙戌(1166)。其時三十七歲，思想未甚成熟。〈蘇氏易解〉以蘇軾 (1037–1101)「所見殆徒見其似者，而未知夫性之未嘗有所似也」，「此皆不知道之所以為道，而欲以虛無寂滅之學，揣模而言之」❸❺。呂本中(1084–1145) 解物格為忽然識之。朱子以此為釋氏聞聲悟道，見色明心之說，自然與朱子漸悟之說相背❸❻。然此只是觀點之不同，未可云便是佛說也。評張九成之〈中庸解〉❸❼則中其要害。如張氏解至誠盡性為「此誠既見己性，亦見人性，亦見物性，亦見天地之性」，朱子評之曰：「見字與盡字意義迥別。大率釋氏以見性成佛為極。而不知聖人盡性之大。」九成逃儒歸佛，以佛語無垢為號，則其以佛解儒，實在意中。然張云「布種下實，未及頃刻」，朱子便以為「矜奇欲速」，張氏謂「使移詮品是非之心於戒懼恐慎，知孰大焉」，朱子便以為「直取無上菩提，一切是非莫管」，則近乎吹毛求疵。

　　〈讀大紀〉集中釋氏背理，不識「窮天地亙古今本然不可易之實理」，故「雖自以為直指人心而實不識心。雖自以為見性成佛而實

---

❸❹　《中庸輯略》序。
❸❺　《文集》，卷 72，〈蘇氏易解〉，頁 18 上 –20 下。
❸❻　同上，〈呂氏大學解〉，頁 44 上。
❸❼　同上，〈張無垢中庸解〉，頁 30 上 –35 上。

不識性」❸。〈觀心說〉亦集中於心之一而不二，不能以一心管別一心。儒家之盡心存心，非謂以心盡心，以心存心。「然釋氏之學，以心求心，以心使心。如口齕口，如目視目。」❹ 此為〈釋氏論〉之主旨。連帶順及《楞嚴》竊取《莊子》，《圓覺》偷用《列子》，與不信禪家一葉五花，隻履西歸等傳說而已❺。

評佛之論，散見於書札談話之間。通檢二千書札，即可發現其與人通訊，並非側重攻擊佛學。書札主題為心性理氣仁禮，非攻佛也。五百人中，不過對二十人言佛家之不是。其中只答李伯諫（李宗思，1163 進士）、吳公濟，與陳衛道書專評佛家❻。其他則順帶而言，然亦有重要之點。《語類》排佛，別為一卷，即卷一二六，凡一百三十六條，所包甚廣。其他散見別卷者多處，極少新見。《語類》須與《文集》同看，方能睹朱子評佛之全貌，今從二者考究，可得十一端。

一、朱子對佛學之誤解

佛經考據錯誤以外，對於教義，並無誤會。惟於佛教之咒語與禪宗之公案，似不明瞭。朱子云：「浮屠居深山中，有鬼神蛇獸為害，故作呪以禁之。緣他心靈，故能知其性情，制馭得他。呪全是想法。西域人誦呪如叱喝，又為雄毅之狀，故能禁伏鬼神。亦如巫

---

❸ 同上，〈讀大紀〉，頁 5 下。

❹ 《文集》，卷 67，〈觀心說〉，頁 18 下 –20 上。

❺ 同上，別集，卷 8，〈釋氏論上〉，頁 1 上 –4 上。

❻ 《文集》，卷 43，〈答李伯諫〉與〈答吳公濟〉，頁 8 上 –16 上；卷 59，〈答陳衛道〉，頁 27 上 –29 下。

者作法相似。」❷ 此或當時咒語習俗如此。然佛經教義中,則咒之用意,乃令信徒能持能忍,以得超度,非惟避害而已也。朱子又云:「禪只是一個呆守法,如麻三斤❸、乾屎橛❹,他道理初不在這上。只是教他麻了心,只思量這一路,專一積久,忽有見處,便是悟。」❺ 禪宗所謂話頭,即是公案,殊非呆守法,麻了心,而是聚精會神。有如朱子所謂思量專一,超乎語言人我之見,不立文字,直指人心。不待積久,而忽然見性成佛。故話頭有積極意義,而不可以呆麻視之也。

二、贊揚佛者

朱子並非全然攻擊佛學。其於佛者,亦有贊揚之語。《語類》載,「言釋氏之徒為學精專。曰:『便是。某常說吾儒這邊難得如此。看他下工夫,直是自日至夜,無一念走作別處去。學者一時一日之間,是多少閑雜念慮。如何得似他?』」❻ 又云:「嘗見畫底諸祖師,其人物皆雄偉。」❼ 又云:「僧家尊宿得道,便入深山中,草衣木食,養數十年。及其出來,是甚次第?自然光明俊偉。世上人所以只得又手看他自動。」❽ 「釋老雖非聖人之道,卻被他做得成一家。」❾ 「佛家於心地上煞下工夫。」❿ 「佛家說心儘有好處。」⓫

---

❷ 《語類》,卷 126,第七十七條,頁 4852。

❸ 《碧巖錄》,第十二則,洞山宗慧禪師答如何是佛之問。

❹ 《臨濟慧照禪師語錄》,頁 496,慧照禪師答某僧無位真人是什麼之問。

❺ 《語類》,卷 126,第八十一條,頁 4854。

❻ 同上,第四十七條,頁 4836。

❼ 同上,第七條,頁 4824。

❽ 同上,第五十一條,頁 4837。

如此之類，尚有多端。

三、評佛之修養

朱子以「佛氏之失，出於自私之厭。……厭薄世故，而盡欲空了一切者，佛氏之失也」❺❷，「要求清淨寂滅，超脫世界，是求一身利便」❺❸。換言之，「只是一路愛便宜」❺❹。其所以如是者，乃是畏死❺❺。極大罪惡乃是廢三綱五常，滅絕人倫，拋棄君臣父子夫婦而卻拜其師❺❻。然朱子非謂佛徒完全自私，曰：「他初間也未便盡是私意，但只見得偏了。」❺❼

四、論佛之信仰

佛家一切信仰，均在朱子排斥之列，而跡近迷信者，擯擊尤甚。朱子不信天堂地獄。門徒問：「人生即是氣，死則氣散。浮屠氏不足信。然世間人為惡死，若無地獄治之，彼何所懲？」答曰：「吾友且說堯舜三代之世，無浮屠氏，乃比屋可封，天下太平。及其後有浮

❹⁹　同上，卷 29，第五十五條，頁 1188。

❺⁰　同上，卷 125，第二十三條，頁 4792。

❺¹　同上，卷 5，第六十三條，頁 147。

❺²　同上，卷 126，第十五條，頁 4826。

❺³　同上，第九十七條，頁 4858。

❺⁴　同上，第八十九條，頁 4857。

❺⁵　同上，第十三條，頁 4826。

❺⁶　同上，第二十四條，頁 4829。

❺⁷　同上，卷 41，第二十一條，頁 1669。

屠而為惡者滿天下。若為惡者必待死然後治之，則生人立君又焉用？」❺⑧

　　地獄與輪迴，密切相關。「問禪家言性傾此於彼之說，曰：此只是偷生奪陰之說耳。禪家言偷生奪陰，謂人懷胎，自有個神識在裏了。我卻撞入裏面，去逐了他。我卻受他血陰。他說傾此於彼，蓋如一破弊物在日下，其下日影自有方圓大小。卻欲傾此日影為彼日影。他說是人生有一塊物事包裹在裏。及其既死，此個物事又會去做張三。做了張三又會做王二。便如人做官，做了這官，任滿又去做別官。只是無這道理。」❺⑨因此「偷胎奪蔭之說皆脫空」❻⓪。又云：「佛家多有奪胎之說，也如何見得？只是在理無此。」❻①此等神異，皆是妖怪。「因論釋氏多有神異，疑其有之。曰：此未必有。便有亦只妖怪。」❻②

　　輪迴信仰基於釋氏因緣理論。人生積累因緣，來世報應。此與《書經》〈伊訓〉作善降之百祥，作不善降之百殃不同。「今世不修，卻修後世，何也？」❻③據朱子，「禪家以父子兄弟相親愛處為有緣之慈。如虎狼與我非類，我卻有愛及他（註：如以身飼虎），便是無緣之慈。以此為真慈。」「蓋佛氏之所謂慈，並無緣由。只是無所不愛。若如愛親之愛，渠便以為有緣。故父母棄而不養，而遇虎之饑餓，則捨身以食之。此何義理耶？」❻④飼虎之事，容或有之。然因

❺⑧　同上，卷126，第一〇六條，頁4861。「比屋可封」出《漢書》〈王莽傳〉。
❺⑨　同上，第一〇二條，頁4859。
❻⓪　同上，第一〇三條，頁4860。
❻①　同上，第一〇〇條，頁4859。
❻②　同上，第九十九條，頁4859。
❻③　同上，第一〇五條，頁4861。
❻④　同上，第九十五、六兩條，頁4858。

緣之說，有基於哲學根基，未可以此極端之事言之也。

五、論禪之方法

　　朱子所辨之禪，乃話頭禪。以朱子觀之，「釋氏教人便有些是這個道理。如曰如何是佛❻❺云云，胡亂掉一語，教人只管去思量。又不是道理，又別無可思量。心只管在這上行思坐想。久後忽然有悟。」❻❻此是頓悟，不假漸修❻❼。然此只歸空寂。朱子云：「學禪者只是把一個話頭去看，如何是佛？麻三斤之類，又都無義理得穿鑿。看來看去，工夫到時，恰似打一個失落一般，便是參學事畢。……但他都無義理，只是個空寂。」❻❽此外禪家採用種種法術，或是倒說，如所謂「不管夜行，投明要到。如人上樹，口銜樹枝，手足懸空，卻要答話❻❾」之類❼❶。或用遁辭，如云「治生產業，皆與實相不相違背」❼❶，說不通時，便作走路❼❷。或說不破，「只內中一句黑如漆者，便是要緊處。於此曉得時，便盡曉得」❼❸。或說險話，「他又愛說一般最險絕的話，如引取人到千仞之崖邊猛推一下去。人於此猛省得便了」❼❹。或改頭換面，希可遮藏❼❺。或揚眉瞬目，妄作

❻❺　《景德傳燈錄》，卷3，頁4下，波羅提答國王問，「見性為佛」。

❻❻　《語類》，卷96，第七條，頁3909。

❻❼　《文集》，卷45，〈答廖子晦〉第一書，頁15下。

❻❽　《語類》，卷126，第四十四條，頁4835。

❻❾　待查。

❼❶　《語類》，卷125，第十七條，頁4789。

❼❶　《五燈會元》，卷15，頁280下，雲門文偃禪師之語。

❼❷　《語類》，卷52，第一九二條，頁2018。

❼❸　同上，卷126，第八十二條，頁8584。

空言❼❻。然此皆未為真悟。朱子云：「故一向說無頭話，如乾矢橛、柏樹子❼❼之類，只是胡鶻突人。既曰不得無語，又曰不得有語。道也不是，不道也不是。如此則使之東亦不可，西亦不可。置此心於危急之地，悟者為禪，不悟者為顛。雖為禪亦蹉了蹊徑。置此心於別處，和一身皆不管，故喜怒任意。然細觀之，只是於精神上發用。」❼❽如此皆是安排❼❾，緣無格物工夫也❽⓿。

六、評理障

釋氏有理障之說。「今之禪家多是麻三斤、乾屎橛之說，謂之不落窠臼，不墮理路。」❽❶或云，以理為障者特欲去其私意小智。然朱子謂：「認私意小智作理字，正是不識理字。」❽❷以朱子之意，萬理森然。須是即物窮理，乃能致知。「非如釋氏指理為障，而兀然坐守無義之語，以俟其僥倖而一得也。」❽❸「其學以空為真，以理為障，而以縱橫作用為奇特，故與吾儒之論，正相南北。」❽❹

❼❹　同上。
❼❺　《文集》，卷63，〈答孫敬甫〉第三書，頁20下。
❼❻　同上，卷44，〈答江德功〉第一書，頁33下。
❼❼　《無門關》，第三十七則，趙州和尚從諗禪師答如何是祖師西來之問。
❼❽　《語類》，卷126，第八十條，頁4853。
❼❾　同上，卷113，第十四條，頁4365。
❽⓿　同上，卷15，第一六一條，頁483。
❽❶　同上，卷126，第四十三條，頁4835。
❽❷　《文集》，卷43，〈答李伯諫〉第一書，頁11下。
❽❸　同上，〈答陳明仲〉第七書，頁3下。
❽❹　《孟子或問》，卷12，頁1下，總頁154。

七、論空

　　佛家說玄空，又說真空。在朱子心目中，「惟其無理，是以為空」❽❺。朱子又云：「釋氏說空，不是便不是。但空裏面須有道理始得。若只說道我見個空，而不知有個實底道理，卻做甚用？譬如一淵清水，清冷徹底。看來一如無水相似。他便道此淵只是空底。不曾將手去探，是冷是溫，不知道有水在裏面。佛氏之見，正如此。今學者貴於格物致知，便要見得到底。」❽❻

八、評作用是性

　　心性之論，是朱子評佛要點。觀心之說，已見上文。釋氏以作用為性。「在眼曰見，在耳曰聞，在鼻齅香，在口談論，在手執捉，在足運奔。遍現俱該法界，收攝在一微塵。識者知是佛性，不識喚作精魂。」❽❼朱子評之曰：「若如此見得，只是個無星之秤，無寸之尺。若在聖門，則在心所發為意。須是誠始得。」又曰：「且如手執捉。若執刀胡亂殺人，亦可為性乎？」❽❽

❽❺　《語類》，卷 126，第三十七條，頁 4832。

❽❻　同上，第三十三條，頁 4831。參看《文集》，卷 38，〈答周益公〉第三書，頁 26 下，與卷 54，〈答徐彥章〉第四書，頁 35 下。

❽❼　同上，第六十條，頁 4842，引《景德傳燈錄》，卷 3，頁 5 上，波羅提語。

❽❽　同上，第五十三、五十九條，頁 4839、4841。

九、釋氏無下學

　　佛者謂六用不行，本性自見。論者以為收拾六根之用，反復歸於本體。朱子則謂烏有此理！蓋六用亦是性。「若待其不行，然後性見，則是性在六用之外，別為一物矣。譬如磨鏡。垢盡明見，但謂私欲盡而天理存耳。」❽❾佛氏避免塵緣，於是廢棄君臣父子，以為得於上達，而不知既無下學，則上達亦不是。既非義以方外，則無敬以直內之可言也。❾⓪

十、儒釋之異

　　來往書札與師生問答，此點討論最多。學者每見儒釋之同，朱子則特言其異。謂佛家言空，儒者言實❾❶。又謂吾以心與理為一，彼以心與理為二。所以如此，乃「彼見得心空而無理，此見得心雖空而萬理咸備也」❾❷。儒者以理為不生不滅，釋氏則以神識為不生不滅。❾❸「蓋釋氏以虛空寂滅為宗，以識神為生死根本。若吾儒之論，則識神乃是心之妙用。」❾❹或謂禪學悟入，乃是心思路絕，天

---

❽❾　《文集》，卷59，〈答陳衛道〉第二書，頁28下。又同❷❼。第七條，頁4823。

❾⓪　《語類》，卷126，第七十五條，頁4851。又《文集》，卷37，〈答韓無咎書〉，頁17下，與卷53，〈答胡季隨〉第十三書，頁26下。直內方外之說出《易經》坤卦文言。

❾❶　同上，第二十八至五十條，頁4830–4837。

❾❷　同上，第三十四條，頁4831。又《文集》，卷59，〈答陳衛道〉第一書，頁27下；卷56，〈答鄭子〉上第十四書，頁35下。

❾❸　同上，第三十五條，頁4831。

理盡見。然朱子云：「心思之正，便是天理流行運用，無非天理之發見。豈待心思路絕而後天理乃見耶？」❾❺總言之，「聖人之學所以異乎老釋之徒者，以其精粗隱顯，體用渾然，莫非大中至正之矩，而無偏倚過不及之差。」❾❻朱子所云，恐不免主見，且有以儒家之優點與佛家之劣點相較之嫌。然朱子直言不諱，毫不妥協，可以見矣。

十一、宋儒好佛

　　朱子深嘆宋儒溺佛，在在言之。《文集》云：「以其有空寂之說而不累於物欲也，則世之所謂賢者好之矣。以其有玄妙之說而不滯於形器也，則世之所謂智者悅之矣。以其有生死輪回之說而自謂可以不淪於罪苦也，則天下之傭奴爨婢黥髡盜賊，亦匍匐而歸之矣。」❾❼朱子又云：「某嘗說佛老也自有快活得人處。是那裏？只緣他打併得心下淨潔，所以本朝如李文靖（李沆，947–1004）、王文正（王曾，978–1038）、楊文公（楊億，974–1020）、劉元城（劉安世，1048–1125）、呂申公（呂公著，1018–1089）都是恁麼地人，也都去學他。」❾❽又云：「本朝士大夫好佛者，始初楊大年（楊億），後來張無盡（張商英，1043–1121），又說張無垢（張九成），參杲老（大慧），汪玉山（汪應辰，1118–1176）被他引去，後來亦好佛。」❾❾又云：「本朝許多極好人，無不陷入焉。」註云：「如李文

❾❹　《文集》，卷 58，〈答徐子融〉第三書，頁 13 下。
❾❺　同上，卷 59，〈答吳斗南〉第三書，頁 23 下。
❾❻　同上，卷 38，〈答江元適〉第一書，頁 35 下。
❾❼　同上，卷 70，〈讀大紀〉，卷 6 上。
❾❽　《語類》，卷 84，第八條，頁 3459。

靖、王文正、謝上蔡（謝良佐，1050-1120）、楊龜山（楊時）、游
先生（游酢，1053-1123）諸人。」 ⑩謝楊游皆程氏門人。其說或
有近於佛，然未可以好佛待之也。

　　朱門亦有人好佛，吳壽昌是也。然卒歸儒。又有李宗思，曾訪
寒泉精舍，與朱子辯。朱子約蔡元定 (1135-1198) 即來，「合軍並
力，一鼓可克」 ⑩ 。其後致張栻 (1133-1180) 書云：「此有李伯諫
者，舊嘗學佛，自以為有所見。論辨累年，不肯少屈。近嘗來訪，
復理前語。熹因問之，『天命之謂性』⑩，公以此句為空無一法耶？
為萬理畢具耶？若空則浮屠勝，果實則儒者是。此亦不待兩言而決
矣。渠雖以為實，而猶戀著前見，則請因前所謂空者而講學以實之。
又告之曰：此實理也，而以為空，則前日之見悟矣。今欲真窮實理，
亦何藉於前日已悟之空見，而為此二三耶？渠遂脫然肯捐舊習，而
從事於此。此人氣質甚美，內行脩飭。守官亦不苟。得其回頭，吾
道殊有賴也。」 ⑩

　　綜上所述，朱子對於佛學之知識，不免白璧之瑕，然遠勝其他
宋儒多矣。

---

⑨⑨　同上，卷 126，第一一七條，頁 4867。

⑩⑩　《語類》，卷 24，第八十八條，頁 946。

⑩①　《文集》，卷 44，〈與蔡季通〉第八書，頁 11 下。

⑩②　《中庸》，第一章。

⑩③　《文集》，卷 31，〈答張敬夫〉第十一書，頁 2 上。參看拙著《朱子門
人》，頁 119，李宗思傳。

第十九章　韓國、日本、歐美之朱子學

韓　國

　　元代得許衡 (1209–1281) 之鼓吹，朱子之學興隆。其時高麗佛教盛行。安珦（即安裕，1243–1306）起而為一代儒宗，始立聖廟。嘗入大都（北京），攜回理學經典多種。是為新儒學入韓之始。安珦崇敬朱子，晚年懸朱子畫像致拜。自號晦軒，蓋取朱子晦庵之號為號也。稍後白頤正（壯年 1310–1320）在大都留學多年，亦購得大幫理學書籍。歸高麗後，傳授門人。當時佛學正隆，朱學未能興旺。及至李朝成立 (1392)，改國號為朝鮮，獎勵儒學，排擊佛教，朱子之學，乃大興盛。李穡（號牧隱，1328–1396）與其門人權近（號陽村，1352–1409）、鄭道傳（號三峰，1342–1398）極力提倡儒學以排佛。權近為文討論理氣，以理為四端之源，氣為七情之源，為日後四七之爭論下一伏線。又有〈大學圖〉，依朱子用「新民」。解釋全據朱子。鄭道傳亦談性理而排佛。遂使朝鮮儒學由社會制度之研究而漸趨理性。加以四書、五經通行，性理之學益顯。趙光祖（號靜庵，1482–1519）大崇道學以立政權，以《小學》、《近思錄》、《心經》為學問之基石。朱子之學遂經此數人之提倡，立下根基。

　　繼而徐敬德（號花潭，1489–1546）、李滉（號退溪，1501–1570）、李珥（號栗谷，1536–1584）等碩儒先後崛起，形成理學黃金時代。徐敬德全述張載 (1020–1077)，以氣為太虛，理乃氣中之一物，氣外無理。李滉、李珥於此均極反對。退溪學無成師，亦無哲學專著。然其在書札圖說問答之間，集理學之大成，將朱子哲學全盤托出，為朝鮮哲學之高峰，有朝鮮朱子之稱。其《宋季元明理學

通錄》傳記朱門諸子較《考亭淵源錄》等書為詳，且發現朱門七弟
子為他書所未載者。其《朱子行狀輯注》，雖於黃榦 (1152–1221) 之
〈朱子行狀〉注釋不多，亦勝我國一籌，因我國從未有為〈行狀〉
作注解者。且退溪之輯注，特重朱子得理一分殊之教於李侗 (1093–
1163)，而註克復中原之奏特長，又註《楚辭》為其他朱子年譜所不
及者。其《朱子書節要》選擇甚精。此外有《啟蒙傳疑》、《四書釋
義》、《三經釋義》及其他著作，皆載《退溪全書》。

　　宣祖二年 (1569) 退溪採用周敦頤 (1017–1073) 之〈太極圖〉、朱
子之〈仁說圖〉與其他〈西銘圖〉、〈大學圖〉、〈心統性情圖〉、〈心
學圖〉等為〈聖學十圖〉，上進宣祖。是時退溪六十八歲，已在經筵
講解八次，以人主之心為萬幾所由，故特重敬。十圖要旨，不出朱
子思想系統之範圍，影響甚大。惟對於朝鮮哲學發生最強之效力，
則在四七之辯。鄭之雲（號秋巒，1509–1561）為〈天命圖〉，有
「四端發於理，七情發於氣」之說。明宗八年癸丑 (1553) 退溪恐其
分別太甚，改訂之為「四端之發純理，故無不善。七情之發兼氣，
故有善惡」❶。門人奇大升（字明彥，號高峰，1527–1572）於明
宗十四年己未 (1559) 提出異議，遂開朝鮮四七之辯，前後歷百餘
年，餘韻達三百年之久。

　　大升辯曰：「子思、孟子所就以言之者不同，故有四端七情之別
耳。非七情之外復有四端也。今若以謂四端發於理而無不善，七情
發於氣而有善惡，則是理與氣判而為兩物也。是七情不出於性，而
四端不乘於氣也。……（四端）乃七情中發而中節者之苗脈也。……
夫理，氣之主宰也。氣，理之材料也。二者固有分矣。而其在事物

---

❶　《退溪先生文集》，卷 16，〈與奇明彥〉，頁 1 下，總頁 402，載《增補退
　　溪全書》，第一冊。

也，則固混淪而不可分開。」❷ 退溪答曰：「理之與氣，本相須以為體，相待以為用。固未有無理之氣，亦未有無氣之理。然而所就而言之不同，則亦不容無別。……愚嘗妄以為情之有四端七情之分，猶性之本性氣稟之異也。……因其所從來，各指其所主與所重而言之，則所謂之某為理，某為氣，何不可之有乎？……近世羅整菴（羅欽順，1465–1547）倡為理氣非異物之說，至以朱子說為非是。滉尋常未達其指。不謂來喻之意，亦似之也。」❸

翌年 (1560) 大升覆書，分退溪來書為十二節，逐節反駁。三個月後秋間退溪第二書，長四千餘言，又加〈後論〉、〈別紙〉，亦四千餘言。大升第三來書，則退溪不覆，只在來紙下批語。卒之明宗二十一年丙寅 (1566)，大升著〈四端七情後說〉與〈四端七情總論〉❹。

在大升之意，四端不能不為外物激動，故其發為氣與七情無異。退溪之意，則四端與七情同是有理，惟四端是純理，七情則理氣兼而有之，故同中有異。兩人均承認未有無理之氣，亦未有無氣之理。惟所指不同，故結論有異。大升第二書以仁義禮智為未發，故純理。四端則為已發，故兼氣。退溪則謂四端雖云乘氣，然孟子所指不在乘氣處而在純理處。於根本主張，毫不讓步。其復書〈後論〉再述前旨，〈別紙〉則與本題無關，惟多訓勉之詞。

大升第三書重申本然之性與氣質之性無異，蓋七情發而中節，與四端之善無異也。退溪批云：「雖發於氣而理乘之為主，故其善同也。」讀大升〈四端七情總論〉與〈後說〉後，謂其「議論極明快」。

---

❷　同上，〈非四端七情分理氣辯〉，頁 13 上下，總頁 408。

❸　同上，〈答奇明彥〉，頁 8 下 –11 下，總頁 405–407。

❹　同上，卷 17，頁 25 下 –30 上，總頁 440–442。

　　大升之〈總論〉與〈後說〉仍謂七情之發而中節者與四端同實而異名，然亦謂孟子既欲四端擴而充之，則是理之發，七情之發不無氣質之雜，故可謂氣之發。大升對於其師雖仍有不同之意見，然理之發氣之發之主題，已歸一矣。

　　稍後有李珥（栗谷）。栗谷在朝鮮朱子學中雖不若退溪聲望之隆，而與之齊名。栗谷深受羅欽順之影響。雖與退溪相識，而絕未談四七之關係。在退溪與大升爭論結束六年之後 (1572)，成渾（號牛溪，1536–1598）大部接受退溪之說，惟於其理氣互有發用之旨，尚有疑問，因請教於其友栗谷。由此兩人書札往復。牛溪之意，不外退溪之意。故栗谷之對象，實是退溪。

　　栗谷攻擊退溪四端理發七情氣發之說，謂氣發而理乘之則可。非特七情為然，四端亦如是。理發而氣隨之則不可，蓋如是則分明有先後矣。又批評退溪理氣互發之說，謂理氣不能相離，不可謂互有發用。若有發用，則理發時，氣或有所不及，氣發用時，理或有所不及也。如是則理氣有離合，有先後矣。理者，太極也。氣者，陰陽也。太極與陰陽不能互動，則理氣互發為不可能矣。且退溪以內出為道心，以外感為人心。栗谷則以人心道心皆內出，其動則由於外。人心道心非二心，特以所發者或為義理，或為形氣，故隨其所發而異其名耳。若以理發為道心，氣發為人心，則心有二本矣。結果朝鮮理學分兩界，一為主理派，發展於朝鮮南部之嶺南地區，稱嶺南學派，尊退溪為領袖。一為主氣派，即謂理氣兼而氣為主，發展於西部之畿湖地區，稱畿湖學派，以栗谷為領袖。百有餘年，互相抨擊。其後張顯光（號旅軒，1554–1637）、吳常熙（號老洲，1763–1833）等雖事折衷，究以主氣派盛行。即如宋時烈（號尤庵，1607–1689），以七情出於性，乃氣之發而理乘之是也。

　　繼此主理主氣之爭之後，又有人性與物性異同之辯。宋時烈門人權尚夏（號遂庵，1641-1721）謂聖賢論性，有指理而言者，則太極全體無物不具，是則一原，故人性與物性同，所謂理一也。有指其氣之理，其性不同而亦不雜乎其氣之清濁美惡，不失為至善。人得其全，物得其偏，故人物之性不同，所謂分殊也。有指理與氣雜而言之，則人物之性皆不同，所謂分殊之分殊也。權氏門人有江門八學士之稱。其中以李柬（號巍巖，1677-1727）代表洛下學派，以韓元震（號南塘，1682-1751）代表湖西學派。李柬主張天命太極五常皆是理，性命一原。仁義禮智是本然，不是氣質。以氣質言之，人物固有不同。得氣之正且通者為人，而偏且塞者為物，而正通偏塞之中，又有清濁粹駁厚薄之分，故人物異體。然在本然上，則人性物性皆同。汎言姓，則本然與氣質不可分。單言理，則只是本然而已。韓元震承認以理言之，人性與物性固同，惟以氣言之，則不能無異。人得天命之全，物得天命之偏。物之稟受，不能無清濁之分，不可以本然之純粹並論。李柬從理之觀點立言，依據朱子之《中庸章句》。韓元震則從氣立論，基乎《孟子集註》。《中庸章句》云：「天以陰陽五行化生萬物，氣以成形，而理亦賦焉。」❺《孟子集註》云：「人物之生，若不有是性，亦莫不有是氣。然以氣言之，則知覺運動，人與物若不異也。以理言之，則仁義禮智之稟，豈物之所得而全哉？」❻朱子兩註，並無衝突，故湖（韓）洛（李）之爭，只是觀點不同而已。

　　數十年後有任聖周（學者稱鹿門先生，1711-1788）。上沿栗谷，主張氣一元論。以宇宙之間，只是一氣。有氣則有形，形之動

❺　《中庸章句》，第一章。
❻　《孟子集註》，〈告子〉第六上，第三章。

靜消長，莫非氣也。其自然當然處，即是道與理。儒者所謂理一分殊，不外氣一分殊而已。氣非空虛的物，而乃全體昭融，都是生意。其後反對者為奇正鎮（號蘆沙，1798–1879）。上沿退溪，主張氣乃理中之一事，為此理流行之手腳。氣之發行，實受命於理。理涵萬殊，一與殊未嘗相離。理是本然，是太極。譬如銅鐵是一太極，可以為盤，可以為刀。其分殊處不害其為理一。理者一實萬分，愈異而愈同。人得五常之全為人，物得五常之偏為物，而其一原無異也。主理派至此而達高峰。同時經濟學派出現，西學東漸，朱子之學，大有被掩之虞。近來退溪學會每年在各國舉行國際會議，復興朱學。

　　若與我國比較，則王學在明朝遍天下，在朝鮮則無何發展。陽明（王守仁，1472–1529）卒後四年 (1533) 朝鮮已聞其名。是年朝鮮官員薛世讓 (1486–1562) 在北京與陽明弟子黃綰 (1477–1551) 之弟交，得聞其說。九年後 (1592) 金安國 (1475–1543) 自北京歸，攜有《象山全集》。明宗八年癸丑 (1553) 洪仁祐 (1515–1554) 從退溪處得聞有陽明《傳習錄》，歸而搜尋讀之。退溪力攻陽明，著有〈傳習錄論辯〉，以陽明復《大學》之「新民」為古本《大學》之「親民」為非。又以陽明至善只求諸心之說為掃除事物，與釋氏同。其評知行合一之論，則曰：「痛而知痛。……其說但可施於形氣之欲而不可喻於義理之知行。」❼蓋義理不學則不知，不勉則不能也。且謂：「至如陽明者，學術頗忒，其心強狠。自用其辯，張皇震耀，使人眩惑而喪其所守。賊仁義亂天下，未必非此人也。」❽

　　經此全面抨擊，陽明心學遂一蹶不振。然陽明學術之不得其門

❼　《退溪先生文集》，卷 41，〈傳習錄論辯〉，頁 29 上，總頁 335，載《全書》第二冊。

❽　同上，〈白沙詩教傳習錄抄傳因書其後〉，頁 30 上，總頁 335。

而入，亦有別因。朱子之學，學說至多，學者無暇他及。且其基本鞏固，極難破入。加以陳建 (1497–1567) 之《學蔀通辨》，甚受朝鮮學者之歡迎。其中痛擊陸王，不遺餘力。而王氏之學，不合改良社會之要求，亦非可為政府之助。更無大儒宣揚其說。故以後雖略有抬頭，終無插足之地。因此之故，王氏之〈朱子晚年定論〉，在我國則形成數百年門戶之見，在韓國則絕無此事。而於朱陸異同之辯，亦不生興趣。

　　另一比較，則為四七問題。朝鮮理學家以四端對七情，我國則否。朱子雖曾將四端與七情相對 ❾，然只是一次。其他討論性情均舉孟子之四端與《中庸》之喜怒哀樂。《語類》只有兩條關於四端與七情之分配問題，都認為不可 ❿。大概我國《中庸》傳統太強，而自漢以來，均以四為配合，如春夏秋冬、元亨利貞，均可配合四端而不可以配合七情。且仁義禮智可以配喜怒哀樂，固無七情之必要也。朝鮮雖亦重視《中庸》，亦可謂縮七情為喜怒哀樂，然《中庸》傳統，終不若我國之盛也。

日　本

　　朱子學之傳入日本，通常以為禪僧俊芿為第一人。彼正治元年己未 (1199) 入宋，建曆元年辛未 (1211) 歸日。攜有經書二百五十六卷，如四書之類。由此推測，朱子之書必在其內。此是臆說，然言之成理。若以朱子著述為證，則日本禪宗臨濟宗之祖圓爾辨圓為始。彼嘉禎元年乙未 (1235) 來宋，仁治二年辛丑 (1241) 歸日，帶回典籍數千卷，弘安三年庚辰 (1280) 著〈三教典籍目錄〉，其中有朱子《大

---

❾　《語類》，卷 53，第八十三條，頁 2060。

❿　同上，卷 87，第八十五、八十七條，頁 3558–3559。

學或問》、《中庸或問》、《論語精義》、《孟子精義》等等。此後日僧
來華不絕。宋僧與儒者赴日，均受鎌倉時代 (1192-1333) 幕府所歡
迎，聘為顧問。而吉野 (1336-1392) 與室町 (1392-1573) 時期之禪
僧，唱揚朱子學。遂使禪儒合流，朱子學因而大興。影響所及，天
皇公卿亦事研究朱子，形成江戶時代 (1603-1867) 上半期朱子學之
隆盛。

　　京都為千年古都，天皇在此。江戶（東京）為幕府所據，人材
集中，與京都對抗，皆發揚朱子之學，以鞏固政權。江戶之儒，常
為各地「大名」聘請為世臣。明亡之後，遺民多赴日本。其中以朱
舜水 (1600-1682) 為最著。加以中日之間商舶往來頗繁。日本素以
佛教為主。至江戶時代，則儒學發達，取而代之。傑出人物為藤原
惺窩、林羅山與室鳩巢。

　　藤原惺窩 (1561-1619) 名肅，字斂夫，號惺窩，又號柴立子、
廣胖窩、竹居、都勾墩、北肉山人、播磨人。七八歲從禪僧學《心
經》與《法華經》。旋削髮為僧，名宗舜，號妙壽院。後游京師。三
十歲 (1590) 與朝鮮退溪門人接觸，遂以儒代佛。文祿二年癸巳
(1593) 為江戶幕府德川家康召見。惺窩以儒服入見，大倡人道主義。
其時家康注重國外貿易，樂受其說。同年意圖航海入宋，遇颶而止。
惺窩隱居不仕，專教徒弟，講宋儒之學。視佛學為空寂，戾天理，
廢人倫。所言五倫、五常、誠、敬、明德，皆以朱子為宗。以朱子
繼往聖，開來學，得道統之傳。主張存天理，去人欲。以仁義禮智
皆善，而仁為善之長。強調理一分殊。其哲學富有理性主義，現世
主義，與人道主義之意味。並不排擊陸王，以為同尊堯舜孔孟。謂
朱子之窮理，象山（陸象山，1139-1193）之易簡，陽明之良知，其
言似異而入處無別。其思想之寬仁大度，與其人格相同。其所說者，

凡百五十人。其學擺脫禪學之束縛而為日本近世儒學史開山人物。

林羅山 (1583–1657) 名忠，一名信勝，字子信，又稱三郎，號羅山，幼名菊松丸，別號深山、羅洞、四維山長，私諡文敏先生。惺窩門人。初在京都學於禪僧，不滿於心，乃潛心理學經典。慶長五年庚子 (1600)，年十八，講《論語集註》。清原秀賢忌之，上奏彈劾。德川家康以各投所好了之。由是講學不輟。翌年脫除僧衣，棄佛歸儒。九年甲辰 (1604)，年二十二，承惺窩門人之介，謁惺窩，乃就學焉。十二年丁未 (1607)，年二十五，幕府聘為顧問。以家康命，祝髮，稱道春。曰：只隨俗耳。因與家康近，地位日升。所有將軍敕令，皆由其起稿。繼而外交文件、祭祀儀禮，以至商約，皆經其手。文教之權，從此而由禪林移至儒家。羅山博學，早年已有神童之稱。藏書萬卷。所著一百五十餘種。凡點句、訓解、和譯與注譯，莫不有之。子孫世世相傳為幕府儒官。第三子春齋 (1618–1680)，號鵞峰，為弘文院學士，修國史三百一十卷，基於羅山文獻實證主義，乃使國史學興隆。元祿三年庚午 (1690) 幕府築湯島孔廟，將軍親臨祭典。翌年以第三孫鳳崗 (1644–1732) 為大學頭。朱子之學正式成為官學矣。以後代代世襲大學頭，歷數百年，以至二十世紀之初。

羅山長於文詞詩歌。史學、校勘學、本草學，均屬上乘。哲學則一依朱子為據，而適應幕府之需求。最重要者為純理主義。萬象皆理，而理附於氣。太極，理也。陰陽，氣也。太極之中本有陰陽，陰陽之中亦未嘗無太極。五常為理，五行為氣。然理為氣之主。故以二程子（程顥，1032–1085；程頤，1033–1107）性氣不二之說為至當，而以陽明理者氣之條理氣者理之運用為非是。蓋天下無理外之物，亦無物外之理。此理氣歸一，亦猶性情合一，而心統性情。

然則四端發於理，七情發於氣之論，析理氣為二為戾矣。此種理性思想，對於維持社會秩序，極為適當，與禪家之重直覺，無所捉摸，相去何啻萬里？無怪幕府極端歡迎。羅山上升，日本史上莫可倫比。而其貢獻之大，亦非他人所及。

羅山重心，猶不免禪學色彩，而根據朱子傳統，特重持敬。《羅山文集》有〈心說〉、〈敬說〉、〈敬義說〉、〈慎獨說〉諸篇，以敬為聖學之要。敬是存心養心之道，是心之主宰。心體本虛，應物無跡。無內外，無公私。此之謂慎獨。

敬又可以合於神明。無不敬，即無不是神的生活。於是主張神儒合一，以神道與儒道，理一而已。神道即王道，而王道即儒道。日本是神國，天皇是神皇。著有〈神儒合一論〉、〈神道傳授〉等篇。此等言論，一方使神道合理化，一方鼓勵日本人之愛國心。影響之大，不可勝言。因此特別重忠，比孝道而過之。此與我國大異。蓋不忠即不孝。側重舍生取義，殺身成仁。以故表揚武士道道德，為武將作傳作贊，為歷朝將軍作譜。其大被寵任，亦是此故。尤其是應用儒家正名分之說，以鞏固日本社會等級制度。在宋儒則鳶飛魚躍，用以表示生意。在羅山則用以表示社會秩序井然，君有君道，臣有臣道。為臣而忠，為子而孝。其尊卑貴賤之位，不可混亂。此是利用儒家倫理思想使武士道合理化。

羅山既主神道與儒道共尊，自然排佛，排耶穌，以至於排陽明。謂佛氏以山河為假，人倫為妄。充塞仁義，滅絕道理。否認耶穌教之天主，稱為異學。斥陽明之議朱子為不是知量。惺窩尚調和朱陸與王，羅山則絕不肯妥協矣。

藤原惺窩與林羅山之門為京學派，即京師學派，為江戶時代朱子學派之主流。江戶初期又一學派日南派，亦稱海南派，發源於日

本南部四國之土佐地區。始祖為谷時中 (1598–1649)。弟子之中以山崎闇齋 (1618–1682) 為最傑出。闇齋名嘉，一名柯，字敬義，通稱嘉右衛門，闇齋其號也。信神道後，號垂加。京師人。自幼剃髮，名地藏主，一意修禪。年二十五 (1642)，有鴻儒示之以四書及程朱之書，則大悅，遂蓄髮而歸於儒。慶安二年己丑 (1649)，三十二歲，設祠堂，奉禮一遵朱子《家禮》。明曆元年乙未 (1655) 春，三十八歲，講筵於京師。先講《小學》，次《近思錄》，次四書，次《周易本義》及程《傳》，至明年十二月畢而去。其教人常執一杖擊講座。聲洪色厲，聽者莫敢仰視。為人傲慢嚴厲，局量狹小。稍背禮即叱罵。朋友故舊或鄙或憎，無始終全交之人。然記性絕人，著述甚豐。皆屬抄錄之類，並無創見。門下有六千人，尤著者為佐藤直方 (1650–1719)、淺見絅齋 (1652–1711)、三宅尚齋 (1622–1741)，稱崎門三傑。於江戶時代之思想史與教育史，影響至大。

　　闇齋崇奉朱子，有如宗教。凡所思維，絕對依據朱子。特重居敬窮理。窮理方面不若京學派，而居敬則過之。雖曰宇宙唯一理，然此理是神道，絕無性理主義之成分。敬指整齊嚴肅，克己制慾。敬者，一心之主宰，萬事之本根，乃聖聖相傳之心法。敬而無失，便是喜怒哀樂之謂中。是以《小學》敬身，《大學》敬止。敬以直內，義以方外。講《近思錄》時有身為內，家國天下為外之說。門人不能無疑。其重修養身心，則無可疑也。又混五行之說，與敬聯合，謂土即敬，則走入迷信之途矣。

　　心是神明之所在。心便是神，神便是心。於是神道至上。晚年開望加神道一派。稱日本為神國，謂自有天地以來即有此國。提倡尊王賤霸。天子神聖不可犯。即使孔孟來攻，亦擒孔孟，此即孔孟之道也。總之忠君思想，推諸極端。君臣之義，先於父子之親。是

為日後尊皇運動之源泉。如此以儒教神道合一為中心之教，有如林
羅山，自然排佛，排天主教，以至排陸王之學，可謂伐異之至。然
其實踐主義、行動主義，與日本主義，合乎當時情形與國人心理。
此其所以為效如是之大也。

　　上述之朱子京師學派，盛行於中部本州之京都與江戶，海南派
盛行於南部四國之土佐。西部九州亦有朱子學流行。其巨擘為貝原
益軒 (1630-1714)。益軒名篤信，字子誠，小字久兵衛。初以損軒為
號，後改益軒。福岡人。父為醫，故從小即注目本草，並好佛典陸
王。二十六歲 (1655) 赴江戶，途中剃髮，號柔齋。三十六歲 (1665)
讀《學蔀通辨》，乃覺陸王之非。三十九歲 (1668) 遂束髮為儒。著
《近思錄備考》與《小學句讀備考》。從此獨尊朱子。晚年著《大疑
錄》，疑朱子以〈太極圖說〉為周子（周敦頤，1017-1073）所作等
等。然只是信中之疑而已。又著《十訓》（五常訓，和俗童子訓、武
訓、養生訓等），以流利通俗之國文出之，故田夫兒童皆曉。對於普
及教育，其功不小。又遊遍全國，研求本草醫學，為江戶時代第一
流之科學家，備受在日荷人（蘭學）之注意。彼不好為人師，門人
甚少。中村惕齋 (1629-1702) 是其特出者也。

　　其學依據朱子。理氣不分，無先後本末。然受《困知記》所薰
染而重氣，以太極為氣之渾沌。不分本然氣質二性而單認氣質之性。
此外全依朱子，尤以實踐方面為然。天地之大德曰生，所謂仁也。
仁德由孝道而擴充之以至於澤及禽獸，由是天人合一。惟對佛家之
廢滅人倫，則極反對。又以古學派為固兩，不近人情，不通時變。
相信儒學與神道並行不悖。提倡武士道，歌頌祖國。其道德主義，
合理主義與活動主義，大為上下所歡迎。

　　元祿 (1688-1703) 以後，朱子京師學派，又一支流，盛行於江

戶。表表者為室鳩巢 (1658-1734)，名直清，字師禮，又字汝玉，幼字孫太郎，號鳩巢，又號滄浪，通稱新助。武州人。其時京都天皇無權，江戶幕府獨霸。鳩巢稱幕府為「七廟」，等於天子。著《駿臺雜話》，盛贊賢臣武相，皆對幕府而言。墨守程朱，哲學思想甚少，亦乏新見。然其經學文章，不愧為一代大儒。風靡全國，盛名雷轟。對於朱子學之傳播，功勞至大。其學說重仁，等仁於元氣。以仁為心之全德，心之生命。又沿朱子之說，以義為心之制，事之宜。謂浩然之氣，是義之表現。舍生為義，死以報君。四十七浪人報仇自殺，鳩巢譽之為義士。盛贊湯武革命，故有謀反之疑。彼大唱名分主義，以擁護幕府。所著皆本經義以維持名教。說忠孝，說節義，為武士道增加實力。從而排斥佛教，反對神道。並朱子學派之異己者如山崎闇齋等，一並攻擊。甚至新興商人，亦所不免。其提倡武士道，鞏固幕府，則為積極之貢獻也。

　　江戶時代朱子學派之進展，並非一帆風順。蓋其時已有反抗，尤以古學派為強烈。古學派開山始祖為山鹿素行 (1622-1685)。素行名高祐，幼名佐太郎，初名義以，中名高興，字子敬，號因山，又號素行，通稱甚五左衛門。會津人。從學於林羅山，長兵法。早年信奉朱子。四十以後漸疑心性理氣之說，以宋學為太高遠。著《四書句讀大全》與《聖學要錄》，直返孔子。鳴古學於江戶，排斥漢唐宋明諸儒。解理為條理，性為理氣妙合。以無極而太極為異端而以倫理釋太極。攻擊朱子之先知後行。解《大學》以實在道德為標準而不重格致。反對持敬靜坐而主敬禮併合。因其重行，乃高唱武士道，與之以哲學根據。著《士道》；以盡職為立本，忠孝仁義為練德，自省節制舍生取義為立身原則。側重國家主義。尊重日本國體，謂比中國為優。從之者眾，支配江戶時期士人之心三百餘年。

　　同時有伊藤仁齋 (1627–1705)，或比山鹿素行為先。唱古學於京都，與素行東西相呼。仁齋名維楨，幼名源七，字源佐，初字源吉，號仁齋，又號棠隱（亦作棠陰），私謚古學先生。居京都崛河，故稱崛河學派。自幼攻讀儒書，深服程朱理論。年三十六，始疑性理之說。終身教學，不受諸侯禮聘。不事訓詁，專講道義。名聲大振，就學者逾三千人。其學以《論語》為主，《孟子》次之。謂《大學》非孔氏遺書，《中庸》乃《論語》之衍義。著《論語古義》與《孟子古義》以明其說。《論語》之仁，《孟子》之義，包括禮智。朱子重仁，仁齋則仁義雙行。朱子理為原則，仁齋則理為條理。是以氣先理後，氣主理從。宇宙是唯一元氣。陰陽活動，永久往來，與朱子先陰陽而後五行萬物不同。朱子分本然氣質二性，仁齋則重氣質充養。即是重日常生活，以實踐為鵠的。主張人外無道，道外無人。沖漠無朕，體用理氣，明鏡止水之類，皆佛老餘緒，不是孔孟要旨。純然道德主義，故少國家主義。不若山鹿素行之站在古學派地位而鼓吹武士道也。

　　仁齋在京都發揚古學，同時在江戶有荻生徂徠 (1666–1728)，代表古學派之一面，與之互相輝映。徂徠名雙松，字茂卿，幼名傳二郎，通稱總衛右門。姓物部，故亦稱物徂徠。荻生其氏也。號蘐園。江戶人。幼從學於林羅山之二子。於雅樂、兵法、法律、諸子百家，無所不長，尤以文章見稱。二十五歲講程朱學，僧侶儒生聽者數百人。三十九歲讀仁齋《大學定本》與《論孟字義》，移書極羨慕之誠。仁齋老病不報。自是大事攻擊，以仁齋元氣之說，乃從明人吳廷翰（壯年 1500）剽竊而來。四十九歲著《蘐園隨筆》，排斥仁齋與宋儒。直沿孔子之道，謂孔子不談理氣、天理人慾而談治國平天下。此道乃先王之道，以安天下為主。仁齋之道，乃天地之自然。

徂徠之道，則為先王所制作。仁齋以仁義為道，徂徠則以禮樂刑政為道。徂徠非不言仁。其所謂仁，乃安民之仁。仁者相親相愛，相生相成。亦贊仁齋之活動主義而評宋儒之靜寂。以宋學為空談，無益於世事，全失聖人本旨。宋儒之理氣，有如佛家之真諦假諦。宋儒之天理人慾，有如佛家之真如無明。山鹿素行與伊藤仁齋之古學，皆以道德為準則，徂徠則以古文學為古學之階梯。彼獎勵文章，風靡天下，使文藝界之氣運，煥然一新。蘐園學派之盛行，非仁齋崛河學派所及。門人甚眾，以太宰春臺 (1680–1747) 為最出色。

　　朱子學派與古學派抗衡之後，大阪朱子學崛起。江戶時代承平百年，都市發達。大阪成為最大中心。且距離京師不遠，惟不受其拘束。町人（商人）之富甲於海內。享保十一年丙午 (1726) 建懷德堂，講授程朱之學，有平民教育之風。主講者皆著名之士，程朱之徒。在初多為貝原益軒、伊藤仁齋之高足。講學兼取陸王，為大阪自由學風之特徵。側重道德修養，更合商人口味。其學派分布遍全國。懷德堂前後歷一百四十餘年之久，至明治維新 (1868) 而後廢。

　　朱子學自十三世紀傳入後，逐漸擴張。江戶時代益盛，為幕府官學。 由十六世紀全盛時期以至十九世紀之明治維新 ，凡四五百年❶。然非唯我獨尊。蓋十七世紀陽明學派中江藤樹 (1608–1648)、熊澤蕃山 (1619–1691) 等大儒，相繼而起，以與朱子學派爭衡。十八世紀神道復興。同時折衷學派、考證學派、獨立學派，次第抬頭。朱子學派備受批判。卒之思想界受陽明學之激刺，實現明治維新。德川幕府政權，於焉結束。加以西學東漸，朱子學遂無昔日之顯赫矣。

---

❶　井上哲次郎，《日本朱子學派之哲學》，頁 596，分三期。以藤原惺窩以前二百七八十年為準備時代，以後此一百九十年為興隆時代，以十八世紀末年至明治維新七十餘年為復興時代。

學者每以水戶學派為朱子系。然水戶學之中心為修日本史。其根本精神則為名分主義。縱然此主義可謂從朱子《通鑑綱目》脫胎而來，水戶學派亦含有古學派與陽明學派之因素，又有朱舜水系統。其促進神道與儒道一致，已越出朱子學範圍矣❷。

歐　美

歐美之研究朱子，最初者為十八世紀下半期法國學者 Joseph Francois Marie-Anne de Moyriac de Mailla（馮秉正，1669–1748）。彼譯《通鑑綱目》為法文❸。然此書與朱子生平思想無關。此譯至一七七七至一七八五年方始印行。五十年後 (1836–1837)，乃有 E. C. Bridgeman（神治文，1801–1861）英譯《小學》之出現。《小學》為朱子所編，可云反映其本人思想，獨非其本人之語耳。一八四九年，神氏復取《朱子全書》關於宇宙、天地、日月、星辰、人物、鳥獸各若干語，譯成英文。雖僅七頁，而從朱子直接材料看其思想，於焉開始。以後一八七四年 Thom MaClatchie 譯《朱子全書》理氣選語為英文。一八七六年 Georg von der Gabelentz (1840–1893) 譯周子〈太極圖說〉並朱子註。一八七九年 Wilhelm Grube 譯理氣摘語，翌年又從《性理精義》翻周子《通書》與朱註，皆為德文。繼有比利時教士 Charles de Harlez（何賴思，1832–1899）最為勤勞。一八八七節譯高攀龍 (1562–1626) 之《朱子節要》，一八八九年譯《小學》與陳選 (1430–1487) 之註，同年又譯《家禮》，一八九〇年節譯

---

❷　參看朱謙之《日本的朱子學》，頁 373–376。

❸　著者有〈歐美之朱子學〉，載著者《朱學論集》，附註一百六十一條，詳舉歐美學者討論朱子之專書與論文。今以以下所引太多，不勝枚舉，故此處不贅，下同。

《性理精義》內所採朱子性命、理氣、治道等語與張子（張載，1020-1077）《正蒙》所附之朱子集說，一八九一年更譯張子〈西銘〉與朱註，均為法文。至本世紀 (1906) Léon Wieger（戴遂良，1856-1933）編《中國哲學文選》，朱子自為一章，採《朱子全書》所選《語類》關於理氣、陰陽、祭祀、性命、善惡、人心之語共六十二條，略具梗概矣。又十餘年 (1922) 英人 J. Percy Bruce 譯《朱子全書》第四十二至四十八章，名《朱子之人性哲學》，總目為性理，分目為性命、性、人物之性、氣質之性、才、心、心性情、定性、情意、志氣與志想、思慮、道、理、德、仁、仁義、仁義禮智、仁義禮智信、誠、忠信、忠恕、恭。所譯大概無誤。Bruce 當時在山東講授，成此專書，為翻譯朱子進入一新階段。

此後一九四二年龐景仁譯《朱子全書》第四十九〈理氣一〉章為法文。至一九六○年譯事轉移美國。是年哥倫比亞大學教授 Wm. Theodore de Bary 編《中國傳統諸源》，以理學部份屬著者。著者乃選譯《朱子全書》各章關於理氣、太極、天地、鬼神、性命、心性與仁等語，以成朱子一章。一九六三年，著者自編《中國哲學資料書》，其中朱子一章，選《全書》一百四十七條，並下按語十五項，指明朱子哲學在中國哲學史上之特殊意義。此外又譯朱子重要哲學短文，即〈仁說〉、〈明道論性說〉、〈與湖南諸公論中和第一書〉與〈觀心說〉。

Olaf Graf 神父 (1900-1976) 在朝鮮、日本潛心研究儒學數十年。一九五三年翻《近思錄》為德文，兼譯在日本最為流行葉采（壯年 1248）之《集解》。凡三篇四冊。第一冊為概論，詳言《近思錄》思想在理學上之位置與其與佛道西哲之比較。第二、三冊為本文與《集解》之翻譯。第四冊為附註。實為朱子研究一大進步。一九六七年

著者承哥倫比亞大學之託，譯《近思錄》為英文。著者除譯本文外，又採譯《語類》、《文集》、《四書集註》、《四書或問》等書二百八十一條，與張伯行 (1651–1725)、茅星來 (1678–1748)、江永 (1681–1762) 等人之註釋與朝鮮、日本學者之評語。書末附朱子與呂祖謙 (1137–1181) 共同編纂之經過，六百二十二條之來源，與中國註釋十七種，朝鮮六種，日本三十七種另筆記四十八種之說明。依江永之例，以朱釋朱。二十年來，此書為研究北宋五子之原始材料。近年有 Timothy S. Phelan《易學啟蒙》與 Patricia Ebrey《家禮》之英譯。前者尚未出版。後者則已印行，且有姐妹篇一冊，歷舉宋元明清《家禮》之實施與討論，誠是上乘之作❹。

　　至於專論朱子思想之書，當以 Le P. Stanislas Le Gall 神父之《朱子之教義與影響》為首。此書成於一八九四年，略論理氣、陰陽、天地、性、聖人與鬼神，雖簡而明。不意此書竟惹起一場大辯論。此辯論由來已久。十七世紀至十八世紀初期，天主教對於「上帝」與「天」兩詞，在華發生一場劇烈爭辯。Matteo Ricci（利瑪竇，1552–1616）神父等耶穌會教士只重古經而不採朱子傳說，以儒家所言之「上帝」與「天」與天主教之「天主」相同，而其屬徒 Le P. Niccolo Longobardi（龍華民，1565–1655）神父則以《性理大全》所釋孔子，決非錯誤。故孔子與理學家均無真正人格神之上帝觀念。Antoine de St. Marie 神父附和之。彼等以理學所言鬼神之神並非天使，魂魄並非靈魂。二者之書札，Leibniz（萊布尼茲，1646–1716）均讀之。一七一六年三月二十七日彼以專函致 M. Nicholes de Remond 發揮其本人意見，謂朱子哲學之基礎誠為理性，而其理亦

---

❹　Patricia Buckley Ebrey, *Chu Hsi's Family Rituals and Ritual and Custom in Imperial China* (Princeton, N. J.: Princeton University Press, 1990).

是抽象而無人格性，然亦未嘗不可詮釋為一人格神，有如利瑪竇所信者。蓋理為道德原則，故等於天神，並非如龍華民所疑為只是物質而非精神之本體云。龍華民謂理學家不信上帝而以天地為生於偶然，故其理只是抽象的規範。反之，萊布尼茲謂理為第一原則，故為天之自然律云。龍華民之意見，反映當時天主教士在華之一般意見。其時教皇不准中國天主教徒參加祭祖典禮，而康熙帝則行統治主權，限令教士出境。一般教士益以朱子與理學所領導之中國為不信上帝矣。

此意見之衝突，亦於一七○八年 Nicolas Malebranche(1646–1716) 所著之《基督教哲學家與中國哲學家關於上帝之存在與性質之對答》書中見之。所謂中國哲學家實指朱子門人，以無神論與對方爭辯。——Malebranche 實不了解朱子，其所靠材料亦甚惡劣。其中所釋理之觀念等等，大失朱子原意。故龐景仁譯《全書》卷四十九，使讀者得知朱子之理與天主教之神，其同處何在？其異處何在？以龐氏觀之，理富有精神性，並非如彼方所誤認為唯物者也。

當時此問題終未解決。二百年後，死灰復燃。一八八七年何賴思教士譯《朱子節要》，一八九○年節譯《性理精義》。Le Gall 評之，謂不應依節錄以解釋朱子，致失朱子本來面目。一八九四年 Le Gall 著《朱子之教義與影響》。述釋朱子哲學，且附譯《朱子全書》卷四十九，大有真詮朱子之意。翌年何賴思反攻之，謂其最大毛病為以朱子為絕對唯物。一年後 (1896) Le Gall 發表公開信，堅持原議，以朱子為完全唯物與無神。於是何賴思著〈朱熹果無神乎？——朱熹與 Le Gall 神父〉一文，謂 Le Gall 神父既以《朱子全書》卷四十九為朱子哲學之全，應知卷內即有朱子之語，謂經傳中「天」字「也有說蒼蒼者，也有說主宰者，也有單訓理時」❶，則朱子以天

為主宰,可無疑矣。一八九六年何賴思又著《朱子之教義與影響》一書,文雖只二十四頁而實欲正 Le Gall 以朱子為無神之誤也。復於一八九八年撰文題〈朱子與近代朱子門徒果無神耶?〉,重排 Le Gall 誤解朱子為無神,並辨其本人根據明清人之節錄,並非錯誤,蓋理學家無損於朱子云。如此一場關於朱子有神無神之爭,於以停頓。

二十餘年以後,一九一八年,Bruce 著〈宋代哲學之有神的意義〉,重提朱子是否唯物問題。彼以理學不分精神與物質,而分氣質與道德。理為萬物之源,故有宗教性。又包仁智,故為道德。道有條理,故有倫理性。太極為道德之全,天為主宰,人性由其所賦予,故人之行動,皆須對天負責云。及其著《朱子與其師》(1923),以〈朱子哲學之有神的意義〉為第四章之題目。大意以天為內在聖靈,亦即最尊之上帝,具有人格。朱子並非唯物。從此西洋不再以朱子為唯物,而以朱子為趨向於有神矣。及至今日,Joseph Needham(李約瑟)於其《中國之科學與文明》第二冊《科學思想史》中乃以朱子不肯容許人格神之觀念。又謂 Bruce 以基督教之神附會於朱子,遠不如 Le Gall 之認識朱子云。於是舊案重提,各是其是,各非其非,則始終亦無辯矣。

人格神之問題,討論者皆歐洲人。美國學者則絕少注意。蓋美國學者既無歐洲在華宣教之傳統,亦乏宗教興趣。談朱子宗教生活者,只著者〈朱子之宗教實踐〉一文而已❶。

另一共同興趣之問題為朱子與西哲之比較。此問題歐美學者均所樂道,尤以與亞理士多德、斯賓諾莎、聖多瑪斯、萊布尼茲、懷

---

❶ 《語類》,卷一,第二十二條,頁 8,載《朱子全書》,卷 49,頁 25 上。

❶ 《朱學論集》,頁 181–204。

黑德之比較為然。一九二六年 E. V. Zenker 始以朱子比亞理士多德。一九三八年 Alfred Forke（福克，1867–1944）隨之。一九五三年馮友蘭《中國哲學史》譯英，以朱子之理即為希臘哲學中之形式——(Form)，氣即亞理士多德之材質 (Matter)，惟朱子之興趣在倫理而非邏輯，則與柏拉圖同一傾向云。馮氏之書，一九三四年已出版，比福克為早，惟一九五三方譯英耳。張君勱 (Carsun Chang) 於其著述《新儒學之進展》中亦謂朱子之理搭附於氣，而氣不能離理而獨存，正如亞理士多德之普遍不能離個別而存在，而普遍又非超越而乃內在於個別者。以後美國學者，同一口氣。

　　一九二三年，Bruce 已提出朱子與斯賓諾莎之所同，以朱子太極之有陰陽二氣即斯賓諾莎之上帝之分為能創造之自然與所創造之自然。三十年後 (1953)，Graf 神父繼承此說，以譯《近思錄》討論篇之一節題為〈朱子與斯賓諾莎之一元論〉，極言朱子之天與斯賓諾莎之上帝相近。朱子之仁，等於斯賓諾莎之知識的愛上帝，而兩人之推論均止於至善，故知識以道德為目標云。又於其《道與仁》一書 (1970) 中，更處處發明以上諸旨。又從天地之創造、萬物之源、太極與道、天即上帝之不異乎理等等，與斯賓諾莎相較，以顯其同。且謂兩人之生平亦甚相似云。兩書之間，李約瑟在其《科學思想史》指出斯賓諾莎之自然的宇宙觀與朱子相若。

　　Graf 神父又於其譯《近思錄》討論篇幾以全章屬聖多瑪斯，分別從形上、知識、倫理等方面立論。於其《道與仁》書復加發揮。其主旨在二者之有神論。更側重朱子雖理氣二元而終歸於一，且太極與理具有創造性與神秘性。仁孝與誠均有宇宙意味，知識之尋求在乎知天事天。凡此皆與聖多瑪斯哲學和諧。惟理學尚未臻長存而生生不絕之永恆哲學，亦即基督教之哲學之境，因理學之天不及基

督教之上帝之有人格性，而理學之道亦不如基督教之 Logos （道）
也。前此早有 Zenker、福克，與 Paul E. Callahan 為此二思想家之比
較，又有李約瑟指出聖多瑪斯之綜合歐洲中世紀哲學與朱子之集北
宋哲學大成相同。然皆簡單言之，不若神父之詳盡也。

　　萊布尼茲之曾否受理學影響，言人人殊。E. R. Hughes （修中
誠）與李約瑟等以為實有，而亦有謂殊不然者。Bruce 以朱子與萊
布尼茲有根本之差異，但謂單子同時亦肉體亦靈魂，亦動亦靜，則
與朱子心物為一之思想相近。比較此二哲最切而最深究者莫如李約
瑟在其書中以一長達九頁之專題為〈朱熹、萊布尼茲，與機體哲
學〉，舉出兩事為學者所不能否認者。一為萊布尼茲曾研究中國思
想，年二十已讀有關之書。據李氏結論，萊布尼茲至死擁護耶穌會
之立場，亦即擁護理學之立場。李約瑟又指出一事，即兩哲學家相
同之處。謂萊布尼茲之單子層次與宇宙預定和諧兩點，和朱子物物
一太極與理為一機體的秩序兩點，極是相似，萊布尼茲之哲學雖有其
歐洲根源，而中國機體哲學與自然主義必有影響。此事大值探究云。

　　朱子之與懷黑德比較，一九四九年俞檢身之博士論文〈朱熹與
懷黑德之形上學比較研究〉，已開其端。比擬二哲之精至者當推李約
瑟。彼於朱子機體主義，言之極力。彼云據理學觀念，宇宙乃一機
體。萬物聯繫，而每一關係必有其一定之方式。萬物依其方式在若
干層次組成宇宙。其組織並非由神指點，其組織力亦不局限於某時
某地，而其組織中心即機體之本身。凡此諸點，均與懷黑德之機體
哲學一致。故結論云：「朱子之哲學根本上為機體主義。……宋儒主
要靠其識力，乃造與懷黑德相同之域。」一九七九年秦家懿為文相
較二哲，從天地之心與太極為言，於上帝問題，特別注意。後此美
國學者比較朱子與懷黑德之興趣甚濃。或略涉及，或長篇探討，或

開會討論，幾成美國學界之狂瀾。

　　美國對於朱子研究，特別努力。敢謂朱子之研究，在西方全屬美國。巴黎曾有「宋代研究計畫」，印行《宋學研究》期刊。然重心不在理學。期刊只有關於朱子兩文。一為紐約市立大學教授——Conrad M. Schirokauer 之〈行政者之朱熹〉，一為著者之〈朱子完成新儒學〉。前文歷舉朱子之政治生涯。後文分論朱子確定新儒家之方向，釐清理氣之關係，發展太極與仁之觀念，完成道統，與集合四書。宋代研究計畫又編《宋代名人傳》四冊，以朱子傳屬著者。更編《宋代書錄》。理學文獻與朱子著述，均由著者解題。此兩巨著，誠非美國研究所可及。且歐洲學者對於宋代人物制度與中國道教有特殊成績，亦為美國望塵莫及。只朱子研究，則歐不如美而已。

　　美國無宋代研究計畫一類之集體研究。美國學者各自為政，各行其是。惟其國際會議，或可與之相比。國際會議，不計其數，而專為朱子而舉行者，只得一次。一九八二年由著者發動與執行，在夏威夷開會十天。來自各國與會者八十餘人。馮友蘭以八十七歲高齡，亦不遠千里而來，朝朝出席。討論包括理、太極、天、性、仁、格致、易、經權、修養、禮、道統、宗教、道佛、胡宏，與福建韓國日本之朱子學❼。會議規模之大，堪為各次國際會議之典型。是以一九八七年有福建廈門第二次國際朱熹會議，一九九九年又有福建武夷山第三次國際朱熹會議。是則朱子熱潮，固不限於美國矣。夏威夷之會有「朱子與教育」研習組。至一九八四年擴大而為「宋代教育國際會議」，由 de Bary 主持。雖云宋代教育，然實集中於朱子。故獻文有〈朱子與文人學術〉、〈朱子教育之目的〉、〈朱子之《小

---

❼　論文為著者主編，題 *Chu Hsi and Neo-Confucianism* (Honolulu: University of Hawaii Press, 1986)。

學》〉、〈朱子之榜諭〉、〈朱子與婦女教育〉、〈朱子與書院〉、〈朱子在
南康〉等篇 ⓲ 。

　　美國學者近年對於朱子研究，不斷努力。或設課講授，或授博
士學位，或發表專篇，或組地區研討會，或於年會中設討論組，或
編朱子書之語詞索引，再接再厲。其已撰成書以討論朱子者有 Hoyt
Cleveland Tillman （田浩）之《陳亮與朱熹的辯論》 ⓳ ，Daniel K.
Gardner 之《朱熹與大學》 ⓴ ，Donald J. Munro（孟旦）之《人性的
比喻》 ㉑ ，與著者之《朱子新研究》 ㉒ 。孟旦論朱子之用水、樹、
鏡等以比喻人性之發展。著者之新研究，乃多為我國與韓日歷代學
人所未言，如朱子之言天，言體用，朱子之窮，之經營印務，之待
遇婦女等是也。至於以專篇討論朱子之哲學、朱子與陸象山與陳亮
(1143–1194)、朱子之道統、朱子之評佛老、朱子之生平、朱子之後
繼，與日本之朱子學者，為數亦多，不勝枚舉矣 ㉓ 。

⓲　論文集由 Wm. Theodore de Bary 與 John W. Chaffee 主編，*Neo-Confucian Education: The Formative Stage* (Berkeley, California: University of California Press, 1989)。

⓳　Hoyt Cleveland Tillman, *Utilitarian Confucianism: Ch'en Liang's Challenge to Chu Hsi* (Cambridge: Harvard University Press, 1982).

⓴　Daniel K. Gardner, *Chu Hsi and the Ta-hsüeh: Neo-Confucian Reflection on the Confucian Canon* (Cambridge: Harvard University Press, 1985).

㉑　Donald J. Munro, *Images of Human Nature, a Sung Portrait* (Princeton, N. J.: Princeton University Press, 1988).

㉒　Wing-tsit Chan, *Chu Hsi: New Studies* (Honolulu: University of Hawaii Press, 1989).

㉓　詳《朱學論集》，頁 429–447。

朱子年譜要略

(參看拙著《朱子新探索》，頁 62–79，〈朱子年譜〉。)

高宗建炎四年庚戌 (1130)，九月甲寅（十五）正午生於福建南劍州尤溪縣。

紹興四年甲寅 (1134)，五歲。始入小學。日後回憶云：「心便煩惱天體是如何？外面是何物？」

七年丁巳 (1137)，八歲。隨父韋齋由尤溪遷居福建建州之甌寧縣（今建甌縣）。傳說坐沙上以指畫八卦。

十三年癸亥 (1143)，十四歲。丁父憂。承遺囑稟學於劉子翬、劉勉之、胡憲三先生之門，遂奉母率妹移居於建州崇安縣五夫里。

十七年丁卯 (1147)，十八歲。舉建州鄉貢。

十八年戊辰 (1148)，十九歲。春登進士第。夏准敕賜同進士出身。

十九年己巳 (1149)，二十歲。大約是年結婚，娶劉勉之之女。

二十一年辛未 (1151)，二十二歲。春銓試中等。夏授福建泉州同安縣主簿。

二十三年癸酉 (1153)，二十四歲。赴同安，經延平（今南平）謁見李侗。七月至同安。是月子塾生。

二十四年甲戌 (1154)，二十五歲。七月子埜生。

二十六年丙子 (1156)，二十七歲。七月三年秩滿。冬奉檄走旁郡，因送老幼返崇安。

二十七年丁丑 (1157)，二十八歲。春還同安。或於此時到廣東潮州，可能與大慧（普覺禪師）相遇於廣東潮州或梅州。代者已死，十一月罷歸。

二十八年戊寅 (1158)，二十九歲。正月再見李侗於延平。〈行狀〉云：「歸自同安，不遠數百里，徒步往從之。」十二月差監潭州（今湖南）南嶽廟。

二十九年己卯 (1159)，三十歲。三月校定《上蔡語錄》。八月召赴行在（今杭州），辭。

三十年庚辰 (1160)，三十一歲。冬三見李侗於延平。

三十二年壬午 (1162)，三十三歲。春謁李侗於建安（今建甌），與同歸延平。

六月高宗內禪，孝宗即位，復差監南嶽廟。八月應詔上封事。

孝宗隆興元年癸未 (1163)，三十四歲。三月召赴行在。十月至行在。是月李侗卒。十一月六日奏事垂拱殿。十二月除（差）武學博士，待次（候補）。是月由行在歸。是年《論語要義》成（佚），《論語訓蒙口義》成（佚）。

二年甲申 (1164)，三十五歲。正月赴延平哭李侗。此後編成《延平答問》。九月至豫章（今江西南昌），哭張魏公（張浚，張栻之父）之喪，自豫章送至豐城，舟中與張南軒（張栻）款敘三日。是年《困學恐聞》成（佚）。

乾道元年乙酉 (1165)，三十六歲。春趣就武學博士職，四月至行。以時相方主與金人議和，辭職，並請祠。五月復差監南嶽廟以歸。

三年丁亥 (1167)，三十八歲。七月崇安大水，奉府檄行視水災。八月赴潭州（長沙）訪張南軒，討論中和太極之義。十一月偕張南軒與門人同游衡山。十二月歸崇安。是月除樞密院編修官，待次。

四年戊子 (1168)，三十九歲。四月崇安饑，請府粟以賑之。是年《程氏遺書》成。

五年己丑 (1169)，四十歲。正月子在生。九月丁母孺人祝氏憂。

六年庚寅 (1170)，四十一歲。正月葬祝孺人，築寒泉精舍，日居墓側。傳說是時《家禮》成。七月遷韋齋墓。十二月召赴行在，以居喪辭。

七年辛卯 (1171)，四十二歲。五月創立社倉於五夫里。十二月趣行，以祿不及養辭。

八年壬辰 (1172)，四十三歲。正月《語孟精義》成。夏《資治通鑑綱目》成，《八朝名臣言行錄》成。十月《西銘解義》成。

九年癸巳 (1173)，四十四歲。四月〈太極圖說解〉、〈通書解〉成。六月《程氏外書》成。是年《伊洛淵源錄》成。

淳熙元年甲午 (1174)，四十五歲。歷年屢辭樞密院編修不就，改差主管台州崇道觀，六月拜命。是歲編次《古今家祭禮》。

二年乙未 (1175)，四十六歲。四月呂東萊（呂祖謙）來訪於寒泉精舍，同編《近思錄》。五月同赴江西信州之鵝湖寺與陸象山兄弟辯論，不歡而散。六月八日分手歸崇安。七月作晦菴於蘆山之雲谷。是年《陰符經

考異》成。

三年丙申 (1176)，四十七歲。三月如徽州婺源（今屬江西）省墓。六月授秘書省秘書郎，辭。同月差管武夷山沖佑觀。十一月令人劉氏卒。

四年丁酉 (1177)，四十八歲。六月《論孟集註》、《或問》成。十月《詩集傳》成，《周易本義》成。

五年戊戌 (1178)，四十九歲。八月差知江西南康軍。

六年己亥 (1179)，五十歲。二月以屢辭不允，候命於江西鉛山，陸子壽（陸九齡）來訪。三月到南康任，立周濂溪（周敦頤）祠，配以二程（程顥，程頤）。五月作臥龍菴以祀諸葛孔明。十月復建白鹿洞書院。

七年庚子 (1180)，五十一歲。二月張南軒訃至，罷宴哭之。四月應詔上封事。七月大修荒政。

八年辛丑 (1181)，五十二歲。二月陸子靜（陸象山）來訪，請到白鹿洞書院講學。三月除提舉江南西路常平茶鹽公事，待次。閏三月去郡歸崇安。八月呂東萊訃至，為位哭之。是月改除提舉兩浙東路常平茶鹽公事，即日單車就道。十一月奏事延和殿。十二月詔行社倉法於諸郡。

九年壬寅 (1182)，五十三歲。正月巡歷諸郡，奏劾劣吏，陳亮來訪。七月奏劾唐仲友不法。八月廢奏檜祠。是月除直徽猷閣，改除江南西路提點刑獄公事，均辭。九月去任歸崇安。十一月始受直徽猷閣職名，仍辭江南西路新任。且乞奉祠。

十年癸卯 (1183)，五十四歲。正月差主管台州崇道觀。四月武夷精舍成。

十一年甲辰 (1184)，五十五歲。力辨浙東功利之學。

十二年乙巳 (1185)，五十六歲。四月差主管華州雲臺觀。是年力辨陸象山頓悟之學與陳亮事功之學。

十三年丙午 (1186)，五十七歲。三月《易學啟蒙》成。八月《孝經刊誤》成。

十四年丁未 (1187)，五十八歲。三月《小學》成。同月差主管南京鴻慶宮。七月除江南西路提點刑獄公事，待次。

十五年戊申 (1188)，五十九歲。二月出《太極圖說解》、《西銘解義》以授學者。六月初七奏事延和殿，初八除兵部郎官，辭。初十詔依舊江南西路

提刑，亦辭。七月除直寶文閣，主管西京嵩山崇福觀，八月拜命。十一月上封事，踰萬言。上秉燭讀之，翌日除主管西太乙宮，兼崇政殿說書，辭。此兩年與陸象山辯太極。

十六年己酉 (1189)，六十歲。正月除秘閣修撰，辭。詔依舊主管崇福宮。二月孝宗內禪，光宗即位。是月序《大學章句》。三月序《中庸章句》。四月准辭秘閣修撰，依舊直寶文閣。閏五月賜緋衣銀魚。八月除江南東路轉運副使，辭。十一月改知福建漳州。是年刪定《中庸輯略》。

光宗紹熙元年庚戌 (1190)，六十一歲。四月首頒禮教，修畫經界事宜，卒不果行。十月刊四經四子書。

二年辛亥 (1191)，六十二歲。正月長子塾卒。二月請祠歸家治喪。三月復除秘閣修撰，主管南京鴻慶宮。四月拜祠命而辭修撰職。五月歸建陽卜居。七月拜修撰命。九月除荊湖南路轉運副使，辭。

三年壬子 (1192)，六十三歲。六月建陽之考亭新居落成。十二月除知靜江府廣南西路經略安撫使，辭。是歲《孟子要略》成（佚）。

四年癸丑 (1193)，六十四歲。二月差主管南京鴻慶宮。十二月除知潭州荊湖南路安撫使。

五年甲寅 (1194)，六十五歲。五月至潭州。七月修復嶽麓書院。是月光宗內禪，寧宗即位，召赴行在奏事。八月赴行在，除煥章閣待制，兼侍講，辭。十月初四奏事行宮便殿。屢辭待制侍講，不允，初十拜命。十四進講《大學》。十七賜紫金魚袋。二十三講筵留身，面奏四事。閏十月初八封婺源縣開國男，食邑三百戶。初十入對，奏論廟議。十一入史院。十九晚講留身申請施行前奏四事。以上疏忤韓侂冑，即降御批謂已除宮觀。二十一奏謝遂行。二十五除寶文閣待制，尋除知江陵府荊湖北路安撫使，均辭。十一月十一至江西玉山縣，講學於縣庠。二十還考亭。十二月詔依舊煥章閣待制，提舉南京鴻慶宮，辭待制而拜祠命。歸考亭後建竹林精舍。

寧宗慶元元年乙卯 (1195)，六十六歲。三月磨勘，轉朝奉大夫。韓侂冑專政，乃草萬言，極陳姦邪蔽主之禍。門人請以蓍決之，遇「遯」之「家人」。

焚奏稿，更號遯翁。五月申建寧府乞致仕。十二月詔依舊秘閣修撰，提舉南京鴻慶宮。

二年丙辰 (1196)，六十七歲。十二月朝廷猛攻道學為「偽學」。沈繼祖疏奏十罪，遂落職（秘閣修撰）罷祠（南京鴻慶宮）。是歲始修《儀禮經傳通解》。

三年丁巳 (1197)，六十八歲。是年《參同契考異》成。同年《韓文考異》成。

四年戊午 (1198)，六十九歲。是年《書集傳》成。十二月申尚書省乞致仕。

五年己未 (1199)，七十歲。三月《楚辭集註》成。四月奉旨致仕，始用野服見客。

六年庚申 (1200)，七十一歲。三月初六改《大學》〈誠意〉章，又改《楚辭》一段。初九午初刻卒於考亭。十一月葬於建陽縣唐石里（今黃坑）大林谷，會葬者將近千人。

參考書目
(以著者姓名或書名篇名之筆劃多少為序)

二　劃

《二程全書》，宋，程顥、程頤撰，《四部備要》本。

三　劃

《大正新脩大藏經》。

《大學或問》，宋，朱熹撰，《近世漢籍叢刊》本。

《大學章句》，宋，朱熹撰。

大槻信良，《朱子四書集註典據考》，臺北，學生書局，民國六十五年 (1976)。

《大慧普覺禪師語錄》，《大正新脩大藏經》，第四十七冊。

山口察常，《仁の研究》，東京，岩波書店，昭和十一年，1936。

山井湧，《明清思想の研究》，東京，東京大學出版社，1980。

四　劃

《中庸》。

《中庸或問》，宋，朱熹撰，《近世漢籍叢刊》本。

《中庸章句》，朱熹撰。

《中庸輯略》，宋，朱熹撰。

《五燈會元》，宋，普濟撰，《續藏經》，第一輯，第二編乙，第十一套。

井上哲次郎，《日本朱子學派之哲學》，東京，富山房，大正四年乙卯 (1915) 訂正增補五版。

《元史》，明，宋濂編，《四部叢刊》本。

友枝龍太郎，《朱子の思想形成》，東京，春秋社，昭和五十四年乙未 (1979) 改訂本。

孔穎達，《毛詩正義》，世界書局《十三經注疏》本。

王懋竑，《朱子年譜》，《叢書集成》本。

五 劃

《北溪字義》，宋，陳淳撰，《惜陰軒叢書》本。

《四庫全書總目提要》，清，紀昀編，上海，商務印書館，民國二十二年 (1933)。

《外書》，宋，程顥、程頤撰，《二程全書》本。

《左傳》。

《正蒙》，宋，張載撰，《四部備要》《張子全書》本。

田中謙二，〈朱門弟子師事年考〉，《東方學報》，第四十四期 (1973)，第四十八 期 (1975)。

申美子，《朱子詩中的思想研究》，臺北，文史哲出版社，民國七十七年 (1988)。

六 劃

《伊川文集》，宋，程頤撰，《二程全書》本。

《列子》，《四部叢刊》本，名《沖虛至德真經》。

《朱子文集》，宋，朱熹撰，《四部備要》本。

《朱子全書》，清，李光地編，康熙五十三年甲午 (1714) 本。

《朱子新探索》，陳榮捷撰，臺北，學生書局，民國七十七年 (1988)。

《朱子語類》，宋，黎靖德編，臺北，正中書局，民國五十九年 (1970)。

《朱學論集》，陳榮捷撰，臺北，學生書局，民國七十七年 (1988) 增訂再版。

朱謙之，《日本的朱子學》，北京，三聯書店，1958。

朱彝尊，《曝書亭集》，康熙五十三年甲午 (1714) 本。

江永，《近思錄集註》。

《百川學海》，宋，左圭編，民國十六年 (1927) 重印。

《老子》。

《考亭淵源錄》，明，宋端儀撰，《近世漢籍叢刊》本。

七 劃

《佛法金湯編》，明，岱宗心泰撰，《續藏經》，第一輯，第二編乙，第二十一 套。

吳與弼，《吳康齋集》，嘉靖五年丙戌 (1526) 本。

吳澄，《吳文正公全集》，乾隆二十一年丙子 (1756) 本。

呂祖謙，《東萊呂太史文集》，《續金華叢書》本。

《宋元學案》，清，黃宗羲撰，《四部備要》本。

《宋元學案補遺》，清，王梓材、馮雲濠撰，民國五十一年 (1962) 本。

《宋史》，元，托克托編，北京，中華書局，1977。

李元綱，〈聖門事業圖〉，《百川學海》本。

李侗，《李延平集》，《正誼堂全書》本。

李侗，《延平答問》，寶誥堂《朱子遺書》本。

李贄，《藏書》，北京，中華書局，1959。

沈桂，《明道全書》，嘉靖三十七年戊午 (1558) 本。

八 劃

《周子全書》，宋，周敦頤撰，《萬有文庫》本。

《孟子》。

《孟子或問》，宋，朱熹撰，《近世漢籍叢刊》本。

《孟子集註》，宋，朱熹撰。

《性理精義》，清，李光地編，《四部備要》本。

《性理大全》，明，胡廣編，日本承應二年癸巳 (1653) 刻本。

《明史》，清，張廷玉編，《四部備要》本。

《明儒學案》，清，黃宗羲著，《四部備要》本。

《易傳》，宋，程頤撰，《二程全書》本。

《易經》。

《易學啟蒙》，宋，朱熹撰，寶誥堂《朱子遺書》本。

邵雍，《邵子全書》，萬曆三十四年丙午 (1606) 本。

《近思錄》，宋，朱熹、呂祖謙合輯。

《長沙縣志》，同治七年戊辰 (1868) 本。

九 劃

《枯崖漫錄》，宋，枯崖圓悟著，《續藏經》，第一輯，第二編乙，第二十一

　　套。

《皇極經世書》，宋，邵雍撰，《四部備要》本。

胡宏，《胡子知言》，《粤雅堂叢書》本。

胡居仁，《居業錄》，《正誼堂全書》本。

胡居仁，《胡敬齋集》，《正誼堂全書》本。

胡適，《胡適手稿》，未刊。臺北，中央研究院藏。

胡適，〈語類的歷史〉，載《朱子語類》，民國五十九年 (1970) 本。

十　劃

《唐書》，宋，歐陽修撰，《四部叢刊》本。

唐鑑，《清學案小識》，《國學基本叢書》本。

孫奇逢，《理學宗傳》，粤東藝香堂刻本。

《書經》。

《荀子》，《四部叢刊》本。

高令印，《朱子事蹟考》，上海，人民出版社，1987。

《(增補) 退溪全書》，漢城，成均館大學校大東文化研究院，第一、二冊，
　　《退溪先生文集》，1978。

十一劃

《崇安縣志》，雍正刊本。

《崇安縣新志》，民國三十年 (1941)。

張伯行，《近思錄集解》，《正誼堂全書》本。

張栻，《南軒先生文集》，《近世漢籍叢刊》本。

張載，《張子全書》，《四部備要》本。

張載，《張子語錄》，《四部叢刊》本。

曹端，〈太極圖說述解〉，載《曹月川先生遺書》。

梁啟超，《中國近三百年學術史》，上海，中華書局，民國二十五年 (1936)。

梁啟超，《清代學術概論》，上海，商務印書館，民國十年 (1921)。

《淮南子》，《四部備要》本。

《莊子》，《四部叢刊》本，名《南華真經》。

許衡，《許文正公遺書》，乾隆五十五年庚戌 (1790)。

《通書》，宋，周敦頤著。

陳來，《朱熹哲學研究》，北京中國社會科學出版社，1988。

陳來，〈關於程朱理氣思想兩條資料的考證〉，《中國哲學研究》，1983，第二
　　期。

陳亮，《陳亮集》，北京，中華書局，1974。

陳淳，《北溪大全集》，《四庫全書珍本》。

陳傅良，《止齋文集》，《四部叢刊》本。

陳繼儒，《太平清話》，《寶顏堂秘笈》本。

十二劃

揚雄，《法言》，《四部備要》本。

《景德傳燈錄》，宋，道原編，《四部叢刊》本。

《無門關》，宋，慧開撰。

程兆鴻，〈從鵝湖到鵝湖之會〉，臺北，《中央日報》，民國六十六年 (1977)，四
　　月二十日。

童振福，《陳亮年譜》，上海，商務印書館，民國二十五年 (1936)。

《象山全集》，宋，陸象山撰，《四部備要》本。

《雲臥紀談》，宋，曉瑩撰，《續藏經》，第一輯，第二編乙，第二十一套。

馮友蘭，《中國哲學史》，上海，商務印書館，民國二十四年 (1935) 再版。

黃宗炎，〈晦木太極圖辨〉，《宋元學案》，卷十一。

黃榦，《勉齋集》，《四庫全書珍本》。

十三劃

《新元史》，柯劭忞編，北京，北京大學研究社，1933。

《傳習錄》，王守仁著，《四部叢刊》《王文成公全書》本。

《傳習錄詳註集評》，陳榮捷著，臺北，學生書局，民國七十七年 (1988) 再
　　版。

《楞嚴經》，《大正新脩大藏經》，第十九冊。

《經說》，宋，程頤撰，《二程全書》本。

葉公回，《朱子年譜》，《近世漢籍叢刊》本。

葉采，《近思錄集解》。

葉紹翁，《四朝聞見錄》，《浦城遺書》，嘉慶十九年甲戌 (1814) 本。

葉適，《龍川文集》。

《詩經》。

十四劃

《漢書》，漢，班固撰，《四部叢刊》本。

《碧巖錄》，宋，克勤圓悟撰。

《福建論壇》。

《齊東野語》，宋，周密撰，《叢書集成》本。

十五劃

劉宗周，《劉子全書遺編》，光緒十八年壬辰 (1892) 本。

樓宇烈，《王弼集校釋》，北京，中華書局，1980。

《蔡氏九儒書》，同治七年戊辰 (1868) 本。

《論語》。

《論語或問》，宋，朱熹撰，《近世漢籍叢刊》本。

《論語集註》，宋，朱熹撰。

十六劃

《遺書》，宋，程顥、程頤撰，《二程全書》本。

錢大昕，《金石文跋尾》，《潛研室全書》光緒十年甲申 (1884) 本。

錢穆，《朱子新學案》，臺北，三民書局，民國六十年 (1971)。

錢穆，《宋明理學概述》，臺北，中華文化出版事業委員會，民國四十二年
　　(1953)。

錢穆，《理學六家詩鈔》，臺北，中華書局，民國六十三年 (1974)。

十七劃

《嶽麓志》，咸豐十一年辛酉 (1861) 本。

《臨濟慧照禪師語錄》，《大正新脩大藏經》，第四十七冊。

薛瑄，《薛敬軒集》，《正誼堂全書》本。

薛瑄，《讀書錄》，《正誼堂全書》本。

韓愈，《韓昌黎全集》，《四部備要》本。

十八劃

戴銑，《朱子實紀》，《近世漢籍叢刊》本。

戴震，《戴東原集》，《國學基本叢書》本。

《禮記》。

顏元，《存學編》，《顏李遺書》本。

顏元、李塨，《顏李叢書》，四存學會本。

十九劃

羅欽順，《困知記》，嘉靖七年戊子 (1528) 本。

羅鏞，〈考亭朱子系譜序〉，載清光緒《續修紫陽堂朱子家乘》。

二十劃

《釋氏資鑑》，元，熙仲編，《續藏經》，第一輯，第二編乙，第五套。

Chan, Wing-tsit, ed., *Chu Hsi and Neo-Confucianism* (Honolulu: University of Hawaii Press, 1986).

Chan, Wing-tsit, *Chu Hsi: New Studies* (Honolulu: University of Hawaii Press, 1989).

Chan, Wing-tsit, *A. Source Book in Chinese Philosophy* (Princeton, N. J.: Princeton University Press, 1963).

Chu Hsi, *Reflections on Things at Hand*, translated by Wing-tsit Chan (New York: Columbia University Press, 1967).

de Bary, Wm. Theodore and John W. Chaffee, *Neo-Confucian Education: The Formative Stage* (Berkeley, California: University of California Press, 1989).

Ebrey, Patricia Buckley, *Chu Hsi's Family Rituals: A Twelfth Century Manual for the Performance of Capping, Weddings, Funerals, and Ancestral Rites and Ritual and Custom in Imperial China: The Confucian Discourse on Family Rituals in Social Context* (Princeton, N. J.: Princeton University Press, 1999).

Gardner, Daniel K., *Chu Hsi and the Ta-hsüeh, Neo-Confucian Reflection on the Confucian Canon* (Cambridge: Harvard University Press, 1985).

Graf, Olaf, *Djin si lu* (Tokyo: Sophia University, 1953).

Munro, Donald J., *Images of Human Nature, a Sung Portrait* (Princeton, N. J.: Princeton University Press, 1988).

Tillman, Cleveland Hoyt, *Utilitarian Confucianism: Ch'en Liang's Challenge to Chu Hsi* (Cambridge: Harvard University Press, 1982).

索 引

二 畫

七情 263-266, 269, 272
九州 274
九經 111, 157, 160
人心道心 92, 213, 225, 266
人性的比喻 286
八卦 3, 232
八朝名臣言行錄 122
十訓 274

三 畫

三代 11, 220, 221, 224, 226, 227, 230, 231, 255
三宅尚齋 273
三桂里 10, 23
三教典籍目錄 269
三經釋義 264
三衢里 21
上帝 66, 88, 280-284
上梅里 17
上蔡語錄 117
土佐 273, 274
大同 20, 150
大禹謨 92, 133, 225, 232
大林谷 14, 18
大阪朱子學 277

大般若經 250
大都（北京） 263
大疑錄 274
大慧（宗杲，杲老） 27, 28, 153, 244, 246, 247, 261
大慧語錄 27, 245
大學 4, 9-11, 14, 16, 21, 49, 52, 54, 75-79, 83, 84, 100, 113, 116, 122, 129, 130, 140, 150, 167, 168, 233, 235, 268, 269, 271, 273, 275, 276, 279, 280, 285
大學定本 276
大學或問 49, 52, 54, 75-78, 87, 91, 93, 129, 130, 269
大學直解 237
大學要略 237
大學章句 49, 76, 79, 128, 129, 133, 232
大學詩解 237
大學圖 263, 264
子思 232, 264
小陂 239
小學 3, 7, 133, 163, 236, 237, 263, 273, 278, 285
小學大義 236
小學句讀備考 274
山口察常 183
山鹿素行 275-277
山井湧 47, 48

山陰縣　159

山崎美成　183

山崎闇齋　273, 275

四　畫

中　3, 11, 28, 30, 32, 36, 37, 39, 177, 178,
200 參／中庸，未發已發，極

中江藤樹　277

中村惕齋　274

中和　32, 48, 50, 87, 176-179, 279

中國近三百年學術史　242

中國哲學資料書　279

中國傳統諸源　279

中庸　4, 9, 10, 16, 28, 32, 48, 50, 78, 83,
84, 86, 94, 111, 116, 129, 134, 143, 176,
177, 197, 204, 211, 269, 276

中庸或問　129, 270

中庸直解　237

中庸章句　52, 54, 95, 128, 129, 133, 134,
232, 236, 267 參／四書章句集註

中庸輯略　9, 134, 152

中庸解　252

中庸說　237

中說　11, 132, 215

丹陽　16, 153

五夫里　3, 5, 7, 10, 12, 17, 18, 20, 21,
23-27, 104, 107, 108, 118, 125, 138, 160,
166, 172, 186, 188, 193, 245, 247, 250

五老峰　110, 155

五行　19, 33, 38, 41, 42, 45, 46, 54, 61,
90, 104, 123, 124, 145, 238, 267, 271,
273, 276

五通廟　149

五經　10, 83, 116, 251, 263

仁　11, 31, 74, 86, 94, 181-183, 227, 281-
283, 285

仁智堂　16, 108

仁義禮智　19, 50, 54, 76, 86, 92, 180,
181, 214, 226, 265, 267, 269, 270, 279

仁說　68, 73, 87, 176, 180-183, 191, 279

仁說圖　182, 264

元史　236, 237

公　182

公羊傳　9

公案　123, 253, 254

六經　84, 127, 189, 210

化石　64

友枝龍太郎　246

天　280, 281, 283, 285

　　人物得之以為心　73

　　天即理　63, 64

　　天地生物之心　67-74, 87, 180,
182

　　主宰帝　63, 66

　　天心　71, 72

　　有心無心　72

　　復其見天地之心　69-71

　　蒼蒼者天　63

天人合一　48, 74, 214, 274

天主教　280, 281

天台縣 *5*

天理人欲 *86, 92-94, 164, 213, 222-225*

天湖 *18, 20*

太平山 *18*

太宗 *8, 222, 223, 225*

太祖 *8, 168*

太宰春臺 *277*

太極 *36-48, 52, 53, 57-59, 73, 174, 199-201, 241, 266-268, 271, 274* 參／極，中無極

　　太極之辨 *209*

　　太極涵義 *40*

　　太極與陰陽動靜 *42*

　　物物有太極 *44, 45*

　　無極而太極 *37, 45-47, 123, 145, 174, 275*

　　極之意義

太極書院 *235*

太極圖 *14, 33-35, 38, 41, 47, 57, 58, 123, 145, 264*

太極圖說 *32-36, 43-47, 52, 57, 123, 124, 126, 128, 145, 200, 232, 274, 278*

太極圖說解 *35, 38, 46, 54, 56, 123*

太極圖說辯戾 *241*

孔子 *9, 27, 37, 83, 85, 89, 94, 111, 112, 120, 130, 132, 142, 200, 217, 222, 232, 233, 236, 275, 276, 280*

孔安國 *84*

孔廟 *15, 111, 113, 155, 243, 271*

孔穎達 *40, 67*

孔鯉 *155*

尤袤（延之） *207, 228*

尤焴 *27*

尤溪 *3, 16, 21*

尹焞（和靖） *77, 88, 121, 150, 234*

心 *41, 42, 58, 73, 74, 92-95, 179, 212-214, 238-243, 252-254, 257-261, 266, 272-275, 279* 參／人心，天

心統性情圖 *264*

心經 *250, 263, 270*

心學 *101, 235, 241, 268*

心學圖 *264*

文中子 *216, 217, 229*

文公書院 *114*

文王 *37, 66, 67*

文集 *41, 47, 49, 52, 71, 72, 78, 85, 88, 96, 108, 112, 115, 131, 132, 136, 140, 144, 145, 169, 171, 173, 180, 185, 196, 228, 243, 245, 247-251, 253, 261, 280*

方士繇 *24, 101*

毛司戶 *155*

日本 *83, 127, 150, 183, 251, 263*

　　朱子學 *269, 271, 272-275, 279, 280, 285, 286*

月 *45, 79*

月林書院 *114*

水 *79, 87, 90, 259, 278*

水戶學派 *278*

水簾洞 *26*

牛 *32, 33, 60, 72, 159, 169, 224, 266*

王子合　194

王仲傑　110, 145

王安石（介甫）　5, 101, 134, 172

王阮　109

王門　97

王柏（魯齋）　235

王執中　161

王梓材　96

王淮　6, 7, 157, 161, 163, 164

王通（文中子）　215, 216, 226, 227,
　229, 232

王弼　70

王曾（文正）　261

王陽明（守仁）　76, 81, 112, 237, 251,
　268, 270, 271, 272

王辟　161

王遂　115

王賓　153

王懋竑　29, 35, 89, 102, 113, 115, 120,
　122, 133, 134, 147, 156, 197, 201, 211,
　217, 242

五　畫

丘膺　101

主一書院　114

仙洲山　27, 247

功利派　184

包定　114

包約　105

包揚（顯道）　13, 98, 199

包遜（敏道）　202

北京大學　150

古今家祭禮　120, 125

古學派　274-278

台州　5, 7, 159-163, 218

史浩　6, 154

司馬光　26, 121, 130

司馬邁　11

四七　參／韓國

四十二章經　250, 251

四子書　9, 83, 84

四庫全書總目提要　120, 127, 135, 240

四書　9, 10, 24, 48, 83, 104, 114, 116,
　127, 129, 130, 132, 165, 177-179, 182,
　233, 235-237, 251, 263, 269, 273, 280,
　285

四書大全　237

四書句讀大全　275

四書或問　9, 47, 129, 252, 280

四書章句集註　9, 47, 48, 129, 237, 252

四書釋義　264

四端　86, 181, 214, 228, 263-266, 269,
　272

四端七情後說　265

四端七情總論　265

外書　124

尼姑　169

左傳　9, 50, 84, 189

平江府　22

未發已發　177, 182

正蒙　*72, 189, 279*

正誼堂全書　*243*

永安寺　*22*

永州　*12, 136, 169*

永康　*162, 215-217, 229*

永嘉　*45, 162, 215, 229, 230*

永嘉證道歌　*45*

汀州　*246*

玉山　*11, 85, 169, 261*

玉山講義　*85-87, 92, 94, 95, 99, 169*

玉枕山　*10, 23*

生生　*41, 68-70, 74, 177, 181, 283*

田中謙二　*97*

田說　*217*

白水　*17, 18, 25*

白沙　*237, 240, 241*

白鹿洞書院　*6, 82, 110, 111, 114, 138,*
144, 155, 157, 158, 160, 188, 207

白頤正　*263*

石井鎮　*16*

石墪　*134*

六　畫

任聖周（鹿門）　*267*

伊洛淵源錄　*125*

伊藤仁齋　*276, 277*

伏生　*9*

伏羲　*37, 232, 236*

光宗　*165, 167, 170*

光明經　*250*

光祿坊　*22*

全祖望　*104*

列子　*18, 38, 251, 253*

印務　參／朱熹

同文書院　*114*

同安　*3, 4, 6, 28, 29, 96, 104, 108, 112,*
141, 142, 144, 152-154, 165, 170, 185,
246-248

同繇橋　*10, 109*

安珦（安裕，晦軒）　*265*

安慶府書院　*114*

年譜　*4, 18, 29, 35, 85, 110, 115, 119,*
120, 122, 125, 133, 134, 139, 154, 156,
158, 160, 201, 217, 229, 246, 247 參／
王懋竑，葉公回

朱子文集　參／文集

朱子文集大全類編　*96, 108, 115*

朱子全書　*116, 126, 234, 243, 278, 279,*
281

朱子行狀輯注　*264*

朱子完成新儒學　*285*

朱子巷　*26*

朱子門人　*97*

朱子書節要　*264*

朱子晚年定論　*269*

朱子新研究　*286*

朱子語類　參／語類

朱子實紀　*96* 參／年譜

朱子遺書　*135*

朱巳　*22*

朱文公夢奠記　*13*

朱玉　*96, 108, 115*

朱在（敬之）　*14, 21, 22*

朱兌　*22*

朱亨通　*194*

朱松（喬年，韋齋）　*4, 16-18, 29, 138*

朱泰卿　*195*

朱埜（文之）　*14, 19, 20, 21, 23, 137, 187*

朱桴　*195*

朱巽　*22*

朱舜水　*270, 278*

朱熙績　*161*

朱塾　*10, 19, 23, 165, 186, 187*

朱震　*34*

朱熹，生活　*15, 138-151*

　　印務　*21, 286*

　　名號　*16*

　　里居　*203, 239, 240*

　　奉祠　*6-8, 21, 22, 138, 163* 參／宮觀

　　宗教生活　*282*

　　政治生涯　參／政績

　　門人　*5, 12, 16, 20, 23, 25-27, 29-31, 35, 38, 43, 45-47, 51-55, 58, 59, 61, 63-65, 67, 77, 79-84, 92-94, 96-102, 104-106, 109, 111-117, 125, 130, 134, 138, 139, 141, 143-146, 148, 150, 165, 170, 171, 184, 192, 193, 198, 199, 201, 208, 229, 233-236, 245, 262-264, 267, 270, 271, 273, 274, 277*

　　品格　*228*

　　封事　*4, 8, 72, 115, 141, 154, 156, 164, 167, 169*

　　省墓　*3, 5, 98, 149*

　　家屬　*16, 186, 187*

　　師　*3, 16, 24-31, 233, 234, 236, 237, 246, 248* 參／李侗，胡憲，劉子翬，劉勉之

　　書畫　*151*

　　健康　*139*

　　酒興　*13, 144, 148, 172*

　　貧乏　*138*

　　著述　*7, 115, 117, 126, 136, 139, 239, 269, 273, 283, 285*

　　傳略　*3, 161*

　　詩　*8, 9, 66, 83, 131, 188, 189, 227*

　　道統　*103, 126, 127, 133, 232-234, 236, 237, 243, 270, 285, 286*

　　遊覽　*144-146*

　　與呂東萊　參／呂祖謙

　　與張南軒　參／張栻

　　與陸象山　參／陸九淵

　　歌唱　*149, 172, 222*

　　禮　*204, 206, 219* 參／禮書

朱熹與大學　*286*

朱彝尊　*38, 96*

江山縣　*161*

江戶（東京）　*270*

江民表　*117*

江永　127, 280

江門　267

江陵府　169

江默　109

江德功　75

百丈清規　111

竹林精舍　12, 13, 97, 98, 100, 102, 104, 107, 109, 110, 142, 169, 232 參／滄洲精舍

老子　38, 47, 71, 101, 189

老子解　189

考亭　10-13, 23, 106-109, 166, 169

考亭書堂　109

考亭淵源錄　96, 106, 114, 264

自信庵　27

行在　4, 8, 11, 19, 139, 140, 154, 167, 171

行狀　參／黃榦

西太乙宮　8, 164

西林寺　249

西林院　30, 249

西塔山　17

西銘　14, 18, 31, 35, 58, 122, 123, 164, 200, 279

西銘解義　38, 122, 123

西銘圖　264

七　畫

伯有　51

佐藤直方　273

何基（北山）　235

何鎬（叔京）　50, 96, 195

余方叔　195

余正叔　195

余師魯　115

余嚞　12

佛法金湯編　247

佛教　45, 58, 114, 245, 251-253, 263, 270, 275

　　道謙　27, 245-248

　　佛寺　245, 249

　　佛經　250, 251, 253, 254

　　評佛　250, 253, 255, 259, 286

　　僧人　27, 245, 249, 250

　　儒釋　190, 205, 260

佛頂菴　109

克己　87, 99, 126, 182, 183, 239, 246, 273

克齋記　183

利瑪竇　280, 281

吳公濟　253

吳必大（伯豐）　10, 106

吳廷翰　276

吳昶　106

吳洪　161

吳浩　96

吳常熙（老洲）　266

吳雄　114

吳與弼（康齋）　238, 239

吳道子　112, 150

吳壽昌　105, 143, 148, 262

吳澄（草廬）　95, 234

吳獵　*106, 168*

告子　*60, 61, 201, 212*

呂大臨（與叔）　*77, 120, 129*

呂公著（申公）　*261*

呂氏大學解　*252*

呂氏鄉約　*141*

呂本中　*252*

呂希哲　*120*

呂柟　*57*

呂祖儉（子約）　*163, 169, 201, 261*

呂祖謙（東萊，伯恭）　*9, 20, 35, 88,*
　89, 99, 107, 111, 127, 141, 145, 150, 154,
　162, 172, 179, 180, 184, 193, 215, 216,
　219, 229, 244, 248, 280 參／張栻

　　門人　*97*

　　與白鹿　*112*

　　與朱塾　*187*

　　與朱熹　*286*

　　傳　*6, 9, 13, 19, 23, 24, 26, 28-30,*
　33-37, 45, 46, 63, 64, 66, 68, 75, 76,
　79, 83, 84, 87, 91, 103, 104, 109, 111,
　112, 114, 115, 118-120, 123, 127,
　130-134, 136-139, 141, 145-147,
　149-152, 161, 162, 165, 168, 170, 172,
　174, 177, 179, 184, 189, 191, 194,
　201, 203, 208, 210, 212, 217, 218,
　222, 225, 230, 232-238, 240-245, 250,
　251, 253, 263, 264, 268-273, 275-277,
　280-282, 285

　　鵝湖之會　*5, 6, 95, 147, 185, 194,*
　196, 197, 216

　　編近思錄　*126, 127, 141, 185, 188,*
　191, 244

呂煥　*105*

困知記　*274*

困學恐聞　*118*

孝　*15, 18, 23, 77, 87, 113, 150, 155, 169,*
　272, 274, 275, 283

孝宗　*4, 141, 154, 164, 165, 167-170*

孝經　*3*

孝經刊誤　*7, 132, 163*

宋元學案　*47, 96, 98, 107, 110, 184*

宋元學案補遺　*96, 98*

宋代書錄　*285*

宋史　*102, 120, 125, 127, 137-139, 156,*
　161, 162, 166, 168, 170, 191, 215

宋四子抄釋　*57*

宋季元明理學通錄　*263*

宋時烈（尤庵）　*266, 267*

宋端儀　*96*

宋學研究　*285*

延平　*3, 16, 28-33, 75, 118, 119, 249*

延平答問　*29-31, 118*

延平書院　*114*

延和殿　*7, 8, 140, 158, 163, 207, 208*

成渾（牛溪）　*266*

折桂院　*249*

李元綱　*232*

李方子　*29, 108, 150, 233* 參／年譜

李光地　*116, 234, 243*

李伯敏　214

李伯諫　253, 262

李杞　106

李沆（文靖）　261

李侗（延平，愿中）　3, 27-31, 33-34, 58, 59, 75, 119, 139, 177, 232, 235, 248, 249

李宗思（伯諫）　253, 262

李秉（巍巖）　267

李約瑟　282-284

李唐咨　97, 101, 104, 105

李珥（栗谷）　266

李常（公擇）　155

李渤　112

李閎祖　108

李滉（退溪）　96, 265

李嶂　161

李燔　104, 106, 112, 114

李默　29

李穡（牧隱）　263

杜甫（子美）　149

沁陽縣　236

汪佑　98

汪應辰（玉山）　184, 261

沈井舖　104

沈繼祖　12, 13, 167, 169

沖佑觀　6, 26

谷時中　273

貝原益軒（篤信）　274, 277

邢世材（邦用）　196

里居　參／朱熹

八　畫

亞理士多德　282, 283

京都　196, 270, 271, 274-276

京學派（京師學派）　272, 273

兩輪兩翼　95, 179, 203, 211, 235

周子全書　33, 36, 57

周介（叔瑾）　183

周公　222, 232, 233

周必大　156

周伯熊　204

周官　188, 210

周易本義　84, 131, 132, 273

周密　161, 218

周敦頤　32, 94, 112, 123, 126, 145, 155, 176, 200, 232, 264, 274 參／太極圖，太極圖說

周謨　101, 106, 109

奇大升（明彥，高峰）　264

奇正鎮（蘆沙）　268

奉祠　參／朱熹

孟子　9-11, 13, 24, 58-61, 64, 73, 83, 86, 89, 91, 94, 99, 111, 116, 122, 129, 157, 176, 182, 214, 215, 232, 233, 264-266, 269, 276 參／四子書

孟子古義　276

孟子或問　47, 129, 236

孟子指要　134

孟子要指　134

孟子要略　9, 134

孟子集註　91, 128, 267

孟子精義　120, 121, 270

孟子說　174

孟子標題　237

宗教生活　參／朱熹

定海縣　159

宜春縣　155

尚書　參／朱熹

居業錄　240

屈原　13, 136, 149

忠　13, 59, 87, 97, 113, 136, 150, 153,
　155, 164, 169, 187, 192, 208, 216, 219,
　240, 242, 243, 271-273, 275, 279

忠義坊　153

性　9, 12, 18, 36, 44, 45, 48, 51, 53, 54,
　58, 60-63, 65, 67, 74, 75, 83, 85-87, 89-
　91, 93-95, 97, 99-101, 116, 122, 136,
　177-184, 190, 191, 196, 202-204, 208,
　209, 211-215, 218, 221, 223, 226, 229,
　235, 236, 238, 239, 241, 243, 247, 251-
　254, 256, 259, 260, 262-267, 269-276,
　279-286

性理大全　47, 57, 123, 126, 237, 238,
　280

性理精義　47, 123, 126, 234, 237, 243,
　278, 279, 281

政和縣　16

政績　3, 4, 8, 152
　　同安　152-154

南康　154-157

浙東　157-165

漳州　165-166

潭州　166-167

侍講　167-170

明史　237, 238, 240

明州　157, 159

明治　277

明道書院　114

明道論性說　279

易傳　121, 126, 128, 175, 189, 236

易經　43, 45, 47, 48, 57, 68, 69, 123, 124,
　126, 131, 176

易說　34, 128

易學啟蒙　7, 42, 52, 132, 163, 280

東萊呂太史文集　185

杭州　4, 8, 104, 139, 154, 171, 245

東林寺　249

東陽　5, 125, 162

東銘　122

林大春（熙之）　183

林子淵　100, 101

林之奇　184

林用中（擇之）　139, 171, 178

林至　101

林武　109

林春齋（鵞峰）　271

林栗　164

林得遇　106, 109

林夢得　106

林學蒙　114
林羅山　270-272, 274-276
武丁　67
武士道　272, 274-276
武王　232, 250
武州　275
武夷山　5-7, 26, 107, 108, 125, 141, 145,
　150, 193, 195, 250, 285
武夷鄉　17
武夷精舍　7, 12, 107, 108, 163, 217, 218,
　221
河內　236
河津縣　238
法華經　250, 270
波羅提　212
直菴和尚（嗣公）　249
知行　33, 80, 81, 116, 268
知言　99, 176, 179, 180, 189, 191, 210
社倉　5, 7, 158, 160, 171, 172, 188
臥龍菴　150, 155
近思錄　5, 47, 104, 107, 121, 123, 125-
　127, 141, 185, 188, 191, 193, 195, 237,
　244, 263, 273, 279, 280, 283
　　編纂　243, 280
近思錄集解　126
近思錄備考　274
邵武　23
邵雍　38, 41, 63, 126, 232
金　4, 7, 8, 24, 154, 215
金去偽　38

金安國　268
金朋說　106
金剛經　250
金華　5, 19, 20, 125, 139, 161, 162, 173,
　184-186, 188, 193, 229, 234, 235
金溪　175, 205
金銀銅鐵　223, 225, 226
金履祥（仁山）　234, 235, 237
長汀　18
長沙　32, 34, 35, 98, 113, 141, 144, 150,
　166, 168, 169, 171, 173, 177
長溪　17
長樂　245, 246
門人　參／朱熹
青田　203

九　畫

侯仲良　121
俊苂　269
俞檢身　284
信州　5, 21, 141, 147, 185, 193, 249
南平　3, 28, 249
南派（海南派）　272, 274
南城吳氏社倉　150
南康　6, 21, 34, 52, 110-112, 139, 141,
　142, 144, 145, 147, 154, 155, 158, 170,
　197, 199, 206, 207, 286
南軒書院　114
南劍州　16, 28
南嶽唱酬集　144, 171

南嶽廟　3-5, 24, 154

姚樞　235, 236

宣州　245

宣祖　168, 264

室鳩巢　270, 275

封事　參／朱熹

帝　參／天

建安　22, 23, 34, 203, 249

建安書院　114

建州　3, 16, 17, 24

建昌縣　155, 157

建康　167

建陽　5, 10, 11, 14, 18, 20, 21, 23, 97, 98,
　104, 107-110, 114, 125, 139, 166, 169,
　209, 247, 249

建寧　15, 17, 18, 22, 107, 172

建甌　17, 23

後塘村　14

故宮博物院　150

施氏　5

星子縣　110, 155, 157, 158

春秋　8, 9, 24, 28, 121

昭文書院　114

枯崖漫錄　250

柏拉圖　283

柳宗元　38

泉州　3, 4, 16, 29, 152, 153, 164, 246

洪仁祐　268

洪去蕪　參／年譜

畏壘菴　154

皇極辨　40

禹　225, 232

科舉　10, 85, 86, 99, 113, 128, 153, 190,
　191, 215, 237

种放　34

美國　參／歐美朱子學

耶穌　272

胡大時　105

胡世將　17

胡安之　114

胡安國　24, 28, 78

胡宏（仁仲，五峰）　33, 34, 41, 78,
　130, 176, 177, 179, 285

胡居仁　112, 233, 237-240

胡紘　105-107

胡瑗　130

胡適　100, 248

胡實（廣仲）　33, 144, 171

胡憲（原仲，籍溪）　3, 11, 17, 24-26,
　28, 29, 146, 184

范元裕（益之）　14, 19, 101

范念德（伯崇）　4, 14, 23, 26, 106,
　144, 171, 195

范祖禹　120

十　畫

修仁里　16

修養
　人心道心　213, 225, 266
　仁　9, 11, 31, 36, 86, 87

天理人欲　86, 92-94

兩輪兩翼　95

科舉　85, 86

氣質　85, 89-92, 94

敬　86-89, 92, 94

寡欲　94

哲宗實錄　17

唐石里　14

唐仲友　161, 163, 218

唐順之　251

唐鑑　243

孫自修（敬甫）　89

孫斖　161

宮觀　參／朱熹

家禮　119, 120, 125, 134, 236, 273, 278, 280

射圃記　152, 153

師友圖　236

徑山　245, 246

徐文臣　195

徐文卿　105

徐昭然　105

徐寓　100

徐敬德（花潭）　263

徐應中　153

晁補之　136

書畫　參／朱熹

書經　39, 67, 73, 84, 133, 188, 196, 256

書儀　14

格物　4, 9, 75-81, 85, 101, 126, 130, 154,

210, 211, 240, 241, 251, 258, 259

泰寧　11

浙東　6, 142, 159, 170, 207, 208, 216, 221, 229

浦江縣　162

浪人　275

海南派　272, 274

留正　167

真定府　26

祝氏　17

神宗　7, 8

神道　176, 272-275, 277, 278

秦家懿　284

秦檜　6, 17, 26, 162, 246

氣質　85, 89-92, 94, 172, 187, 190, 201, 212, 213, 223, 265-267, 274, 276, 279, 282

翁德廣　165

荀子　89, 232

袁州　22

退溪　參／李滉

退溪全書　264

郝經　236

酒　參／朱熹

馬　52, 62, 241

馬伏　18

高士軒　152

高宗　67, 170

高攀龍　278

十一畫

動靜　*33, 42-44, 48, 52, 53, 58, 71, 88, 123, 178, 179, 238, 250*

參同契　*13, 16*

參同契考異　*135*

商丘縣　*7*

啟蒙傳疑　*264*

婁諒　*239*

寂歷山　*17*

密克勤　*161*

密菴　*248*

崇仁　*239*

崇安　*3-7, 17, 24, 138, 144, 146, 153, 157, 160, 163, 166, 170, 203, 208, 250*

崇政殿　*8, 164*

崇泰里　*18*

崇道觀　*5, 7, 17, 139, 163*

崇福宮　*8, 164, 165*

崔嘉彥　*155*

崛河學派　*276, 277*

常德府　*150*

康熙　*116, 234, 237, 243, 281*

張九成（子韶，無垢）　*193, 245, 246, 252, 261*

張大聲　*161*

張世亨　*157*

張伯行　*74, 243, 280*

張君勱　*283*

張邦獻　*157*

張洽　*112, 114*

張栻（南軒，敬夫，欽夫）　*6, 35, 68, 70, 88, 99, 109, 114, 115, 139, 140, 146, 149, 154, 166, 171-176, 185, 189-192, 194, 196, 197, 199, 215, 219, 228, 262*

　中和之參究　*176, 177*

　仁說之討論　*180-183*

　朱子之訪　*4, 32, 34, 144, 150*

　知言之擬議　*176, 179-180*

張浚（魏公）　*171, 174, 245, 246*

張商英（無盡）　*261*

張敦頤　*3*

張載　*18, 31, 47, 72, 90, 120, 233, 235, 244, 263, 279*

張履祥　*242, 243*

張顯光（旅軒）　*266*

彪德美　*144*

從諗禪師　*247*

惟可　*30, 249, 250*

晦菴　參／雲谷菴

曹建（立之）　*196, 198, 199*

曹端（正夫，月川）　*52, 237, 238, 241*

望加神道　*273*

梁啟超　*242*

梅州　*153, 246, 247*

梅縣　*246*

欲，寡欲　*94* 參／天理人欲

淨安寺　*13*

淨昇　*248*

清代學術概論　242

清江　102, 144

清原秀賢　271

清邃閣　11, 109

清學案小識　243

淮南子　38

淺見絅齋　273

莆田　26, 28

莊子　38, 66, 251, 253

荻生徂徠（茂卿，物徂徠）　279

理一分殊　30, 31, 118, 122, 123, 235,
　264, 268, 270

理氣　43, 47, 48, 87, 116, 123, 232, 240,
　241, 253, 263, 265, 266, 271, 272, 275-
　280, 285 參／四七

　　人物理氣之同異　60-62

　　何謂理　49-51

　　理一分殊　58-60

　　理生氣也　57-58

　　理氣比較　56

　　理氣先後　52-56

　　理氣不離　51-52

理學　7, 9, 45, 47, 62, 101, 114, 117, 118,
　122, 123, 188, 234, 241, 243, 244, 250,
　251, 263, 266, 269, 271, 279-285

理學通錄　96

紫陽書堂　11

紹興府　19, 158, 159, 161, 217

處州　159, 160, 162

許升　96, 148

許進之　20

許順之　21, 96, 148

許衡（仲平）　233, 236, 237, 263

許謙（白雲）　234, 235, 237

貧　參／朱熹

通書　34, 36, 38, 44, 45, 47, 58, 124, 278

通書解　35, 124

通鑑綱目　121, 278

連嵩卿　195

郭德元　83

陰符經考異　128

陰陽　33, 36, 41-44, 46, 47, 54, 58, 61,
　63, 69, 71, 90, 123, 145, 238, 241, 266,
　267, 271, 276, 279, 280, 283

陳文蔚（才卿，克齋）　23, 195, 204

陳永奇　105

陳由仁　157

陳良傑　154

陳來　52, 56, 57

陳宓　114

陳定（師德）　89

陳亮（同甫）　7, 10, 140, 161-163, 184,
　215, 216, 229, 231, 286

　　王霸義利　227

陳亮年譜　216

陳亮與朱熹的辯論　286

陳俊卿　154, 157

陳厚之　101

陳建　269

陳思謙　105

陳埴　110, 114

陳康伯　154

陳淳　38, 49, 97, 100-102, 104, 105, 110,
143, 165, 233

傅　3, 6, 9, 13, 19, 23, 24, 26, 29, 30, 33-
37, 45, 46, 50, 63, 64, 66, 68, 75, 76, 79,
83, 84, 87, 91, 103, 104, 109, 111, 112,
114, 115, 118-121, 123, 126-128, 130-
134, 136-139, 141, 145-147, 149-152,
161, 162, 165, 168, 170, 172, 174, 175,
177, 179, 184, 189, 191, 194, 201, 203,
208, 210, 212, 217, 218, 222, 225, 230,
232-238, 240, 241, 243, 244, 250, 253,
263, 264, 269-273, 275-277, 279-282,
285

陳傅良　168, 184, 229, 230

陳賈　7, 163

陳摶　34

陳衛道　253

陳選　278

陳獻章（白沙）　237, 239, 240, 241

陳繼儒　150

陳夔　162

陳瓘（了翁）　155

陶回　155

陶潛（淵明）　149, 155

陸九淵（子靜，象山）　1, 5, 6, 7, 36-
40, 45, 95, 98, 99, 107, 112, 125, 141,
145, 147, 161, 163, 175, 185, 191, 193-
215, 221, 222, 235, 268, 270, 286

白鹿洞講學　6, 207

朱子之評　286

死了告子　201

門人　98, 199, 208, 235

思想　206, 212

曹表　199

訪南康　207

無極之辯　204

辯太極　36, 37

鵝湖之會　5, 6, 95, 147, 185, 194,
196, 197, 216

陸九韶（子美）　36, 37, 45, 200, 204

陸九齡（子壽）　6, 146, 147, 154, 193,
194, 196-199, 204, 206

陸子儀　208

陸世儀　242, 243

陸探微　22

陸隴其　242, 243

麻衣易　174

十二畫

傅伯成　106

傅伯壽　15, 106, 107, 169

傅定　106

傅修　106

傅夢泉　199

堯　83, 194, 214, 222, 223, 225, 232, 233,
250, 255, 270

婺州　7, 158-162, 184, 215, 217, 229

婺源　3, 5, 6, 16, 23, 98, 138, 149, 168,

185
寒泉塢　18, 107
寒泉精舍　5, 12, 18, 107, 119, 125, 141,
　185, 193, 195, 262
尊德性道問學　86, 94, 95, 211, 213
彭龜年　168
復　參／天
復齋銘　26
揚雄　89, 216, 232
揭陽　153
斯賓諾莎　282, 283
景德傳燈錄　250
曾子　130, 232
曾恬　117
曾祖道　109
曾興宗　106
游九言　108
游開　100
游酢　120, 234, 262
湖州　19, 21
湖西學派　267
湖南大學　113, 150
湖湘學派　177
湘西精舍　113
湯　232, 275
湯思退　4
湯島　271
無極　33, 36-38, 45-47, 123, 128, 145,
　174, 200, 275
登封縣　8

程氏遺書　參／遺書
程迥（沙隨）　199
程珌　11
程敏政　6
程端蒙（正思）　111, 229
程頤（伊川）　7, 24, 31, 34, 43, 49, 51,
　58, 63-65, 68, 70, 73, 75-77, 80, 86-88,
　92-94, 117, 119, 121, 122, 124, 126, 155,
　169, 175-178, 181, 189, 211, 215, 229,
　232, 236, 245, 251, 271
　仁　58, 74, 86, 87
　天　58, 63, 65, 66, 70, 72, 73, 86, 92,
　93
　天理人欲　92
　心　58, 68, 70, 73, 87, 92, 93
　性　74, 87, 90
　思想　63, 64
　格物　75, 76
　理　51, 58
　傳太極圖　34-35, 123
　敬　88, 94, 178, 211
程顥　24, 34, 88, 117, 119, 155, 176, 180,
　232, 271
　學說　25, 269, 275
童振福　216
舜　83, 194, 214, 222, 225, 232, 233, 250,
　255, 270
華州　參／雲臺觀
華嚴寺　150
華嚴宗　45, 58

華嚴經　250, 251

萊布尼茲　280-282, 284

萊州府　184

荊門軍　39

象山全集　147, 193, 201, 202, 204, 207, 208, 268

越州　160

都昌縣　155, 157

開建鄉　16

開善寺　27

閑關錄　201

陽坪書院　114

陽明傳信錄　242

集書傳　84

雲臥紀談　247

雲谷記　5

雲臺觀　7, 19

項安世　19, 203

馮友蘭　55, 283, 285

馮雲濠　96

黃士毅　106

黃坑　14

黃百家　215, 234

黃岌　165

黃宗炎　38

黃宗羲　95, 96, 161, 211, 214, 231, 235, 237-241

黃瑞節　128, 135

黃義剛　99, 100, 112, 114

黃輅　19

黃榦（直卿）　5, 13, 14, 15, 18-20, 22, 97-99, 101-108, 110, 112, 114, 115, 119, 121, 138, 145, 152, 158, 160, 170, 229, 233-235, 264

　行狀　5, 6, 13, 15, 18-20, 25, 28, 29, 31, 98, 103-105, 107, 110, 115, 118, 121, 138, 139, 141, 150, 152, 158, 160, 161, 164, 166, 170, 233, 264

黃縮　268

黃銖　155

黃澄　157

黃樵仲（道夫）　51

黃巖縣　159

黃灝　106

十三畫

傳習錄　242, 251, 268

傳習錄論辯　268

傳貽書院　114

傳道圖　236

圓悟禪師　250

圓爾辨圓　269

圓覺經　250

嵩山　8, 164

敬　77-79, 82, 86-89, 92, 94, 144, 164, 176, 178, 179, 211-213, 238-241, 243, 260, 264, 270, 272, 273, 275

敬齋箴　87, 235

新元史　237

新市鎮　21

新安　16, 230

會津　275

會稽縣　19, 159

楊大發　110

楊方（子直）　44, 46, 99, 105, 108

楊日新　111

楊仲思（道夫）　183

楊若海　204

楊時（龜山）　16, 26, 28, 31, 58, 76,
　77, 117, 119, 121, 234, 245, 262

楊惟中　235

楊教授　155

楊復（志仁）　53, 54, 135

楊與立　57

楊億（文公）　261

楊簡　193, 235

楚辭　14, 136, 149, 264

楚辭集註　13, 136

楞嚴經　250

極　33, 37-41, 46

溫州

滄洲精舍　110

滕璘　106

熙仲　248

瑞安府　157

當塗縣　153

經義考　96

聖多瑪斯　282-284

聖傳論　26, 28, 245

聖賢道統傳授總敘說　233

聖學十圖　264

聖學要錄　275

與湖南諸公論中和第一書　178, 279

萬人傑（正淳，正純）　13, 97, 198

萬斯同　96

葉公回　18, 29, 35, 156, 158

葉采　126, 127, 279

葉味道（賀孫）　12, 13, 105, 108, 109,
　116, 206

葉適　164, 229, 231

董仲舒　111, 232

董琦　149

董銖（叔重）　59, 101, 106, 110, 111

蔥嶺　199

詩　參／朱熹

詩集傳　9, 83, 84, 131

詩經　8, 9, 66, 83, 188, 189, 227

詹玠獻　162

詹淳　14

詹（張）體仁（元善）　13, 106, 108,
　195

資治通鑑綱目　參／通鑑綱目

賈大圭　162

賈祐　161

遊覽　參／朱熹

道　36, 41, 42, 46, 50, 51, 199-206, 208,
　211, 213

道士　16, 27, 34, 123, 135, 245

道心　參／人心

道州（道縣）　12, 13, 105

道南書院　114

道教　38, 66, 285

道統　103, 126, 127, 133, 232-234, 236, 237, 243, 270, 285, 286

道與仁　283

道學　7, 15, 99, 103, 105, 111, 125, 136, 139, 163, 164, 169, 191, 192, 263

道謙　27, 28, 245-248

達磨　83, 251

鄒守益　112

鄒斌　194, 195

鉛山　6, 147, 154, 193, 194, 197

零陵　12, 136

鼓山　150, 249

十四畫

偽學　參／道學

僧人　27, 245, 249, 250

嘉禾里　18

嘉興府　21

墓，省墓　參／朱熹

壽山　216

寧宗　11, 106, 167, 168, 170

寧海縣　161

寧國　245

廖德明　97, 100, 101

熊澤蕃山　277

熊瞻（子仁）　155

歌　參／朱熹

滎陽坊　153

漢唐　101, 220-227, 231, 275

漢書　111, 138, 210

漳州（臨漳）　8, 10, 20, 104, 109, 141, 142, 153, 165, 166, 170

漳浦縣　165

福州　102, 150, 185, 249

福岡　274

種之喻　75, 87

精舍　5, 7, 12-14, 18, 96-98, 100-102, 104, 106-110, 113, 114, 119, 125, 141, 142, 163, 169, 185, 193, 195, 209, 217-219, 221, 232, 262

維摩經　250, 251

肇論　250

語略　57

語類　1, 12, 13, 25, 26, 29, 49, 60, 63, 73, 82, 83, 108, 113, 115, 118, 134, 142, 143, 171, 173, 180, 194, 196, 201, 204, 207, 229, 243, 250, 251, 253, 254, 269, 279, 280

　　回憶　30, 32-33

　　太極　38, 39, 41, 46, 47

　　比較文集　26, 52, 71, 88, 102, 116

　　門人　96, 97, 100-102

　　格物　78

　　理氣　52, 54-57

　　敬　88

赫曦臺　113

趙光祖（靜庵）　263

趙州　參／從諗禪師

趙汝愚 12, 136, 138, 166-169
趙師夏 19, 31, 54
趙師雍 106, 107, 114
趙師淵 23, 122
趙師端 98
趙善待 114
趙善堅 162
趙復 235-237
趙景明 195
趙焯（景昭） 195
趙雄 156
輔萬 12
輔廣（漢卿） 12, 100, 105, 106, 110, 114
閩縣（閩侯） 102
韶州 169

十五畫

儀禮 14, 134, 271
儀禮經傳通解 120, 134, 141
劉子羽 3, 24, 138
劉子翔 18
劉子翬（屏山，彥中，病翁） 3, 16, 17, 22, 24, 26, 27, 28, 170, 245, 246
劉氏 6, 14, 18, 23, 187
劉光祖 140
劉因 236
劉安世（元城） 26, 261
劉秀野 146
劉宗周 238, 239, 242
劉炎 101, 102
劉勉之（致中） 3, 17, 18, 24, 25
劉玶 22
劉師輿 157
劉恕（道原） 155
劉珙 25, 169, 170
劉砥 97, 106
劉清之（子澄） 7, 89, 102, 133, 140, 145, 157, 173, 193-195
劉琉 157
劉堯夫（淳叟） 198, 199
劉煥（凝之） 155
劉學古 19, 22
劉爚 106, 108
劍浦 28
墨子 58
德川家康 270, 271
德安 235
德清 19, 21
慶元府 157
撫州 193
樓鑰 168
歐美朱子學 278-286
歐陽元 233, 237
潘友恭 114
潘柄 109
潘景愈（叔昌） 125, 193, 195, 218, 219
潘景憲（叔度） 20, 186, 188, 192, 195
潘興嗣（清逸） 34

潭州　3, 4, 11, 113, 166, 167, 170, 171

潭溪　24, 26, 108

潮州　154, 247

澄觀（清涼大師）　251

畿湖學派　266

稽古錄　13

穀梁傳　9

蔡元定（季通）　5, 12, 20, 99, 102,
　105, 108-110, 113, 114, 122, 169, 195,
　262

蔡沈　13, 110

蔡宗兗　112

蔡念誠　114

蔡模　114

論孟字義　276

論孟考證　235

論孟要義　120

論孟集註　129

論孟集義　120, 121

論孟精義　9, 121

論語　9-11, 24, 64, 83, 101, 111, 112,
　116, 126, 129, 157, 176, 183, 184, 190,
　197, 217, 218, 276 參／四子書

論語古義　276

論語或問　128, 236

論語要義　9, 117, 118

論語訓蒙口義　9, 117, 118

論語集註　101, 128, 130, 236, 271

論語解　183

論語精義　120, 121, 270

論語說　117, 174

論衡　217

諸葛亮　121, 149, 150, 155

輝州（輝縣）　236

輪迴　250, 256

鄧邦老　114

鄱陽　11, 17

鄭山書院　114

鄭丙　7, 163

鄭可學　106

鄭安道　16

鄭伯熊　215

鄭良裔　162

鄭道傳（三峰）　263

黎貴臣　114

黎靖德　116

十六畫

儒林宗派　96, 97

器　36, 42, 51, 60, 200, 261

學蔀通辨　269, 274

戰國策　217

燕京（北京）　235

歙縣　17

澠池　238

燕南書院　114

甌寧

穆修　34

縉雲縣　162

興化軍　26

蕭斛　237

衡山　4, 141, 144, 146, 171, 249

衡州　12, 21, 136, 245

衡陽　246, 247

豫章　144

遺書　58, 119, 121, 124

錢大昕　150

錢木之　100

錢聞詩　111

錢端禮　4, 154

錢穆　29, 30, 122, 148, 201, 231, 242

靜　123 參／動靜

靜江府　19, 166

靜坐　82, 83, 275

靜香堂　109

餘干　240

駿臺雜話　275

龍溪縣　104, 165

龍遊　161

龍隱庵　21

龍龕手鑑　183

龜靈寺　17

十七畫

嶺南學派　266

嶽麓書院　11, 113, 114, 150, 166, 171

禪　3, 27-30, 37, 79, 94, 102, 118, 143,
148, 153, 165, 167, 175, 193, 199, 200,
202, 205, 206, 212, 213, 221, 245, 246,
248, 250, 251, 253, 254, 256-258, 260,

269-273

徽州　3, 11, 16, 17

應天府　7

臨安　8, 104, 245

薛世讓　268

薛季宣　215

薛洪　145

薛瑄（敬軒）　233, 238, 239

謝良佐（上蔡）　77, 117, 120, 234, 262

鍾震　114

霞浦　17

韓元震（南塘）　267

韓文考異　135

韓侂冑　11, 106, 168

韓國　83, 96, 104, 127, 263, 269, 285

　　中韓比較　268, 269

　　四七之辯　264

　　朱子學　263, 266, 285

韓愈　89, 232

鴻慶宮　7, 10-12, 104, 165, 166, 169

十八畫

戴蒙　109

戴銑　29, 35, 96

禮書　14, 23, 102

禮記　84, 92, 134, 204

雜學辨　81, 136, 252

顏子　101, 232

顏元　83, 234

魏了翁　114

魏州（魏縣）　236
魏掞之　24
魏椿　108
鵝子峰　17
鵝湖之行　145
鵝湖之會　5, 6, 95, 147, 185, 194, 196,
　　197, 216

十九畫

盧山　110, 111, 141, 144, 145, 150, 155,
　　157, 206, 249
懷黑德　282, 284
懷德堂　277
羅從彥　16, 28, 117, 119, 245
羅博文　27, 247
羅欽順（整菴）　210, 265, 266
羅鏞　23
藤原惺窩　270, 272
譓園隨筆　276
譙定（天授）　24
鏡　239, 260, 276, 286
離騷　3, 136, 149
麗娘　109
麗澤書院　184
龐景仁　279, 281

二十畫

嚴藥　161, 162
櫧州（株州）　144, 171
竇從周　201

寶默　235
蘆山　5, 107
蘇氏易解　252
蘇門山　236
蘇洵　189
蘇頌（子容）　153
蘇軾（東坡）　174, 189, 252
蘇轍　189
釋氏資鑑　248
釋氏論　252, 253

二十一畫

蘭學　274
護國寺　16
饒州　17
饒幹　113, 114
饒魯（雙峰）　111, 234, 235
鶴山書院　114

二十二畫

權尚夏（遂庵）　267
權近（陽村）　263
龔蓋卿　113
讀大紀　252
讀書　21, 76, 78, 82-85, 91, 92, 98, 99,
　　102, 112, 167, 185, 186, 195, 196, 198,
　　201, 209, 210, 213, 215, 240, 243
讀書錄　238, 239

二十三畫

體用　*11, 12, 26, 36, 44, 50, 65, 89, 123,*
177-179, 182, 235, 251, 252, 261, 276,
286

二十四畫以上

衢州　*7, 158, 159, 161, 185, 193, 217*
靈芝寺　*106*
靈梵院　*17*
觀心說　*252, 253, 279*
觀音寺　*6, 154*
de Bary　*279, 285*
Gardner　*286*
Graf　*279, 283*
Leibniz　*280*
Munro　*286*
Needham　*282*
Plato　*283*
Saint Thomas　*283*
Schirokauer　*285*
Spinoza　*283*
Tillman　*286*
Whitehead　*283*

硬美學——從柏拉圖到古德曼的七種不流行讀法
劉亞蘭　著

本書作者另闢蹊徑，擺脫以「唯美」的藝術作品來介紹美學的方法，反而從七個迥異的主題下手，藉由最「冷硬」、最尖銳的議題來挑動讀者的哲學神經。這些議題包括了對藝術體制的批判、藝術與詮釋問題、創作與靈感、解構藝術、藝術與性別／種族、藝術的本質等爭議，範圍除了涵蓋當代歐陸美學與分析美學兩大傳統外，也討論了美學史上重要的哲學家。

德勒茲
羅貴祥　著

德勒茲是法國戰後最重要的哲學家。有別於傳統，德勒茲關心的不是典型形上學問題，他視哲學為觀念的創造，因此他同樣關注科學與文藝，平等地把它們看作是創造新觀念的領域。本書五章分別探討德勒茲與西方哲學傳統的關係、他怎樣在舊語言找出新意義、如何運用精神分析解剖資本主義制度、在不同藝術中發掘新動力，以及他對歷史運動趨向的獨特理解。

老子——年代新考與思想新詮

劉笑敢　著

本書以概念的深層剖析和體系的有機重構為主要方法，探討老子哲學的本來面目與現代意義。作者認為老子哲學體系是以自然為中心價值，以無為為實現中心價值的原則性方法，以辯證法和道分別為自然和無為提供經驗性和超越性的論證。針對《老子》晚於《莊子》的觀點，書中從韻式、合韻、修辭、句式等方面詳細比較，為確定《老子》的年代提出了新的論證。

程顥・程頤

李日章　著

理學講求的是經由心性修養，以達成人與人、人與天地萬物之溝通和諧。其中含有宇宙觀、人性論、倫理學、社會思想、政治主張、教育學說，乃至對佛、道思想的議論與批判，形成龐大的思想體系。程顥、程頤是理學之建立者。本書從現代人之觀點，以批判之態度，用眾所熟悉之語言，陳述其思想，剖析其關切之問題，評估其學說之價值，並介紹其生活與為人，冀使現代讀者得以窺見，先賢之努力與智慧，並從中獲致啟發與教示。

柏拉圖

傅佩榮 編著

柏拉圖哲學是所有哲學人不能逃避的一道高牆，想超越他，怎能不先面對他？本書乃傅佩榮教授精心力作，以最清晰淺白的文字，帶領您進入2400年前柏拉圖的世界，是掌握柏拉圖的最佳讀本！

在本書作者的淺顯介紹中，柏拉圖《對話錄》之各類題旨愈發清晰，而文雅又精鍊的原文翻譯，也讓讀者得以欣賞柏拉圖行文風格與敏銳心智，並且跟隨柏拉圖的腳步，進入深刻的人生思辨。

馬克思

洪鎌德 著

本書剖析一個世紀以來，馬克思理論與革命實踐的演變及影響。一方面批判「正統馬克思主義」過份崇奉馬克思主義作為科學的社會主義之機械宿命，二方面展示「西方馬克思主義」與「新馬克思主義」所懷抱之烏托邦式願景，以為馬克思主義乃啟發人類解放意識、重視人類主體能動性與創造性之精神。全書詳實地描繪了馬克思的生平，並對其學說與貢獻作出公正、肯綮的評析。

王陽明──中國十六世紀的唯心主義哲學家

張君勱　著；江日新　譯

張君勱是同唐君毅、徐復觀及牟宗三諸先生共倡「當代新儒學」的代表人物。為尋繹中國走向民主政治的問題及方法，張君勱的思想研究是一個重要的可能取徑。王陽明哲學的重新認取和發揮，則是了解張君勱思想的一個關鍵。本書是張氏全面論述陽明哲學的專著，內容深入淺出，能幫助讀者把握張氏在此方面的真正意圖及洞見，是研究張氏思想與陽明心學的重要著作。

國家圖書館出版品預行編目資料

朱熹／陳榮捷著.－－二版一刷.－－臺北市：東大，
2022
　　　面；　　公分.－－（世界哲學家叢書）

　　ISBN 978-957-19-3295-8 （平裝）
　　1.(宋)朱熹 2.學術思想 3.中國哲學

125.5　　　　　　　　　　　　　　　110018290

世界哲學家叢書

朱熹

作　　　者	陳榮捷
發 行 人	劉仲傑
出 版 者	東大圖書股份有限公司
地　　　址	臺北市復興北路 386 號 (復北門市)
	臺北市重慶南路一段 61 號 (重南門市)
電　　　話	(02)25006600
網　　　址	三民網路書店 https://www.sanmin.com.tw
出版日期	初版一刷 1990 年 2 月
	初版二刷 2003 年 3 月
	二版一刷 2022 年 4 月
書籍編號	E120640
I S B N	978-957-19-3295-8

東大圖書公司